선택의 갈림길

지은이 윤용규

KB191681

선택의 갈림길

초판발행일 | 2013년 4월 15일

지 은 이 | 윤용규
펴 낸 이 | 배수현
디 자 인 | 박수정
제 　 작 | 송재호

펴 낸 곳 | 가나북스 www.gnbooks.co.kr
출 판 등 록 | 제393-2009-000012호
전 　 화 | 031) 408-8811(代)
팩 　 스 | 031) 501-8811

ISBN 978-89-94664-30-9(03230)

지은이 **윤용규**

선택의 갈림길

하 늘 은 스 스 로 돕 는 자 를 돕 는 다

머리말

이번에 '선택의 갈림길'이라는 제목으로 책을 내놓게 됨을, 한없이 부족한 미물(微物)과 같은 저에게 지혜로 깨우쳐 주신 하나님께 먼저 감사를 드린다.

사람이 일생을 살아가는 동안 수많은 선택의 기로에 서서 선택을 해야 할 때를 수없이 만나게 된다. 참된 義의 길. 정의(正義)의 길과, 거짓되고 죄악(罪惡)된 길. 불의(不義)의 길을 만나게 됩니다. 이 때 참으로 현명한 선택을 해야 후회하지 않는 길을 갈 수 있다.

우리가 참되고 의로운 길을 버리고 거짓과 부정과 불의와 부조리의 길로 가는 선택의 우(愚)를 범한다면 참으로 뼈아픈 상처를 안고 그 고통을 저승에서 모두 감당해야 할 것이다. 진리의 길, 정의의 길을 걸어갈 때 우리는 번영과 행복과 영광의 자리에 도달할 수 있는 것이다. 진실과 의로운 길을 가는 그런 사람이 되자면서 감히 이 책을 세상에 내 놓게 되었다.

'하늘은 스스로 돕는 자를 돕는다.'고 했다. 나 스스로가 도울 때, 즉 바른 길을 갈 때, 하나님께서도 우리를 도와주시고 복을 주신다는 사실을 믿읍시다. 게으른 자, 거짓된 사람, 부정한 무리는 하늘이 절대로 돕지 않는다.

특히, 청소년들은 꿈과 이상과 자신을 가지고 높은 목표를 향하여 분투노력을 하여 대한민국에 없어서는 안 될 꼭 있어야 할 사람이 되고, 사회와 국가의 위대한 창조적 에너지가 될 수 있는 그런 사람이 되자.

이상과 목표와 자신을 상실하고 실수와 타락과 범죄의 어두운 구렁텅이에 빠질 때, 사회의 무서운 퇴폐적 세력이 되고 나라의 파괴적 에너지로 전락한다.

청소년의 어버이와 스승은 '백인당중유태화(百忍堂中有泰和)'란 말같이 매사에 참고 평화로운 가정을 이루고 가꾸어, 스위트 홈(sweet home)을 만들고, 생육하고 번성(繁盛)하여 땅에 충만하고 땅을 정복하고, 모든 움직이는 생물을 다스리는 인생을 살며, 청소년에게 용기를 주고 제자삼고 세례주고 잘 가르치고 지키게 하는 어버이와 스승의 책임을 다해야 한다.

본 책을 통하여 특히 젊은이는 영감(靈感)을 얻어 세상을 지혜롭게 살고 국가와 민족을 위해 큰 족적(足跡)을 남겨 후손에게 본이 되는 사람이 되길 바란다.

2013년 3월에, 지은이 윤 용 규 씀.

머리말

9

머리말 ┄┄┄┄┄┄┄┄┄┄┄┄┄┄┄┄┄┄┄┄┄┄┄○ 8

제1장 선택의 갈림길 ┄┄┄┄┄┄┄┄┄┄┄┄┄┄○ 15

1. 선택의 갈림길 ┄ 17
2. 사명인은 근면해야 한다 ┄ 19
3. no pain, no gain ┄ 22
4. 탐심을 물리쳐라 ┄ 23
5. 좁은 문 ┄ 28
6. 생과 사의 갈림길 ┄ 30

제2장 어린 시절 ┄┄┄┄┄┄┄┄┄┄┄┄┄┄┄┄┄○ 37

1. 어린시절 ┄ 39
2. 어린시절의 독서광 ┄ 57
3. 국방의 의무 ┄ 64
4. 타양살이 시작 ┄ 73

제3장 북한의 테러일지 ─────────────── ○ 79
    1. 1.21 사태 ─── 84
    2. 울진, 삼척 무장공비 사건 ─── 94
    3. 남침땅굴 (1~4호 땅굴) ─── 100
    4. 판문점 도끼 만행사건 ─── 119
    5. 아웅산 사건 ─── 122
    6. 대한항공기 폭파사건 ─── 126
    7. 천안함 폭침사건 ─── 128
    8. 연평도 포격사건 ─── 130

제4장 군복무 기간의 정상화 ─────── ○ 141

제5장 주한미군주둔의 필요성 ─────── ○ 149

제6장 술과 담배의 해악 --------------○ 171

1. 고향에 대한 추억 … 173
2. 과음으로 인한 사고들 … 178
3. 흡연도 문제다 … 185
4. 자살의 심각성 … 199

제7장 기업 경영기 --------------○ 207

1. 첫 번째 사업 주택건설업 … 209
2. 사업의 실패 … 219
3. 다시 얻은 기업 … 227

제8장 신의 섭리 --------------○ 235

1. 나의 신앙관 … 237
2. 천당과 지옥 … 255
3. 전도 … 264

제9장 우리의 교훈국가 ·············○ 271

1. 이스라엘 273
2. 베네치아 공화국 ·· 289
3. 중국을 알자 ·· 294

제10장 우리의 나아갈 길 ·············○ 307

1. 무역대국 309
2. 산업화, 민주화 다 소중하다 316
3. 제2의 새마을 운동 320
4. 고령화 328
5. 도전적인 기업가 정신 331
6. 세계 경제 이끌 8대 트렌드 334
7. 일본의 교훈을 잊지 말자 339
8. 명품 시장 344

글을 마치며 ·············○ 346

선택(選擇)의 갈림길

선택(選擇)의 갈림길

1. 선택(選擇)의 갈림길

우리가 살아가는 길목에는 선택의 고비마다 갈림길이 있다. 인간이 위대해지느냐? 위대해지지 못하느냐의 갈림길은 자기의 사명(使命)을 자각하느냐 못하느냐에 따라서 결정된다. 생명(生命)과 사명과의 만남이 인간의 생애(生涯)에 가장 중요한 만남이다.

이 땅의 젊은이들이여, 사명인(使命人)이 되어라. 인간의 자각(自覺) 중에서 가장 위대한 자각은 자기의 사명을 자각하는 것이다. 우리는 무위도식(無爲徒食)하려고 이 세상에 태어난 것이 아니다. 우리는 무사안일(無事安逸)속에 허송세월하려고 이 지상에 탄생한 것이 아니다.

인간은 '하나님께서 땅의 흙으로 사람을 지으시고 생기를 그 코에 불어 넣으시어 첫 사람인 아담이 생령(生靈)이 되게 창세기 2장에서 만드셨다.' 그리고 아담에게서 취하신 그 갈빗대로 여자인 하와를 만드시고 남자가 부모를 떠나 그의 아내인 여자와 합하여 둘이 한 몸이 되어...,

하나님께서 '노아와 그 아들에게 복을 주시며 생육하고 번성하여 땅에 충만 하라는 사명을 주셨다.' 그래서 우리는 사명적 존재(使命的 存在)다. 그래서 우리는 다행히도 사명을 가지고 인간으로 태어났다.

성경말씀 데살로니가후서 3장에 '게으름'에 대한 경고가 있다. '사도바울이 예수님의 사도(使徒)가 되어 초대교회를 세우고 전도 여행할 시(時), 아무에게도 양식을 값없이 먹지 않았으며, 도리어 저희 가운데 아무에게도 폐를 끼치지 않으려고 수고하고 고생하며 밤낮으로 일하였다.'

이는 우리에게 권리가 없어서가 아니라 우리 스스로 너희에게 본을 보여 우리를 본받게 하려는 것이다. 우리가 너희와 함께 있을 때에도 너희에게 명하기를 "누구든지 일하기 싫어하거든 먹지도 말라."라고 하였다.

우리가 들으니, '너희 가운데 어떤 이들은 무질서하게 행하여 아무 일도 하지 않고, 일만 만들고 있다고 한다. 이런 이들에게 우리는 주 예수 그리스도 안에서 명령하고 또 권면하니, 조용히 일하여 자신의 양식을 먹도록 하여라.' '일하기 싫어하는 자는 먹지도 말라고 했다.' '또 부정한 양식을 취하지 말고 폐를 끼치지 말라'는 등 많은 경고와 가르침이 있다.

2. 사명인(使命人)은 근면해야 한다.

이명박 제 17대 대통령께서는 '신화는 없다' 저서에서 현대그룹 근무시절 새벽 1시에 잠을 자고 새벽 5시에는 꼭 어김없이 기상(起床)하여 사명감을 가지고 열심히 일한 결과 현대그룹 회장님이 되시고 여세를 몰아 국회의원이 되시고, 서울시장을 거쳐 대통령까지 되실 수 있었던 것이다.

이명박 제 17대 대통령은 1954년 포항 영흥초교 졸업, 1957년 포항중학교 졸업, 1960년 동지 상고 야간부 졸업, 1965년 고려대학교 상과대학 경영학과를 졸업했다. 생활고로 학업의 계속이냐 중단이냐 하는, 아슬아슬한 갈림길에서의 선택, 좌절하지 않고 끝까지 인내하고 고려대 상과대 경영학과를 졸업하고 경영학사의 자격을 취득하였기에 현대건설에 입사할 수 있지 않았나?

그러한 순간순간의 선택이 참으로 중요하다. 만일 그 때 생활고 등으로 좌절하고 게으름을 피워서 대학을 졸업하지 못했을 경우 그의 인생행로(人生行路)는 달라졌을 것이다. 순간순간의 인내와 돌파력(突破力)의 선택이 중요한 대목이다. 1964년 고려

대학교 상과대학 학생회장으로 있을 때, 6.3사태를 주도해 대법원에서 징역(懲役) 3년, 집행유예(執行猶豫) 5년을 선고받고 6개월 동안 복역(服役)하였다.

1965년 현대건설 (株)에 입사해 5년 만에 이사, 12년 만인 35세에 최고경영자가 되면서 "샐러리맨의 신화"라는 별칭을 얻었다. 그 뒤 1992년 까지 현대건설(現代建設), 인천제철㈜ 등 현대 그룹의 8개 계열사 대표이사, 회장을 지내게 되는데 샐러리맨의 신화는 첫째, 근면함과 둘째 성실함, 그리고 창의적이고 진취적으로 업무를 추진하고 열심히 열(熱)과 성(誠)을 다해 이룩한 공로(攻勞)가 아닌가 한다.

잠언(箴言) 26장에 게으른 자는 "길에 사자가 있고 거리에 사나운 사자가 있다."라고 말한다. 문짝이 돌쩌귀를 따라서 돌아가듯 게으른 자는 침대에서만 뒹군다. 게으른 자는 자기 손을 밥그릇에 넣고도 자기 입에 떠 넣기조차 귀찮아한다. "게으른 자는 재치 있게 대답하는 사람 일곱보다 자기를 더 지혜롭게 여긴다."고 했다.

이렇듯 게으른 사람은 밖에 무서운 사자가 있어 방에서 나가지 않고 침대(寢臺)에서 뒹굴고 싶어 하며 일어날 줄을 모른다. 잠자기만 좋아하며 좀 더 자자 좀 더 졸자 푹신한 베게를 베고 좀 더 눕자 하면, "네 빈궁(貧窮)이 강도같이 오며 네 곤핍함이 군사같이 이르리라."고 했다.

인간은 편안하고 싶고 게으르고 싶은 게 천성(天性)이다. 성경이 바로 옆에 있음으로 손을 펴서 집어 읽으면 심령의 배가 불러지고 지혜가 충만 할 텐데, 그것조차 읽기 싫어하는 것이 천성입니다. 천성을 버려야 한다. 읽기 싫어도 손을 펴 집어서 읽어 심령(心靈)의 배를 채워야 한다. 읽기 싫어하는 자는 지혜가 없고, 근면한 사명인만이 위대한 꿈을 이룰 수 있다.

누가복음 제 12장 어리석은 부자 비유에서 "너는 쉬고 먹고 마시고 즐겨라."라고 하신 말씀이 있는데, 인간은 부자가 되어 편안히 쉬고, 맛있는 것을 마음껏 먹고, 흠뻑 취하도록 고급 양주(洋酒)를 마시고(양주 수입국 대한민국은 세계 제1위 국가) 마음껏 즐기는 것을 인간은 제1의 행복으로 여긴다.

게으른 사람은 아무 일도 성취할 수 없고, 말단 샐러리맨의 자리도 지키지 못한다. 또 일 잘하다가도 왕창 술을 퍼마시고 직장을 결근하는 사람들을 자주 본다. 평상시에는 일을 잘 함으로, 또 남들이 가지고 있지 않은 기술을 가지고 있어서 사장이 자르고 싶어도 쉽게 자르지는 못하지만, 이미 이런 사람은 사장한테 찍혀서 언젠가는 옷을 벗어야 한다.

기술이 있고 일도 잘하고 술도 절제하고 모든 면에 성실하게 일을 잘 할 때, 없어서는 안 될 앞날이 유능한 사람이다. 이 또한 게으름의 일종이니 절제가 안 되면 아예 술을 끊는 게 낫다.

그래도 술을 마시고 싶으면 예수 믿고 열흘만 금식해 보자. 대기업 CEO로 계신 어떤 분은 1년에 두 달은 꼭 금식을 하며 예수님의 고난에 동참해 매출이 꾸준히 늘고 회사가 나날이 발전되고 있다고 한다.

3. no pain, no gain (뭔가를 얻으려면 고생을 해야 한다)

세상에 거저 이루어지는 것은 아무 것도 없다.

한국 정치사상 최초(最初)의 평화적 여야 정권 교체를 이룩하고 1997년 제 15대 대통령(大統領)으로 취임한 김대중 대통령(1924.1.6~2009.8.18)의 대통령 취임 시에 연령은 73세였다. 1971년(47세) 때 신민당 대통령 후보로 민주공화당의 박정희(朴正熙) 대통령 후보와 겨루었으나 패배 후 1973년 도쿄의 한 호텔에서 중앙정보부(지금의 국가 정보원) 요원에 의하여 국내로 납치된 바 있으며,

그 후 1976~1978년 민주구국 사건으로 투옥되었고 1980년 초 정치활동을 재개했으나, 같은 해 7월 내란음모죄로 사형을 선고받고 복역하던 중 1982년 12월 형집행정지로 석방되어 미국으로 건너갔다. 1987년 11월(63세) 평화민주당 후보로 대통령 출마(落選), 1992년 12월(68세) 제 14대 대통령선거에서 또 대통령 후보 출마 또 다시 낙선, 국회위원직을 사퇴함과 동시에 정계은퇴선언 이후 1993년 영국으로 건너 가 연구 활동 후 1994년 귀국, 아시아 태평양 평화 재단을 조직하여 이사장으로 활동하시

다가, 1997년 10월(73세), 자유민주연합(총재 김종필)과의 야권 후보 단일화(候補單一化)를 이끌어낸 뒤 같은 해 12월 드디어 파란만 장한 인생역정(人生歷程), 민주화운동으로 일생을 바치며 감옥 과 사형선고 등의 고통(苦痛)을 이겨내고, 일생의 목표(目標)였 던 영광의 대한민국 제 15대 대통령에 당선되시게 된다.

이렇듯 한번 주어진 인생역정에서 수많은 선택의 갈림길에서 어떠한 어려움이 닥쳐도 인내하고 목표를 향해 한 우물을 파 결 국 목표를 달성(達成)한 위대한 대한민국 제 15대 김대중 대통령 의 일대기이다.

사람은 어떤 목표가 주어졌을 때, 그 목표를 이루기 위해 어 떠한 고난이 닥쳐도 좌절하지 않고 고통을 이겨나가야만 그 대 가인 뭔가(目標達成)를 얻을 수 있다는 교훈이다.

4. 탐심을 물리쳐라

무리 가운데서 어떤 이가 예수께 말하기를 "선생님, 제 형제 에게 유산(遺産)을 저와 나누라고 말씀하소서."하니 예수께서 말씀 하셨다. "이 사람아, 누가 나를 너희 재판관이나 분배인(分 配人)으로 세웠느냐?" 또 그들에게 말씀하시기를 "너희는 조심 하여 모든 탐심을 물리쳐라. 사람의 생명이 그가 가진 소유의 풍 성함에 달려 있지 않다." 하셨다.

또 예수께서 그들에게 비유(比喩)를 말씀하셨다. "어떤 부유한 사람의 밭이 풍성한 수확을 내었다. 그가 속으로 생각하며 말하기를 '내 곡식(穀食)을 쌓아둘 곳이 없으니, 어떻게 할까?' 하며, 그가 말하였다. '이렇게 해야겠다. 내가 내 곳간들을 헐어버리고 더 큰 것들을 지어 거기에 내 모든 곡식과 물건들을 쌓아 놓아야겠다.'

그리고 내 영혼에게 말하기를 영혼아, 네가 여러 해 동안 쓸 물건을 많이 쌓아 놓았으니, "너는 쉬고 먹고 마시고 즐겨라."라고 하였다. 그러나 하나님께서 그에게 말씀하시기를 '어리석은 자야, 이 밤에 내가 네 영혼을 네게서 도로 찾을 것이다. 그러면 네가 예비한 것들이 누구의 것이 되겠느냐?' 하셨으니, 자기를 위하여 재물을 쌓아 두면서도 하나님께 대하여는 부요하지 못한 자가 이와 같다."

나는 변변치 못한 부모를 만나 초등학교를 간신히 나와 부모한테 배운 것이라고는 농사일을 배운 게 전부고 14세부터 22세 군대 가기 전까지는 내 친구들과 마음껏 놀아보지도 못했다. 잠시 친구들과 어울려 놀라 치면, 어느새 우리 아버지는 나를 잡으러 오셔서 일을 시키고 하셨는데, 한 날은 비가 오는 날인데 친구들과 어울려 놀고 있는데 잡아다가 대청마루에서 호밀댓집을 재료(材料)로 밀대방석을 만들어 장에다가 팔기도 하시고 여름밤에 마당에 깔아놓고 밥도 먹고 밤새는 줄 모르고 밀대방석 위에서 얘기꽃을 피운 적도 있는 그런 밀대방석 만드는 데 옆에 앉아 아버지께 밀 댓집을 한 주먹씩 떼어주는 데모도 역할을 하게 하는 것이다.

이렇게 비가와도 눈이 와도 쉴 새 없이 일만 시키셨다. 지금도 잠깐 놀라치면 이제 마누라한테 야단을 맞는다. 그래서 마누라 눈치를 보느라 두려워 마음 놓고 놀지도 못한다. 마음 놓고 놀 수 없는 것도 팔자인가 보다. 우리 아버지는 고향에서 농사를 짓다가 형이 공무원으로 있을 당시 재산을 정리하고 형과 합쳤다.

농토라고 3,000여 평이 전부였음으로 재산을 상속받거나 형제간에 분배라고는 꿈에도 없었다. 원칙적으로는 나도 농사를 짓고 엄마가 병원 신세(病院身世)를 많이 져서 가사를 돌본 엄연한 우리 아버지의 상속자다. 바로 아래 동생 역시 초등학교만 나와 농사일을 하다가 장가도 가고 30이 넘어 나의 천거로 인천으로 왔기 때문에 동생도 따지면 우리 아버지의 엄연한 상속자다.

그 아래 막내도 엄연한 상속자(相續者)련만 우리 아버지 재산은 부모님을 모시고 있는 형 단독의 몫이지, 나나 내 동생들은 형과 유산을 나누자고 한 적이 없다. 지금 와서 회상(回想)컨대, 내 동생들 법 없이도 살아갈 참으로 착한 아우들이다.

잘살아보려고 열심히 발버둥도 쳐보지만 재물(財物)이라는 게 하나님의 축복 없이 마음대로 벌리고 상속받고 하는 게 아님을 나는 너무도 잘 알기 때문에 아버지로부터 재산을 상속받지 않았음을 지금도 나는 매우 다행(多幸)스럽게 생각한다.

우리네 중소기업 소규모 사업자들이야 사업이 좀 잘되면 재산이 불어나고 잘 안되면 망해서 셋방살이 전전하고 부동산을 사기도 하고 팔기도 하고 그렇게 살다가 가는 평범한 인간사(人間史)이다.

한 때는 건축물 관리 회사인 '주식회사 현일케이에스시스템'이라는 '건축물 관리회사(管理會社)(경비, 청소, 건축물 시설관리 용역)를 운영'하며, '삼성에버랜드'에서 수주를 받아 5개의 현장을 관리하고 현대건설㈜, 현대산업개발㈜, 동아건설㈜, 동부건설㈜ 등 굴지의 대기업 협력업체(協力業體)로 등록하고, 발주회사의 건물과 건설현장에 많은 인력을 파견하여 배치해 잘 나간 적도 있지만, 또 '망하고, 또 흥하고'를, 반복(反復)하다 보니 상속재산 받아봤자 다 날렸을 터인데 상속을 땡전 한 푼 받지 않은 일은 천만 다행한 일이 아닐 수 없다.

그러면 혼자 상속(相續)받은 형은 어떤가? 한때 잘 살다가 더 잘 살아보려다가 사기 당하고, 사고 나고 해서, 전 재산 다 날리고 월세 전전하다가 워낙은 영특하셔서 요즘은 많이 회복되어 잘 살고 계시다.

우리 4형제 모두 작년 1월 1일 96세의 일기로 별세(別世)하신 부친 기일(父親忌日)인 1월 1일에는 신정 겸, 형님 댁에 우리 4형제 건강한 모습으로 모두 모여 우애(友愛)있게 행사를 치르고 서로 협력하며 밥 굶지 않고 잘 살아가고 있다. 예수님께 형제들의 재산을 나누게 해 달라고 부탁할 것 없다.

그런데, 고(故) 이병철 삼성그룹 창업주의 차명주식 등 상속재산을 두고 벌어진 '삼성가(家) 법정 다툼'이 1심에서의 '이맹희씨 측의 패배'로 서로 화해하고 항소는 없을 것이라는 보도를 접하고, 참으로 갈림길에서의 선택을 참 잘했다고 다행한 일이라고 생각한 것이 얼마 전 일인데, '이맹희씨의 항소'로 2라운드로 접어들었다는 보도를 접하고 참으로 안타깝다.

2심의 경우 인지대가 1.5배로 늘어나 앞서 1심 인지대가 127억 원인 점을 감안하면 소송을 내는 데만 190억 원 이상 들어갈 것으로 예상되고, 앞서 1심 재판 때에, 1심 재판부(裁判部)는 주장할 수 있는 때를 놓쳤거나 또는 상속 재산이나 그에 비롯한 재산으로 인정할 근거가 부족하다며, 이맹희씨 주장은 모두 받아들이지 않은 그러저러한 이유로 이재현 CJ그룹 회장도 부친을 직접 찾아가 항소를 만류했으나, 이건희 회장님의 형님이신 이맹희씨의 의지가 너무 강해 항소를 했다고 하는데....,

이맹희씨는 1931년생으로 올해 연세 82세이시고, 이건희 현 삼성그룹회장님은 올해 연세 71세이신데, 성경 말씀 시편 90편에 인생 연수는 70이요, 강건하면 80이라고 했다. 세상이 좋아져서 100세시대로 접어들었다고는 하지만, 하나님의 허락 하에 100세를 사는 것이다.

그러므로 2라운드 항소심의 법정싸움의 갈림길에서의 선택, 어떤 선택이 과연 하나님 보시기에 옳을까? 성경말씀 누가복음 12장에서 하나님께서 말씀하시기를 '어리석은 자야, 이 밤에 내가 네 영혼을 네게서 도로 찾을 것이다.' 그러면 네가 재산상속 재판을 승리로 이끌어 쉬고 먹고 마시고 즐길 수 있는 재산을 많이 찾은들, '그 찾은 것들이 누구의 것이 되겠느냐?' 하셨으니, 하나님께 부요하게 베풀기를 원한다고 말씀하시는 것이다.

5. 좁은 문(門)

'갈림길'에 좁은 문과 넓은 문이 있습니다. 마태복음 7장에 '좁은 문(門)으로 들어가라. 멸망에 이르는 문은 넓고, 그 길이 널직해서 그리로 들어가는 자들이 많으나, 생명에 이르는 문은 좁고, 그 길이 험해서 그곳을 찾는 자들이 적다.'

두 갈래 '갈림길'에서 '넓고 곧은길과 좁고 굽은 험한 길'이 있다. '좁고 굽은 험한 길이 생명으로 인도하는 길이다.' 좁은 길로 들어가는 것은 어렵고 힘이 들지만, 그래도 그 길을 택해 고난을 이겨 나가야만 산다. 인생은 92.195km의 장거리 마라톤 코스와 비유할 수 있다. 인생의 긴 여정을 가노라면 평탄한 길도 있는 반면에 오르막길이 있으며 굽고 좁은 길이 있고 내리막길도 있다. 그 길을 완주하려면 고난을 이겨내는 '인내(忍耐)'가 필요하다.

대기업(大企業)의 총수(總帥)들 모두 좁고 굽은 길을 가고 계시다고 말할 수 있는데 특히 삼성의 이건희 회장님은 전형적인 좁고 굽은 길 생명의 길을 가고 계신 분이다. 삼성전자가 2012년 3/4분기 사상 최고인 8조의 흑자를 냈어도 앞으로 10년 후는 무엇을 해서 먹고 살 것인지를 고민하며 새벽 여섯시면 출근하여 전 직원이 긴장을 늦추지 않고 앞날을 대비해 가는 좁고 굽은 험난한 길을 지금도 헤쳐가고 있는 것이다.

다윗도 좁고 굽고 험난한 길을 잘 통과하여 유다의 왕으로 기름부음을 받아 왕이 된 후로 온 이스라엘의 왕이 되고 시온을 점령하고 블레셋(팔레스타인)을 쳐서 승리하고 암몬까지 쳐서 승리하며 승승장구했지만, 왕국이 안정되고 넓고 곧고 편안한 길을 갈 때는, 대낮(저녁때에) 그의 침상에서 일어나 왕궁 옥상에서 거닐다가 부하장수(部下將帥)인 우리아의 아내 밧세바가 목욕하는 것을 침실로 불러들여 간음죄(姦淫罪)를 범하고 충성스런 부하장수 우리아를 죽게 하여 살인죄(殺人罪)까지 범하고 여호와께 책망을 받아 망(亡)하지 않았던가? 침상(寢牀)이 뜨도록 회개(回改)의 눈물로 기도하여 가까스로 용서를 받았지만 넓고 곧은길은 사망의 길임에 틀림없다.

예수 믿는 사람 가운데도 좁은 문과 굽은 길로 가는 사람이 있고 넓고 곧은길로 가는 사람이 있다. 성경 말씀 마태복음 5장 말씀대로 하늘과 땅이 없어지기 전에는, 모든 것이 이루어지기까지, 율법의 한 점 한 획도 결코 없어지지 않는다는 그러한 진리를 배우고 가르치고 행하는 하늘나라에서 크다고 불릴 험난한 좁고 굽은 하늘나라로 향해 가는 참 선지자가 있는 반면에 예수님을 빙자해 돈만을 추구하며 넓고 곧은길을 가는 그런 방탕한 거짓 목자(牧者)도 있다.

가끔 신문지상을 오염시켜, 많은 좁고 굽은 길을 가는 참된

선지자들까지 오해받는 경우가 종종 있는데, 강남 룸살롱에 가서 할 짓 못할 짓 다하고, 룸살롱 여종업원에게 전화하여 또다시 만나 재미 보자고 하는 그런 목자는 참으로 구제받지 못할 넓고 곧은 길을 가려는 타락된 거짓 목자들이다.

인생은 연극이요 무대다. 1막, 2막, 3막이 있다. 몸이 아파서 교통사고로... 혹은 정전이 되어 갑자기 막이 내리고 끝난다. 끝까지 3막을 완주하는 마라토너와 같은 완주자(完走者)가 되어야 한다. 인생 3막을 모두 완주하기 위해서는 해야 할 일도 많지만 하지 말아야 할 금기 사항을 지켜야 할 것이 더 많다.

성경 안에 있는 율법은 613개 조항으로 '하라'가 365 조항이며, '하지 말라'가 248 조항으로 돼 있다. 율법(律法)을 지키는 길이 좁고 굽은 길이다. 좁고 굽은 길을 택해 무사히 인생 3막을 모두 완주해야 한다.

6. 생(生)과 사(死)의 갈림길

영혼 떠난 육체는 빈 집이다.
보기 흉한 빈집.
세월가면 썩어 허물어지는
고향에 두고 온 빈집처럼,
주인 떠난 빈집.

아까워도 차라리 태우고 떠나자.

빈집은 육체요 떠난 사람은 영혼이다.

홀가분히 육체는 태우고 영혼만 떠나자!

하나님 계신 본향 천국으로.

50대 초반에 젊디젊은 나이에 세상을 떠난 처제를 벽제 용미리 공원묘원에 한줌이 된 육체의 흔적을 소나무아래 묻고 오면서 지은 시(詩)다. 세상 떠난 육체는 빈집이었다. 영혼(靈魂)만 하나님 계신 천국으로 떠났다. 빈집은 태워서 그 흔적은 나무아래 묻었다. 이것이 우리네 마지막 인생사인가보다.

그래서, 하나님말씀(聖經) 전도서 7장에, "초상집에 가는 게 잔칫집에 가는 것보다 낫다."고 했다. 초상집에 가는 것이 인간이 마지막 길을 생각해 볼 수 있고, 또 자기의 종말을 생각하게 됨으로 지나온 과거를 살펴보며 잘못을 회개 하게 되고 천국 가는 준비도 잘 하게 된다. 그러나 잔칫집에 가면 먹고 마시고 즐거워하는 것뿐이요, 배우고 느끼는 감정이나 영적유익(靈的有益)은 없다.

세상(世上)을 사노라면 참으로 많은 생(生)과 사(死)의 '갈림길'에 봉착하게 될 때가 많다. 아주 어렸을 때 나는 생후 3년쯤인 세 살 때였을까, 걷지 못하는 바로 아래 동생이 생후 1년 미만 때 고향에서의 늦가을 가을걷이가 한창일 때 엄마와 아버지가 집에서 약 1Km정도 떨어진 밭에 고구마를 캐러 가시는데 형과 나는 따라가서 고구마를 캔 기억이 지금도 새롭다.

당시에는 고구마가 겨울 양식(糧食)의 일부가 되어 집집마다 웬만한 농가에서는 10여 가마 이상 캤다. 그것은 이듬해 보리가 나올 때까지 겨울 내내 점심 양식이었다. 우리도 매년 10여 가마 이상을 수확(收穫)해 리어카도 없던 시절 지게로 다 져 날랐다. 엄마는 머리에 이고 아버지는 지게에 지고 고구마를 집으로 나르는데 나는 당시 세살 때, 고구마를 캐다가 점심때가 되어, 점심밥을 먹으러 엄마 아버지의 뒤를 따라 집에 와보니, 생후 1년 미만 된 동생은 걷지도 못하고 기어 다니는 어린 아이니, 고구마 캐는데 데리고 가봐야 방해가 되어선지, 그 동생을 무명 긴 끈으로 방에다 묶어놓고 갔다가 왔을 때,

그 어린 동생(同生)이 방에서 끈을 풀고 방문을 열고 문지방을 넘어 마루를 거쳐 뜰팡(충청도 방언(放言), 문지방 너머 마루 아래 이며 마당의 위 평평한 곳)에 떨어진 후, 안마당을 거쳐 바깥마당 사랑 방문 앞에 오줌과 똥을 모아 거름으로 쓰던 시절 큰 대형 질그릇 동이를 묻어 놓은 똥통이 있었는데 그 똥통은 마당보다 좀 높은 곳에 묻어놨는데 땅과 똥통은 평평하여 기어 다니다가 얼마든지 빠질 수 있었다. 그런데 그 어린 동생이 똥통 바로 옆으로 기어 다니고 있는 것이 아닌가? 지금도 그 동생이 기어 다니던 모습이 눈에 생생하다.

그 동생이 똥통 근처 2~30센티미터 주변에서 기어 다니면서도 빠지지 않았다. 어린 내가 아연실색하여 지금도 그 모습을 잊지 않고 있다. 운명(運命)은 신(神)의 섭리(攝理)로 죽고 산다는

그 진리(眞理)를 직접 체험하는 순간이다. 그래서 인명은 재천(在天)이라는 말이 있나보다.

그 동생은 그 후 아무 탈 없이 잘 성장해 지금은 오류동에서 개인택시를 몰며 딸 하나를 두고 잘 살고 있으니 참으로 생명은 하늘에 있다는 것을 지금도 실감하고 있다. 그 동생(同生)의 생(生)과 사(死)의 갈림길을 첫 번째로 목격했던 실화(實話)다.

'고구마에 대한 상식'이다. 성인남자가 1년간 살아가는데 필요한 열량은 100만 Kcal쯤 된단다. 농사(農事)를 지어 이만큼의 식량을 생산하려면 얼마마한 땅이 있어야 할까? 밀이 0.13ha(393평) 쌀이 0.07ha(212평)이 필요한 반면 고구마는 0.04ha(121평)이면 충분하단다. 단순생산 효율만 따지자면 고구마만한 식량이 없다는 얘기다. 더구나 어지간한 곳에서는 토질을 가리지 않고 잘 자란다. 고구마가 구황(救荒)작물로 쓰였던 이유다.

우리나라에 고구마가 들어온 것은 조선 후기다. 1763년 가을 통신사(通信使)로 일본에 파견 된 조엄(1719-1777)이 쓰시마 섬 북단 사스나 포구에서 고구마를 보고 눈이 번쩍 띄었다. 조정(朝廷)에서 심한 가뭄으로 굶주림에 시달리던 백성들을 먹여 살릴 묘책 찾기에 혈안이 돼있던 때였다.

조엄은 급히 비선(飛船)을 띄워 고구마 종자와 재배법, 보관법에 관한 자료를 부산진 첨사 이응혁에게 보낸다. 이듬해 봄 이응혁은 쓰시마 섬과 비슷한 조건을 갖춘 영도 언덕에 파종했고 점차 전국으로 퍼졌다고 한다.

고구마의 원산지는 멕시코에서 남아메리카 북부에 이르는 지역이다. 약 2000년 전부터 원주민들이 키우다가 콜럼버스에 의해 에스파냐에 전해졌고 차츰 필리핀, 중국, 일본 등 동아시아로 퍼져갔다. 지금은 세계 117개국에서 연 1억 700만 톤이 생산된다고 한다. (2010년 유엔 식량농업기구) 중국 생산량이 8117만t 으로 전체의 75%를 차지하고 있다.

쓰임새는 많다. 과자나 식 가공품 녹말, 소주 주정원료가 되는 건 물론 의약품, 화장품, 아이스크림, 피자, 국수 등에도 넣는다. 한때 다이어트 식품으로 각광받더니 최근엔 고구마 두유까지 개발됐다. 뭐니 뭐니 해도 으뜸가는 쓰임새는 겨울철 군고구마 일게다. 맛도 좋지만 따뜻한 군고구마에는 푸근함이 있다.

요즘은 그 고구마가 대서양을 건너 수출되고 있다. 영국, 네덜란드, 독일 등 유럽 수출(輸出) 길에 올랐다. 생고구마가 아닌 군고구마로 수출되는데 이미 2013년 1월 달에 20t이 수출됐고 올해 총 150t(8억 원) 상당이 수출될 예정이란다. 해남 농민들은 군고구마의 단 맛이 유럽인들의 입맛을 사로잡을 수 있다고 봤단다. (수출되는 군고구마의 당도는 30브릭스 수준, 사과의 당도, 15~16브릭스 보다 두 배 높다.)

농민(農民)들은 한국 농수산물 유통공사(流通公社)의 네덜란드 지사를 통해 해남 군고구마를 유럽 바이어들에게 지난해 10월 소개했고, 특유의 단맛으로 수출계약을 따낼 수 있었단다.

단맛을 높여 상품성을 높이기 위한 연구개발도 이뤄져 군고구마를 냉동 상태로 운반하여 상품가치를 오래 보존시켜 수출되는 군고구마는 생고구마에 비해 3배가량 가격이 높다 한다. 생고구마 수출 가격은 1Kg당 3,300원인데 비해 군고마의 수출가격은 9,000원이다. 군고구마는 진공포장(眞空包裝)에서 냉동해 배에 싣는다. 참으로 격세지감(隔世之感)을 느끼게 한다.

그 다음 내가 생(生)과 사(死)의 갈림길을 첫 번째 만난 건 신양초등학교 1학년 때의 여름이다. 당시는 1인당 GNP가 약 1~200불 하던 1960년도로 기억하는데, 개울에 다리를 동네 사람들이 협동하여 나무로 교각(橋脚)을 세우고 그 위에 나무 두 개 정도 놓고 잔 마무가지로 얼기설기 엮어 놓은 후, 뗏장을 엎어놓아 완성한 후, 겨우내 이용하고 여름 장마에는 여지없이 떠내려가 약 50여 미터가 되는 개울을 얕은 곳을 택해 팬티만 입고 건너서 학교에 다녀야 했다.

방과 후에 나는 친구와 둘이 초여름 장마가 변변찮은 다리를 쓸고 가, 다리가 없어져서 물을 건너서 건너야 하는데, 물결이 꽤 세어 좀 두렵기도 했지만, 내가 먼저 반바지를 입었으니 걷을 것도 없이 책보(冊褓)를 등에 맨 채 용감하게 개울을 건너고, 친구는 무서운지 건너지 않고 개울가에 서 있었는데, 개울을 가로질러 건너가던 중 반도 못가서 미끄러운 돌에 중심을 잃고 미끄러져 넘어져 급류에 휩쓸리며 물에 쓸려 내려가는데 그 친구는 물가에서 재미있다고 박수를 치며 팔짝팔짝 뛰고 있었다.

그 때 나는 죽음을 처음으로 맞이했다. 10여 미터를 떠내려가며 물을 실컷 먹고 무엇인가 잡혀 잡아보니 큰 돌이었다. 그 돌을 만나 꼭 잡고 일어나 간신히 밖으로 나와 스스로 구사일생(九死一生)으로 목숨을 건지고 나와 그 좋아라하던 친구를 실컷 두들겨 패준 일이 지금도 생생한 필름으로 내 머릿속에 입력되어 있다.

고향 동네에서 어린 아이들이 물에 빠져 죽었다는 말을 꽤 많이 들어가며 생사를 넘나드는 가운데 농사꾼으로 성장하였다.

마태복음 10장에 '나 때문에 자기 목숨을 잃는 자는 그것을 얻을 것이다.'는 생(生)과 사(死)의 갈림길이 있다. 생명 길은 내가 겸손해 지고 낮아지고 남을 섬기며 나를 죽이는 길이다. 사망의 길은 내가 살고자하여 목이 뻣뻣하고 교만하고 내가 살고 남을 죽이는 길이다.

1592년 임진왜란이 일어났을 당시 성웅 이순신 장군의 좌우명(座右銘)은 사즉생(死卽生) 생즉사(生卽死)였다. 즉 "적과 죽기를 각오하고 싸운다면 승리할 것이고 살고자 한다면 적에게 패하고 죽을 것이다."라고 하신 말씀은, 주후(西紀) 약 30년경 예수님께서 말씀하신 것이다. 이순신 장군께서 좌우명으로 정하기 약 1560년 전에 이미 가르쳐 준 말씀이시다.

제2장
어린 시절

··· 제2장 ···
어린 시절

1. 어린 시절과 엄마의 병환

나는 충남 예산군 신양면의 농촌 산간벽지에서 5남 2녀 중 셋째로 태어났다. 1953년 6.25일 북한 공산군이 38선 전역에 걸쳐 불법 남침함으로써 일어난 전쟁이 진행 중이며 휴전협정(休戰協定)(1953년 7월 27일)되기 얼마 전이다.

어린 시절 밥상에는 항상 김치, 깍두기, 된장찌개와 고추장이 주 메뉴였다. 생선이나 고기는 명절에나 구경했고 하절기에는 깡 보리밥이었다. 그러나 우리 엄마는 아버지와 어린 동생 둘에게만 하얀 쌀밥이 반쯤 섞인 것을 주셨다.

아버지는 종일 논밭에서 힘든 농사일을 하여 가족을 부양해야 하는 책임이 있으므로 힘을 내시라고 쌀을 섞은 밥을 드린 것 같고, 어린 동생은 갓 젖을 떼고 보리밥은 입에 껄끄러워 먹기가 힘드니 쌀밥을 섞어 준 것 같다.

당시 어쩌다가 한 숟갈 몰래 먹어 본 그 쌀밥 맛은 참 좋았다. 지금도 그 부드러운 쫀득한 쌀밥 생각, 군침 도는 꿀맛이다. 지금 우리가 살고 있는 이 세상은 그 당시로서는 상상을 할 수 없을 정도로 잘 사는 부자나라가 돼서 쌀밥을 배불리 실컷 먹고, 옛날 어느 임금보다도 잘 먹고 잘산다고 생각할 때 먼저 하나님께 감사하고, 6.25 이후 끊임없이 무장공비를 남파하고 각종 테러를 일삼으며 적화통일에 혈안이 되어있는 북한과 마주하고 있는 휴전상태인 대한민국을 지켜주신 분들, 특별히 국군 장병들, 6.25때 파병해 준 유엔군들 특히 미국한테, 감사한다.

부국강병(富國强兵)으로 발전시킨 정치인 또 경제인, 사업가, 농업인들, 엔지니어들 모든 분들에게 진심으로 감사하며 살아가고 있다. 대한민국 전 국민이 6.25 전쟁을 통해 참담한 폐허를 딛고 한강의 기적을 이룩한 대한민국 전 국민의 저력(底力)을 항상 높이 치하하며 감사하고 살아가고 있다.

오늘날 우리나라가 이렇게 발전할 줄은 몰랐다. 그때로서는 해결할 실마리가 잡히지 않아 100년 후에도 가난은 극복되지 못할 것이라고 예측했지, 상상(想像)을 초월(超越)한 경이적(驚異的)인 경제발전은 꿈의 일로 알았다. 당시 상상할 수 없는 예상 외의 경제 발전에 대해 전혀 예측을 못했다.

당시 경희대의 설문조사 실태를 알아보자.

2012년 2월 타계한 경희대학교를 설립하신 조영식 박사 유품을 정리(整理)하던 중 지난 10월 금고에서 발견된 자료에 의하면, 경희대(慶熙大)는 1964년 당시 재학생들을 대상으로 한 '개교 50주년(1999년), 100주년(2049년) 전망(展望)' 설문조사 결과를 2012년 12월 20 공개(公開)했다. 조사한지 48년 만이다.

당시 경희대학교 대학생들은 1999년을 이렇게 내다봤다. '1인당 국민소득 300달러, 자동차는 다섯 집 중 한집만...,'

1964년 우리나라 1인당 국민소득은 120달러 수준이었다. 올해(2012년)는 23,000달러다. 상상도 못한 경이적인 경제발전이 한강의 기적(奇跡)을 이루어낸 것이다.

하지만 당시 대학생들은 이런 '기적'을 예측하지 못했다. 1999년 1인당 국민소득을 묻는 질문에 응답 학생의 28%는 '300달러'라고 답했다. '200달러'와 '100달러'라는 대답도 각각 25%씩 절반을 차지했다. 설문지에서 택할 수 있던 답안은 500달러가 최고였고 그 이상은 아예 없었다.

2049년에는 '500달러'(29%)가 가장 많았지만, '100달러'도 11%나 나왔다. 1999년 실제 1인당 국민소득은 9,778달러였다. 상상을 초월한 경이적인 발전이 아닌가? 당시 경희대생이 설문조사(設文調査)에서 예측한 것의 몇 배인가?

학생들은 결혼 적령기도 점점 낮아질 것으로 내다봤다. 1999년 결혼적령기는 33%가 '25세'라고 답했지만, 2049년엔 53%가 '18세'라고 답했다. 1999년 자동차 보급률을 묻는 질문에 응답자

(應答者)의 70%가 '다섯 가구 중 한 가구'라고 답했다. '집집마다 1대'는 11%에 그쳤다. 2049년엔 '집집마다 1대'(39%)가 가장 많았고, '두 가구 중 한 가구'(35%)가 그 뒤를 이었다.

의무교육(義務敎育) 연한을 묻는 질문에는 1999년은 '중학교까지'(54%), 2049년엔 '고등학교까지'(49%)라고 답했다. 이 설문조사는 경희대 설립자인 고(故) 조영식 박사가 1964년 경희대 5개 단과대 재학생(再學生) 1000여명을 대상으로 벌였다.

6.25사변은 1949년 3월, 김일성과 박헌영 등 북한의 핵심 인물들이 평양을 떠나 소련을 방문하여 스탈린을 비롯한 소련의 지도자들과 만나 북한이 남한을 침략하는데 도와달라고 요청한다. 소련(蘇聯)은 남한을 공격하는데 동의하고, 도와주기로 약속한다. 박헌영씨는 영해 박씨로 우리 고향의 같은 부락민(部落民)이었다.

그분의 친인척들이 지금도 내 고향 충청남도 예산군 신양면에 많은 분들이 살고 있다. 김일성은 이어서 중국 공산당의 마오쩌뚱(毛澤東)과 만나 남침에 대한 동의를 얻어내고 중국은 중국에서 활동하고 있는 조선인 부대를 복귀시키고 보급품을 공급하겠다고 약속했다.

1948년 12월, 소련은 북한에서 군대를 철수시키고 미국에게도 남한에서 군대를 철수시킬 것을 강력하게 요구했다. 1949년 6월, '미군이 철수하자...' 중요한 이 대목을 깊이 생각하자! (남한에서의 미군철수만이 또다시 남한을 침략할 수 있는 길이기 때문이지 않는가?) 북한의 전쟁준비(戰爭準備)는 더욱 활기를 띠게 되었고, 드디어 1950년 6월 25일 새벽 4시, 북한은 38도선 전 지역에서 총공격(總攻擊)을 시작해서 전투가 시작 된지 단 사흘 만에 서울이 북한군에게 점령되었다. 그 전쟁이 우리에게 남긴 것은 사상자가 수백만 명이고 이산가족은 1천만 명으로 이산가족 상봉 때의 그 눈물을 우리는 보지 않았는가? 수많은 전쟁고아가 발생했고 국토는 황폐화(荒廢化)되고 많은 산업시설들이 잿더미가 되었다.

전쟁으로 농업이 어려워져 식량이 모자라 초목근피(草木根皮)로 목숨을 유지하고 보릿고개 넘기조차 힘든 가난을 겪어야 했고, 나는 초등학교만 간신히 나와 참으로 어려운 일생을 살게 된 것, 그 모두가 전쟁의 참담한 피해의 결과가 아닌가? 그러나 그 시절에 잘 먹고 잘 배워 고관대작이 된 분들도 많이 있지만 말이다. 이것도 하나님의 섭리이다.

모든 사람이 나처럼 배우지 못하고 농사만 짓는 무식한 사람만 있으면 과연 대한민국이 이렇게 부강(富强)한 나라로 발전할 수 있을까? 나보다 더 나은 많은 분들이 나보다 더 많이 배우고 더 많은 일을 한 덕분에 내가 많은 혜택을 받고 살아가고 있는 것 아닌가?

내가 힘들다고 누구를 원망할게 아니라, 원수까지도 사랑해야 하나님의 말씀에 합치(合致)된 삶이다. 나는 누구를 원망하지 않는다. 억울하면 열심히 노력해서 출세하면 되지 않는가? 그런 분들이 있어 또 다시 잿더미의 참담한 대한민국을 다시 경제대국으로 만들어 주셨으니 고맙지...

수많은 공장과 도로가 파괴(破壞)되고 공업생산량은 크게 줄어들고 남한군은 북한과 관련된 자들을 '빨갱이'로 몰아 죽였는데 우리 동네 위 부락 영해박씨 가문은 한동안 신원조회에 걸려 공직(公織)에도 진출하지 못했고 또 아버지가 안계신 가정이 많다.

당시 한국을 점령(占領)한 북한군은 우리 동네 면소재지에서 의용소방대장을 했다고 모래사장에 전 동네 사람을 모아놓고 인민재판을 하여 집안 형님 벌 되시는 분을 돌로 때려죽이게 하고 돌무덤으로 묻었다는 당시 목격자인 사촌누나(현재 75세, 전쟁 당시 12세)에게 목격담(目格談)을 수도 없이 들었다.

옆에서 구경하던 사촌 큰누님(당시 15세)은 총알이 엉덩이를 관통해서 엉덩이가 반쪽이 떨어져 나갔고 업혀있던 사촌 막내누나(당시2세)는 그 총알이 장딴지를 관통하여 왼쪽다리의 장딴지의 근육이 떨어져나가 없다.

'반동분자(反動分者)로 몰아 죽이고 전선이 바뀔 때마다 상호 보복이 피를 불렀다. 휴전이 되자 철수하던 공산군들은 우리나라 지식인들을 철사 줄로 두 손 꼭꼭 묶어 미아리고개를 넘어 이북으로 끌고 갔다.

우리 동네 성00씨는 당시 지식인으로 납북되어 생사조차 모른 채 이북으로 끌려갔다는데, 그 분 아들은 고국을 떠나 미국으로 이민 가서 LA에서 거주하고 있다. 납북됐는데도 월북으로 오인(誤認)하여 사상을 의심받아 신원조회 때마다 불리하게 작용한 것이 이민 가는 계기가 아닌가 한다. 그때 이후로 불려 진 단장(丹粧)의 미아리 고개라는 애(哀)가 끓는 노래가 있다.

♪ 1절

미아-리 눈물고개 님이떠난 이별고개
화약연기 앞을가려 눈못뜨고 헤매일때
당신-은 철사줄로 두손꼭꼭 묶인채로
뒤돌아보고 또돌아보고 맨발로 절며절며
끌려가신 이고개여 한많-은 미아리고개

♪ 2절

아빠-를 그리다가 어린것은 잠이들고
동지섯달 기나긴밤 북풍한설 몰아칠때
당신-은 감옥살이 그얼마나 고생을하오
십년이가고 백년이가도 살아만 돌아오소
울고넘든 이고개여 한많은 미아리고개

　　임시(臨時)로 나뉜 38도선은 휴전선(休戰線)으로 굳어지고, 남북한의 적대 감정이 높아져 대결(對決)로 치달았으며, 남북 분단은 현실로 굳어졌다. 이제 국경선이 되어가고 있다. 60여년이 지나 지금 대한민국의 어떤 사람들은 6.25전쟁은 북침(北侵)이라느니 미군은 물러가라느니 하고, 거세게 외치고 있다.
　　주한미군 철수와 한미연합사 해체는 또다시 북한이 남침해

달라는 말이 확실하다는 것을 우리는 깊이 명심하여야 하며 미군 물러가라는 사람들 모두 내나라 내국토를 또 침략전쟁의 희생(犧牲)을 요구하고 있는 사람들이다.

그 사람들은 모두 이북 경애하는 수령님의 충성스런 인민이 되어야 할 사람들이니 그들이 거할 곳은 함경도, 평안도, 황해도, 강원북도로 가서 김일성, 김정일, 김정은 3대를 위해 충성하라. 그런 분들이 왜 대한민국에서 살고 평안을 누리고 있는 5,000만 대한민국 국민을 헷갈리게 하고 있는가? 부디 가셔서 소원성취 하시고 북한인민이 되시길 바란다. 6.25전쟁 시(時) 희생된 미군이 5만 4000여명이다. 미군은 피의 희생으로 우리나라를 지켜 준 진정한 우방이다. 그런데 왜 미군을 물러가라고 외치고 북침운운하며 입을 함부로 놀리고 있는가?

많이 배우고 지식이 많은 분들이 욕망(慾望)은 크고, 자기의 뜻이 잘 이루어지지 않으므로 사상이 변질되어 반발심인지는 모르나 법조인과 정치인, 식자층인 교수님들 뭐 그런 분들이 6.25 때 월북을 많이 했고 기업인 등 무식한 농, 상공인들은 인민군에게 대창(竹槍)으로 살해당하고 돌 맞아 죽고 여러 형태로 많은 희생을 당했다.

특히 국군과 경찰관들은 인민군과 싸우며 하나밖에 없는 귀중한 생명을 빼앗기고 장렬(壯烈)한 전사를 했다. 목숨은 그런데 바칠 때 그 생명에서 향기(香氣)가 난다. 자살을 하는 오늘날의 대한민국 국민들이여! 개죽음으로 귀한 목숨 가치 없이 버리지 말고 기왕 자살할 목숨이라면 나라를 위해 가치 있게 버려야 한다.

특히 경찰관들은 빨치산 공비(共匪)를 때려잡느라 나라를 구하느라고 목숨 바쳐 희생하여 나라를 지키는 파수꾼 역할을 하여 북한 공산당은 경찰명단을 모두 확보해 놓고 만일 다시 6.25와 같은 남침이 있을 시는 명단에 있는 경찰관은 모두 총살당한다는 말을 경찰학교에서 교육받을 때 많이 듣고 나도 배우지 못한 무식(無識)장이인지라 나라를 위해 충성만이 내가 나아갈 길이라고 나의 머릿속에 각인(刻印)되어 있다.

예수님의 제자들은 거의 모두가 우직하고 무식한, 갈릴리 해변에서 두 형제 베드로라 하는 시몬과 그의 형제 안드레를 제자 삼고 또 더 가시다가 세베데의 아들 야고보와 그의 형제 요한을 제자 삼았다.

그들은 묵묵히 따라와 목숨 바쳐 예수님을 따르다가 예수님처럼 십자가형을 받고 순교(殉敎)하였다. 공부 너무 많이 시켜 사상이 변질되는 그런 것은 막길 바란다.

1950년 6.25일 발생한 6.25전쟁의 종식을 위해 1953년 7월 27일 휴전협정이 체결(締結) 된 이후 남한과 북한은 각자의 다른 체제에서 자리를 잡아 나가는데, 북한의 대남전략은 겉으로는 남북 적십자회담에 평화협정 등을 하면서도 속으로는 속과 겉이 다른 정책으로 일관해 왔다.

그리고 무력 남침(南侵)의 기회만을 엿본다. 특히 휴전선 부근에서는 지속적인 도발이 이뤄지고 있다. 북한의 무력도발은 끊이지 않고 일어나고 있고 남한 사회에 내란이 일어나도록 획책 선동하는 목적의 무장공비 등을 침투시키는 전략을 펼치는

데, 안타깝게도 우리 사회에서는 진보다, 좌파다 하여 시시때때로 북한을 찬양(讚揚)하는 무리가 날로 증가하고 있는 추세이고, 곳곳에 간첩이 침투하여 사회를 교란(交欄)하고 있는 것이다.

어린 시절로 다시 돌아가 내가 50년대 말에서 60년대 초 내가 초등학교 다닐 때, 우리 아버지는 봄에 삼(大麻)을 심어 가꾼 후 여름에는 푹 삶아 익혀서 껍질을 벗기기까지의 일을 하시고 6월 초에는 보리밭 사이에 목화를 심어 가꾸어 늦가을 서리 오기 전까지 목화(木花)를 따서 거두어들이는 일을 하셨다. 후에 목화 가꾸는 일은 내 몫도 되었다.

이제 우리 엄마의 일인데 이웃집 아주머니들과 품앗이로 봄에 삼(大麻)껍질을 길게 잇는 일을 하신다. 그걸 삼을 삼는다고 충청도에서는 표현한다. 나도 어려서 참여하여 기억이 새롭다. 엄마는 이제 가을부터 늦은 봄까지는 여름옷을, 삼베를 직접 짜서 속옷과 겉옷 모두 삼베옷을 만들어 온 가족의 옷을 만들어 입힌다.

가을에 목화를 수확(收穫)하여 아버지가 신양장터에 있는 솜틀집에 가서 씨를 빼고 솜을 틀어가지고 오시면 엄마는 겨울밤이 새는 줄 모르시며 물레를 돌려 실을 뽑아 뽑은 실로 베틀에 앉아 옷감을 짜신다. 그게 광목(廣木)인데 그 광목으로 속옷을 만드시고 겉옷은 속에 솜을 넣어 따뜻한 솜바지 저고리를 해서 온 가족의 옷을 자급자족해서 입히셨다. 겉옷은 속에 솜이 든 버선에서 모자까지 다 만드셔서 입히시고 씌워 주셨다. 그러자니

잠시도 쉴 틈이 없었다.

그러던 엄마가 초등학교(初等學校) 4학년 때 이상해지기 시작했다. 우리는 세상 모르고 자고 있는 밤에 엄마는 집을 나가셔서 새벽에 들어오시는데 얼굴과 다리에 상처가 많으셨다. 밤새 산에서 무엇을 찾다가 나무가시에 긁혀서 상처를 입으셨다는 것이다. 닭장에서는 암탉이 수탉처럼 날개를 치며 고약한 탁한 소리를 내며 수탉처럼 꽥꽥거리며 울어대는 것이었다.

전기(電氣)도 없을 때였고 등잔불과 호롱불로 밝히던 때라 밤은 칠흑같이 어두웠다. 큰형이 밤에 우는 암탉을 찾아내어 신양장에 갖다 팔면 다음날에는 또 다른 암탉이 우는 것이었다. 며칠 가지 않아 20여 마리나 되던 암탉은 장에 내다 팔고 수탉 두서너 마리만 남고 닭장은 어느덧 썰렁하게 비게 됐다.

당시 농사는 기계화되기 이전이라 소가 없이는 농사짓기가 힘들었고, 집집마다 농사짓는 소를 키웠는데 그 소는 가족 중의 하나였다. 나는 초등학교 시절 내내 하교 후에는 지게를 지고 가서 소꼴을 베어오고 집으로 끌어오는 일은 나의 아래 동생의 몫이었다. 하루는 아침에 일어나보니 부모님과 형들이 시름에 잠겨있었다. 소가 배가 터지도록 불러 있었고 외양간(牛舍)에서 일어나지 못하고 죽게 돼 있었다. 전날 보리방아를 찧어 헛간에 보리쌀 가마니를 놔뒀는데 소가 묶어둔 끈을 풀고 헛간에 둔 보리쌀을 먹었다는 것이다.

그 보리쌀이 소 배속에서 불어서 배가 터지게 되었고 죽게 되었다는 것이다. 당시 소는 재산목록(財産目錄) 1호였으므로 우리 집은 완전 초상(初喪)집으로 변한 것이다. 그 소는 푸줏간을 운영하는 사람이 와서 헐값인 단돈 4000원에 가져갔다. 부모님이 근면하시고 알뜰하셔서 해마다 논밭을 장만하시고 농토가 기천 평은 족히 되어서 굶지는 않고 살았는데, 우리 집에 갑자기 먹구름이 끼기 시작한 것이다.

초등학교 때 노란 옥수수가루 죽을 가난한 학생에게 점심으로 공급(供給)했는데 나는 집에 농토가 좀 있다고, 제외라 노란 옥수수 죽이 먹고 싶어 가난한 친구와 내 도시락을 주고 한두 번 바꾸어 먹은 적이 있는데 고소한 게 맛이 좋았다. 그 맛은 지금도 잊을 수가 없다.

암탉이 울어 장에 갖다가 다 팔아치우고 농사일 하는 큰 소가 죽고 엄마는 정신이상(精神異常)으로 대전 어느 병원에 입원을 하시고, 평화롭기만 하던 우리 집은 짙은 암흑 속으로 빠져들게 되었다.

당시 우리 엄마는 잠언(箴言) 31장 10에 나오는 현숙한 여자와 같은, 참으로 부지런하고 남편을 아껴주고 자식을 사랑하고 집안을 부유하게 만들어 가시는 그런 분이셨다. 밥을 할 때 요즘처럼 가스렌지로 밥을 한 것이 아니고 가을에 곡식을 거두어들인 후 곡식의 부산물로 겨우내 땔감을 하여 불을 때서 밥도 짓고 난방(暖房)도 하고 봄에는 산에서 나무를 해다가 땔감을 해야 했는데 산에 나무가 없는 민둥산이라 내가 4세쯤으로 기억하는데, 우리 엄마는 먼 산에 어린 나를 데리고 가서 나무껍질(충청도말로는 버석)을 땔감으로 쓰려고 따는데 얼마나 억척스러우신지 나무

껍질(버걱)을 가마니로 따서 땔감을 하고 남는 것은 12키로나 되는 예산 장(禮山場)에 까지 머리에 이고 가셔서 그 나무껍질(버걱, 충청도 사투리)을 팔아서 가계(家計)에 보태셨다.

그러던 엄마가 내가 초등학교 4학년이던 1962년에 학교에 오셔서 담임선생님에게 계란을 삶아다 주시고 식사를 대접하시고 했다는 것이다. 않던 행동을 하시는 것이다. 아버지는 어려서 눈병이 나셨는데 의료시설(醫療施設)이 전무하던 때라 할아버지가 눈병을 고쳐줄 수 없어 원시적인 방법으로 벽에 얼굴 그림에 눈을 그려놓고 눈에 화살을 쏘아 눈병을 물리치는 방법으로 고치려다가 정상적인 치료를 못해 한쪽 눈을 실명하셨는데 애꾸라며 욕을 해대고 밤에 산을 헤매고 들어오고 미친 것처럼 변해 가시는 것이었다.

나중에 안 사실(事實)인데 산속에 가서 돌로 된 '돌부처(童子僧)'를 밤에 가셔서 땅속을 뒤져 캐 오셨다는 것이다. 암탉이 울고 소가 죽게 되고 집안이 망해 가는 소용돌이에서 외갓집에서 외당숙께서 만신(博數巫堂)이셨다는데 오셔서 승무를 추시고 꽹가리를 며칠 밤을 새며 두드리며 굿을 하시는데 주로 파랑 빨강색의 두루마기같이 생긴 옷을 입고 춤추고 주문 외우고 꽹가리 두드리는 소리가 왜 그렇게 싫은지 악몽(惡夢)의 밤을 지금도 잊을 수가 없다.

지금도 울긋불긋한 파랑과 빨강색을 나는 아주 싫어한다. 내가 태어나기 전에 외할머니가 돌아가셔서 외할머님 얼굴을 보지는 못했지만 집안 분들의 말에는 무당같이 굿도 하고 하셨는데 선무당 같은 일을 하셨다는 것이다.

그래서 그런지 엄마 형제분들인 이모님이 지금은 다 돌아가셨는데 큰 이모(姨母)님은 굿을 하시는 무당이셨고, 둘째 이모는 정신이상 비슷한 증상을 보이시며 신은 내리지 않았지만 맑지 못한 정신으로 일생을 사시다가 돌아가셨고 막내이모 역시 둘째 이모와 비슷한 일생을 사시다가 7년 전인 85세에 돌아가셨다. 지금 살아계시면 92세이시다.

이종사촌 여동생이 그런 증상(症狀)으로 내림굿을 해 주지 않아 정신병 약을 먹으며 정신이상자로 일생을 보내고 있다. 이종사촌 매제가 00우체국장(郵遞局長)으로 있는데 그는 그런 아내를 버리지 않고 자녀들 보살피고 가정을 보살피느라고 상당히 어려운 생활을 하고 있다.

존경할 만한 그런 사람이며 복 받을 사람이다. 이러한 외갓집의 내력으로 우리 엄마가 신이 내리는데 신 내림굿은 용납이 안 돼선지 대전에 있는 정신병원으로 입원시킨 것이다. 나는 신을 직접 보지는 않았어도 가정사를 통해 신의 가혹한 역사하심을 뼈에 사무치도록 체험하여 신은 틀림없이 존재하고 신의 도움이 없이는 아무것도 할 수 없음을 나는 믿는다.

그러나 에디슨(Edison, Thomas Alva, 1847~1931 미국의 발명가 과학자)의 말처럼 천재는 99%의 노력과 1%의 신의 도움으로 만들어진다는 말에 나는 절대로 동감하지만 그 1%의 힘이 얼마나 큰지 나는 그 때 뼈에 사무치도록 체험(體驗)했으며, 지금은 나의 노력이 40이라면 신의 섭리가 60이라고 나 스스로 신의 절대적인 힘을 믿는다.

누나 한분은 어려서 홍역(紅疫)으로 죽었고 여동생은 3살이었다. 큰 형은 22세였다. 바로 위형은 신양중학교 2학년 재학중 이었고, 남동생 둘은 신양초등학교 1학년과 6살 된 막내 남동생이 있었다. 비극(悲劇)이 시작된 것이다.

눈물 없이는 살 수 없는 그런 날들이 시작되었다. 부엌에서 아궁이에 불을 때서 밥을 지어 먹고 낮에는 아버지의 농사일을 힘껏 도우며 엄마 없는 집은 순식간에 빚 속에 잠기고 비가 안오고 가뭄을 겪은 해는 흉년(凶年)이 들어 양식이 모자랐다.

보릿고개를 넘기지 못해 장례(長利)쌀이라는 것을 꾸어 얻어 먹고 1년 내 농사지어 가을에 추수하여 50%의 이자를 붙여 쌀로 갚으니 빚은 늘어가고 굶기도 다반사 봄에는 쑥을 뜯어다가 쌀겨를 체로 쳐서 죽을 끓여먹고 아버지는 하천 노는 땅을 개간해서 주로 호밀을 심었는데 장마피해를 안보는 해는 꽤 많은 수확을 해서 여름에는 호밀국수를 많이 먹었다.

밀가루도 검으니 국수 색깔이 검고 입맛에도 껄끄러운 국수였으나 그것도 없어 못 먹을 지경이었다. 초목근피(草木根皮)로 허기진 배를 채운 경험도 그 때 했다. 나와 동생들 얼굴에는 흰 버짐이 생기고 영양실조(營養失調)에 걸리고, 빨래해주는 사람이 없으니 내가 가족의 빨래를 지게에 지고 개울에 가서 빨아다가 빨랫줄에 널면, 겨울에는 얼어서 빨래는 북어처럼 고체가 되고 손은 얼어 터졌다. 그래도 낙심(落心)한번 하지 않고 살았다.

죽음이라는 것도 생각해 본적이 없고 죽음이라는 것은 무서운 것으로 알고 지금까지 살아가고 있다.

똥밭에 굴러도 이승이 저승의 임금보다 낫다. 그곳은 일도 없고 맛있는 음식도 없다. 세상에서 하나밖에 없는 목숨을 가지고 몸이 가루가 되더라도 감사하며 살아가야 한다는 일념으로 원망이라는 단어도 모른 채 살아가고 있는 비참한 생활고를 겪으며 최악의 경제난에 여러 식구의 민생고를 해결하기가 힘드니,

큰형은 23세 때 남의 집 머슴살이를 떠나고 매년 농사일이 끝나면 새경으로 쌀 5~6가마를 받아다가 아버지께 드리는 것을 보았는데, 현재의 돈으로 치면 쌀 5가마면 100만원도 안 되는 돈을 벌기 위해 1년 동안 그 힘든 노동일을 감수해야 했으니, 참으로 지금 생각하면 참담한 일이 아닐 수 없다. 100만원이라면 현재 같으면 한 달도 아닌 며칠이면 벌 수 있는 돈을 벌기 위해 1년간 뼈 빠지게 그 고생을 했는데 요즘은 그렇게 많은 급여를 받으면서도 불만이 많으니 참으로 좋은 세상에 살고 있는 것이다.

첫해는 충남 대덕군 유성면 갑동리라는 곳에서 머슴살이를 하고 2년째는 같은 동네 2구에서 2년간 머슴살이를 하고 내가 16세 때는 초등학교 동창생인 이웃동네 동창 집에서 머슴살이를 하다가 과로사 하였다. 참으로 안타깝고 불쌍한 인생을 산 우리 큰형이다. 지금도 그 형을 생각하면 너무 슬프다. 그 당시 형의 나이 27세 때였다.

빚은 참으로 무서운 것이었다. 그래서 성경말씀 잠언 22:7절에 '가난한 자는 부자의 지배를 받고, 빚진 자는 채주의 종이 된

다.'고 말씀하셨다. 가난했기에 큰형은 남의 집 머슴살이를 하다가 과로사 했고. 장례(長利) 쌀을 얻어먹으며 비싼 이자를 주고 살림이 펴지도 못하고 채주의 종노릇을 하게 된 것이다.

초등학교 2학년 때인 1961년 5.16 군사혁명이 일어났으며 우리는 군사혁명(軍事革命)으로 배웠는데, 요즘은 명칭을 붙이는데도 통일이 안 되고 있다. 5.16혁명은 박정희가 집권하여 대한민국이 급속한 경제발전을 할 수 있었다. 그래서 보수우익진영의 주장은 '혁명'이라고 하고, 좌익진영에서는 제2공화국(윤보선 대통령, 장면총리)이 무너지고 헌정질서가 파괴되어 이 사건을 계기로 박정희가 장기집권하게 되어 우리나라의 민주주의가 후퇴하게 되어 박정희의 행위는 '쿠데타'라 한다.

최대한 중립적인 입장을 고수하려고 노력한 표현으로는 5.16 군사정변(軍事政變)이라고 하여, 혁명, 쿠데타, 군사정변이라 부르고 있는데... 그러자, 시대의 흐름을 따라가자! 군사정변으로 부르자. 우익도 좌익도 아닌 중도(中道), 하나님 말씀에도 좌로나 우로도 치우치지 않은 그런 말씀이 있다. 당시 혁명공약 6개항을 열심히도 외웠다.

첫째, 반공을 국시(國是)의 제일로 삼고 지금까지 형식적이고 구호에만 그친 반공체제를 재정비 강화한다.

둘째, 유엔헌장을 준수하고 국제협약을 충실히 이행할 것이며 미국을 위시한 자유우방과의 유대를 더욱 공고히

할 것이다.

셋째, 이 나라 사회의 모든 부패와 구악을 일소하고 퇴폐한 국민 도의와 민족정기를 다시 바로잡기 위하여 청신한 기풍을 진작할 것이다.

넷째, 절망과 기아선상에서 허덕이는 민생고를 시급히 해결하고 국가 자주경제 재건에 총력을 경주 할 것이다.

다섯째, 민족적 숙원인 국토통일을 위하여 공산주의와 대결할 수 있는 실력의 배양에 전력을 집중할 것이다.

여섯째, 민주공화국의 굳건한 토대를 이룩하기 위하여 우리는 몸과 마음을 바쳐 최선을 경주한다.

혁명(革命)(쿠데타. 군사정변)정부가 탄생한 결과로는 군정을 펴고 과감하게, 혼란했던 사회질서를 바로 잡고, 국방을 튼튼히 하고, 1963년에 2년 7개월간의 군정을 끝내고 민정으로 돌아가게 되고, 박정희는 1963년 10월 3일에 실시한 총선거에서 제 5대 대통령으로 선출되었으며, 뒤이어 제 6대, 제7대, 제8대, 제9대 대통령으로 선출됨으로써 제3공화국이 탄생한다. 국방, 경제, 문화면에서 많은 업적과 발전을 가져왔으며, 군의 정치개입이라는 나쁜 선례와(先例) 관료적 권위주의 체제를 뿌리 내리게 하였다.

초등학교 4학년 때인 63년도에 엄마가 정신병원에 입원하셨고 내가 16세 때인 1968년도에 큰형이 세상을 떠났고 작은 형은 서울 인덕실업고등학교 3학년 재학 중이었다. 나와 바로 아래 동생은 국민학교만 간신히 나와 아버지 일을 돕는 농사꾼이었다. 농사일은 참으로 힘들었다.

종일 논과 밭으로 가서 호미로 밭을 매고 논에 벼를 돌보고 가을에는 거두고를 반복하며 희망 없는 나날을 보내며 어린나이에 밤에는 도박과 술타령으로 폐인 같은 나날을 보낸 적도 있었다.

2. 어린 시절의 독서광

어려서 나는 틈이 나는 대로 형(兄)이 읽던 책은 모조리 읽었다. 특히 위인전(偉人傳)인 에이브러햄, 링컨(Abraham Lincoln 미국의 제 16대 대통령(1909~1865) : 남북 전쟁에서 북군을 지도하여 1862년 민주주의의 전통과 연방제를 지키고 1863년 노예 해방을 선언하였다. 게티즈버그에서 행한 연설 가운데 '국민의, 국민에 의한, 국민을 위한 정부'라는 말은 민주주의의 참모습을 보여준 것으로 유명하다. 1864년 대통령에 재선되었으나 이듬해에 암살당했다.) 전기(傳記),

나폴레옹(Bonaparte, Napoleon 프랑스황제(1769~1821) : 1804년에 황제의 자리에 올라 제일먼저 제정(帝政)을 수립하고 유럽 대륙을 정복하였으나, 트라팔가르해전에서 영국 해군에 패하고 러시아 원정에서도 실패하여 퇴위하였다. 엘바 섬에 유배되었다가 탈출하여 이른바 '백일천하'를 실현하였으나, 다시 세인트헬레나 섬으로 유배(流配)되어 그곳에서 죽었다. 재위 기간은 1804~1815년이다.) 전기(傳記),

카네기(Carnegie, Andrew 영국 스코틀랜드 태생의 미국 실업가(1835~1919) : 미국의 제강업계를 지배하여 강철 왕(鋼鐵王)이라는 별명을 얻었다. 은퇴 후 카네기재단을 세워 문화 자선 사업에 헌신하였다.) 전기(傳記)같은, 위인전을 읽을 때는 하나같이 어려서 지독(至毒)하게 가난한 농부의 아들로 태어나 어떤 누구의 도움 없이 독학(獨學)으로 열심히 공부하여 대통령도 되고 황제도 되는 그런 책을 틈나는 대로 읽었기에 가난하지 않으면 대통령도 황제도 안 된다는 것을 믿었고 또 고생(苦生)을 하지 않고서는 그 어떤 일도 이룰 수 없는 것임을 알았다.

당시에 돈 많은 갑부하면 전 삼성그룹 고(故) 이병철 회장님으로 이병철이라는 이름은 부자의 대명사였다. 그래서 돈에 대한 얘기가 나오면 주변의 어른들은 충청도말로 '돈 많은 이병철처럼 돈 좀 한 번 많이 벌어서 펑펑 써 봤으면 원이 읍것어'하고 말하는 것을 들은 적이 많다.

현대그룹 고(故) 정주영 회장님도 농촌의 가난한 농부의 아들로 태어나 집을 도망쳐 나오기를 반복하며 탈출해 현대그룹이라는 대그룹의 회장님이 되지 않았던가!

어쨌든 나는 돈으로든 명예로든 커서 어른이 되면 꼭 무엇인가가 잘 될 것만 같았다. 결혼도 하고 자식도 낳고 지금보다는 훨씬 낳은 생활을 할 것이다. 하는 희망이 있었다. 그래서 눈에 띄는 책은 모조리 옆에 끼고 읽었고 그 어렸을 때의 습관이 지금도 틈만 나면 무슨 책이든 쉬지 않고 읽는 독서의 습관이 몸에 배어 지금도 화장실(化粧室)에 갈 때도 꼭 책을 읽는데 특히 성경책(聖經冊)을 제일 많이 읽는다.

　　책을 읽지 않고는 할일을 찾지 못하는 독서광이 되어 한번은 신혼 때 아내가 자기를 등한시하고 책만 보고 책에 몰두 한다고 불평하며 책을 찢고 화를 내다가, 내가 책을 멀리하고서는 아무 일도 이룰 수가 없으며 모든 진리와 지식은 책속에 다 있다. 옛 날 선비는 비가 와서 나락이 다 떠내려가는 것도 잊고 책을 읽어 마침내 장원급제(壯元及第)하고 가문을 일으킨 얘기를 해주며 진지하게 독서의 필요성을 설명하여 주었더니 이해하고 마음을 돌려 찢은 책을 다시 풀로 붙여준 적이 있었고 지금도 아내는 우리 남편의 장점(長點)은 손에서 책을 놓지 않는 것이라고 칭찬을 해줄 때가 있다.

　　그래서 그런지 요즘 법대를 나와 로스쿨로 법관의 매력이 줄어들어 행정고시공부를 하고 있는 장남도 누구를 닮아선지 책벌레가 되어 열심히 책을 읽고 있는 모습을 보면 내가 이루지 못한 어떤 큰 일 나라와 사회와 인류에 공헌(貢獻)하는 일을 나보다는 더 크게 더 많이 할 것이라고 믿으며, 좋은 뜻 이룰 수 있도록 힘 주시고 보살펴 달라고 기도(祈禱)하고 있다.

　　열심히 공부하는 그 모습에 뜻을 이루고 안 이루고가 문제가 아니라 목표를 위해 열심히 노력하는 그 과정이, 우리 장남의 모습이 늘 대견(大見)하기만 하다. 작은 아들도 늦게 철이 나서 열심히 책을 보고 공부하는 모습에 살맛이 나는 요즘이다.

경제관련 서적을 보면 경제지식에 해박하게 되어 경제를 잘 알게 되어 경제를 잘 운용할 수가 있다. 대한민국 제 15대 김대중 대통령께서는 대통령되시기 전 독재와 항거(抗拒)하여 싸우시고 민주화운동으로 많은 시간을 감옥에서 보내셨는데, 감옥 안에서 경제와 관련 된 책을 많이 읽으셨다는데 그 때 읽은 책으로 인해 경제 지식이 높아지셔서 대통령이 되신 후 한때 I.M.F의 구제금융(救濟金融)을 받고 한참 어려운 경제를 안정적으로 운용하시고 극복하신 것은 누구나가 상식으로 알고 있지 않는가?

쇄국정책을 펴던 홍선대원군(興宣大院君)을 하야시키고 개국을 단행시키고 1882년(고종 19) 임오군란(壬午軍亂) 후 집권했던 조선 고종황제의 황비 명성황후는 주변열강들의 먹잇감의 각축장이 되어 조선이 망해가던 당시 한때 정권을 쥐고 움직이던 여걸의 힘은 여성부원군(驪城府院君) 치록(致祿)의 외동딸로 8세 때 부모를 여의였기 때문에 친척들의 도움을 받으면서 성장한 어렸을 때 성장과정의 고생한 경험으로 강인한 인격이 형성 되었고, 1866년(고종 3) 3월, 16세 때 부대부인 민씨(府大夫人 閔氏)의 추천으로 왕비가 되어서는 고종의 사랑을 받지 못해 독수공방(獨守空房)하며 책을 많이 읽었기 때문에, 그때 정치에 관한 책을 열독하여 거기서 얻은 지식으로 거듭나서 한때의 권력을 장악하는 힘이 생겨난 것이다.

이렇듯 어려서부터 독서하는 습관(習慣)을 길러 책을 많이 읽어 책 속의 지식을 얻고 학교에서도 주어진 학문을 열심히 익혀

미래의 힘을 길러갈 때 인간으로서의 인격이 만들어지고 다듬어져 큰 재목으로 만들어지는 것이다.

그러므로 젊은이는 큰 이상을 가지고 촌음(寸陰)을 아껴서 독서를 많이 할 때 만들어진 인격으로 인해 국가의 대들보로 성장하게 되는 것이다. 그러므로 시간이 있다고 해서 자살 사이트나 블로그를 들여다볼 시간이 있으면 한권의 위인전이나 전문서적을 읽을 것이며 진리의 보고인 성경을 꼭 읽기를 권장한다.

미국의 제16대 대통령 에이브러햄 링컨도 어렸을 때 너무 가난하여 비가 새는 통나무집에서 읽은 책도 성경이었으며 성경책이 비에 젖어 못쓰게 되어 책을 돌려줄 수 없게 되자 책 주인의 집에 가서 책값 대신(代身) 일을 하여 책값을 물어준 것을 우리는 링컨 전을 읽어 알 수 있다. 그렇다. 우리는 독서를 게을리 하지 않는 어린 시절을 보내야겠다.

어려운 환경에서도 나는 틈틈이 참으로 많은 책을 읽고 혼자 강의록(講義錄)으로 영어공부며 수학공부 등 중학교 과정을 공부했다. 중학교를 보내주지 않은 부모를 원망할 수 없는 것이 엄마는 정신병원에 입원해 계셨고 아버지는 새벽 일찍 일어나 논밭으로 일하러 나가시고 밤에 달보고 집에 들어오시는데 누구를 원망하나?

원망(怨望)할 대상이 없고 밥 굶지 않고 먹고 잠잘 수 있는 따뜻한 방이 있는데 무슨 불평이 있고 누구를 원망하랴! 원망할 대상이 없었다. 목숨 부지하고 살아갈 수 있는 것만도 고마운 판국에 자살 같은 것은 꿈에도 없었다.

그러나 돌이켜 보면 내가 당시 지금과 같은 인터넷시대에 살아 자살사이트나 또 자살 관련 블로그를 보았다면 어떤 마음을 가졌을지 모를 일이다. 그래서 절대 보지 말아야 할 사이트나 블로그를 볼 시간이 있으면 꼭 독서를 하고 그런 사이트는 일체 접하지 않기를 바라마지 않는 바이다.

아무리 우리에게 유익한 과학의 힘도 인간을 위하여 바로 쓸 때 유익이 되는 것처럼 문명의 이기도 인간에게 유익이 되도록 이용하여야 하기에 불온서적(不穩書籍)이나 유해 사이트에는 절대 접속하여 마음에 병이 생기지 않고 맑은 영혼을 가지고 하나님께 죄가 되지 않는 건전한 삶을 살아가기를 진정 바라며 그렇게 나를 절제하고 다스려 나갈 때에 하나님께서 큰 상을 주시고 큰일을 맡기는 것이다.

진리의 말씀은 '성경'안에 모두 있다. 큰 뜻을 품고 인생을 지혜롭게 살며, 가치 있게 살고, '하늘을 우러러 부끄럽지 않은 인생을 살기 위해서는 어려서부터 성경을 책이라 생각지 마시고 하나님의 말씀이라 생각하고 진리를 깊이깊이 생각하며 하루 한 장씩 꼭 읽기를 권한다.'

특히 어려서부터, 청소년기에 있는, 젊은이들은 솔로몬이 젊은 시절에 지은 잠언(箴言)서를 읽고 노인들은 솔로몬 왕이 노년기에 쓴 전도(傳道)서를 읽으시기를 권합니다. 말씀 하나하나가 다 진리이고 하나님의 지혜의 말씀이다.

그래서 성경 말씀에 하나님께서 베드로전서 1장 말씀에 "기록되었으되 내가 거룩하니 너희도 거룩할 지어다 하셨느니라"고 말씀하셨다. 또 "오직 너희를 부르신 거룩한 이처럼 너희도 모든 행실에 거룩한 자가 되라."고 말씀하셨다.

그렇다. 하나님은 거룩하시기 때문에 하나님의 자녀 된 백성은 거룩해야 된다는 것이다. 음란서적이나 보고 유해 사이트에 접속해서 시간을 낭비하고 잠시라도 영혼(靈魂)을 흐리게 하는 것은 거룩과는 거리가 먼 것이다.

우리는 거룩한 삶을 살도록 노력해야 하며 그렇게 살 때 보통 사람들과 구별이 되는 것이다. 마태복음 5장에 '너희가 너희를 사랑하는 자를 사랑하면 무슨 상이 있으리요, 세리도 이같이 아니하느냐? 그러므로 하늘에 계신 너희 아버지와 같이 너희도 온전하라'고 하신 말씀도 보통사람처럼 나를 사랑하는 사람만 사랑하는 것도 구별된 삶이 아니다.

성공한 사람은 모두 보통 사람과는 다르다. 그래서 원수를 사랑하며 나를 박해(迫害)한자를 위해 기도하는 그런 마음을 가지고 세상 사람을 대하고 사랑할 때 한 차원 높은 이상적인 사람이 되고 큰 뜻을 펼치고 이루는 위대한 사람이 되는 것이다. 보통사람 보다 더 높은 이상을 가지고 보통사람보다 한 차원 높은 삶을 살아가자!

어떤 학생이 자기가 다니는 학교에서 라이벌(rival)인 학생이 항상 1등을 하고 자기는 항상 2등을 하여 '어떻게 해야 그 1등하는 학생을 추월(追越)해 1등을 할 수 있을까?' 하고 아무리 생각을 해도 답은 없고 다음 시험에서 또 그 학생한테 1등을 내주고 역시 자기는 2등을 해서 그 비결을 알고자 하여, 1등하는 학생을 24시간 미행하여 '어떻게 공부를 하기에 그 1등의 벽(壁)을 허물지 못할까'하고 그 비밀을 알아낸바 밤에 공부를 마치는 시간이 자기보다 10분을 더하고 마치는 것을 알아내어 자기가 20분을 더해 그 학생보다 10분을 더 공부한 결과 1등을 할 수 있었다는 얘기가 있다.

그렇게 남보다 10분 더 공부하는 결과가 뜻을 이룬 것 같이 남보다 한 차원 높은 노력을 기울이므로 남보다 더욱 성공한 삶을 살 수 있는 것이다. 영광의 그날을 위해 어떤 고난이 닥쳐도 나는 이겨낼 인내심이 있었다.

3. 국방의무(國防義務)

국방의 의무를 완수(完遂)하기 위해 1974년 만 21세의 나이로 육군 사병으로 입대하게 되었는데, 당시에는 초등학교 졸업자는 편법(便法)을 쓰면 현역(現役)을 면제 받고 방위병으로도 복무할 수 있었을 때인데, 나는 현역으로 가고 싶은 간절한 희망이 있어 신체검사 때 받는 적성검사(適性檢査)도 실력 껏 잘 치르고 씩씩하게 행동해서 갑종 2급으로 당당하게 조치원 32사단 신병훈련소에 입소해 6주 훈련을 받을 때, 농사일을 하던 나는 총검술 등 기초 훈련을 받은 적이 없음으로 숙달이 더뎌서 조교로부터 매번 어설픈 동작이 적발(摘發)돼 양쪽 가슴을 손바닥으로 힘껏 밀어치는 매를 맞아 요즘도 비가 오는 날이면 가슴이 참으로 아프다. 그때 너무 많이 맞아 골병이 든 것 같다.

그 조교(助敎)가 표시 안 나고 속으로 멍드는 가슴을 그렇게 두드려 팬 것 같다. 그럴 때는 한편으로 방위병(防衛兵)으로 빠지지 못한 것을 후회한 적도 있었지만 고통(苦痛) 없이 성과(成果) 없다(no pain, no gain)고 한 말처럼 공무원 시험을 볼 때는 5점의 가산점을 받아서 위안을 받았고, 군복무를 하지 않았으면 될 수 없는 경찰공무원이 되어 또 한 번, 군대(軍隊)에 정식 입대한 것을 천만다행으로 생각했다.

소정의 신병교육대 훈련을 마치고 33사단에 배치되어 최종 배속부대가 정해지지 않은 대기 상태에 있을 때인 1974년 8월 15일 제 29회 광복절 기념식전에서 영부인(令夫人)이신 육영수(陸英修 1925~1974, 충북 옥천 출생) 국모(國母)께서 문세광(文世光)이 박정희 대통령을 저격키 위해 쏜 흉탄에 맞아 비명에 돌아가셔서 검은 리본을 가슴에 달고 어머니를 보낸, 그런 심정의 슬퍼한 일이 지금도 새롭다.

남과 북의 분단과 이념이 늘 비극(悲劇)을 불러오고 있는 이러한 불행한 현상이 지금도 지속되고 있는 대한민국의 현실에 속히 대한민국 주도로 평화통일이 이루어져야 되겠다.

복숭아 과수원이 많던 경인선 전철, 송내역에서 가까운 00사단 곡사포대에 최종 배속(配屬)돼 병영 생활 중 잊지 못할 슬픈 일이 또 하나 있다. 하사관 학교에서 훈련을 소화하지 못해 중도하차하여 이등병으로 나보다 한 달 늦게 배속 받은 경상도가 고향인 사병과 2인 1조가 되어 하루는 한겨울 밤 외곽 초소(外廓硝所) 보초근무를 하게 됐는데, 가는데 30분 걸리고 오는데 30분 걸리고, 한 시간 반 동안 보초서고 거처하는 막사로 오면 3~4시간은 잠을 설치므로 항상 잠이 부족해 낮에는 길을 가면서도 꾸벅꾸벅 졸면서 3보 이상은 구보로 가야 하는 참으로 고생스런 병영생활이었다.

그 전우(戰友)와 2인 1조로 같은 조가 되어 오며 가며 얘기할 기회가 있어, 고향의 아저씨 벌 되는 친척이 공군에 복무 중 휴가를 받아 장항선 야간열차(夜間列車)를 타고 고향집에 오다가 과음 후 열차 칸 사이 문에서 술이 깨라고 바람을 쏘이다가 시골길 인적 없는 풀밭으로 열차에서 떨어져 목숨은 건졌지만 국군통합병원에 있다가 의가사제대(依家事除隊)한 이야기를 첫 휴가 때 고향집에 가서 듣고, 그런 일도 있었다고 얘기했는데,

내말을 들은 이 전우가 포대장에게 뒷돈을 주고 특별외박(特別外泊)을 신청하여 2박 3일로 고향에 갔다가 귀대 하던 중 지하철 1호선 구로역 근처에서 열차에서 떨어져 죽었다는 것이다. 밤중에 선임하사인 0중사가 그런 이야기를 해 가면서 서무병인 신00상병이 나를 01시부터 02시 반까지 한 시간 반 동안 동초를 서도록 시간을 짜 내가 그 취약시간에 보초를 서야 될 판에, 0중사가 하는 말이 그 추운 겨울 엄동설한에 시신이 부대로 오는데

천막치고 그 안에 하루 재우고 그 이튿날 가족과 협의 하여 장례 문제를 의논해야 된다며 밤에 잘 지켜야지 쥐가 시신을 뜯어 먹는다는 것이다. 그 이튿날 안 사실이지만 선임하사가 겁을 주려고 한 소리였다.

아무튼 겁도 나고 바짝 얼어 있었는데 다행히 그날 가족과 협의하여 장례문제가 해결되어 시신은 오지 않고 처리 되었다고 했는데, 지금도 집안아저씨 의가사 제대 이야기해서 그 동료 사병이 달리는 열차에서 떨어져 가벼운 부상을 입고 의가사제대를 생각하고 기차에서 떨어지지 않았나 생각하며 목숨을 단축하는데 내가 일조(一助)하지 않았나하여 지금도 내심 죄의식(罪意識)을 가지고 있다.

하나님 말씀, 야고보서 3장에 '혀는 작은 지체로되 보라 얼마나 작은 불이 얼마나 많은 나무를 태우는가? 혀는 곧 불이요 불의의 세계라 혀는 우리 지체 중에서 온 몸을 더럽히고 삶의 수레바퀴를 불사르나니 그 사르는 것이 지옥 불에서 나느니라. 혀는 능히 길들일 사람이 없나니 쉬지 아니하는 악이요 죽이는 독이 가득한 것이라'

나의 방정맞은 혀(입방아)가 전우를 죽이는 독(毒)으로 변하지 않았는가? 혀를 함부로 놀려서는 안 된다는 교훈을 늦게나마 터득했다.

참으로 힘든 군대생활이었다. 종일 포 다리 돌리는 훈련에 고참 들의 기합 등, 몽둥이로 엉덩이를 매일 얻어맞아 피멍이 가시지 않는 참으로 고생스런 날들을 보내는데도 나는 불평 없이 꿋꿋하게 견뎌냈다. 워낙은 힘든 병영생활이라 그 힘든 것을 이용하여 포대장이 편법으로 특별외박(特別外泊)을 나가 돈이나 혹은 고향 특산물을 가져오라는 것이다.

잠시나마 고된 훈련에서 빠지고 고향의 부모형제를 보고 오고 싶어서 많은 의지 약한 사병들이 편법으로 특박을 나갔다. 나도 예외는 아니어서 그 포대장께서 집에 가고 싶지? 하며 고향집에 보내 줄 테니 2박3일(2泊3日)로 고향집에 가서 돈 5만원 가져 오라는 것이다. 당시 사병 월급이 8,000원 이었으니까 당시로는 꽤 많은 돈이었다.

고향 집에 가고도 싶고 포대장의 명령이니 거역하면 간접적으로 괴롭힘을 당하고, 어쩔 수 없이 편법이라 위병소(衛兵所)로도 떳떳이 못나가고 막사 뒤에 있는 울타리 초소를 통해 세 번 특박을 나가 고향에 가서 아버지한테 두 번은 돈을 좀 타다가 포대장에게 바치고 한번은 포대장(砲隊長)이 나의 고향이 충청도라 금산이 고향에서 가까운 줄 알고 인삼을 가져오라하여 수삼을 예산 장에서 사다가 바쳤는데,

중간에 선임하사인 0중사가 할 일 없이 빈둥빈둥 놀면서 포대장 앞잡이로 특박자(特泊者)를 포대장에게 천거(薦擧)하고 인삼은 선임하사가 사전 검열한다며 좋은 것은 그 선임하사가 취하고 포대장에게는 3등품을 주는 것이다. 형편없는 싸구려 인삼을 가져왔다며 포대장(砲隊長)에게 눈총깨나 받았다.

어느 고참 사병(士兵)은 돈을 가져오기로 하고 특별외박을 나가 부대에 복귀하지 않아 탈영병이 되었지만 쉬쉬하고 포대장의

앞잡이인 선임하사가 20여일 후에 잡아 왔는데 뒤가 구려 상부에 알리지는 않고 전 포 대원(砲 隊員) 약 100여명이 모인 가운데 본보기를 보인다며 침상에 엎드려뻗쳐를 시켜놓고 몽둥이찜질을 죽지 않을 만큼 치며 특박 후 부대에 복귀하지 않으면 그렇게 한다고 시범을 보여준 것이다.

그 고참은 우여곡절 끝에 후일 내가 옮겨 복무한 부대인 00훈련단(訓練團)에서 그 고참(古參) 사병이 전역할 때 나에게 피복을 반납하고 내가 제대증을 발부해 주는 업무를 보았는데 그때 거기서 만나 참으로 반가웠고 힘들었어도 참고 견디고 탈영(脫營)않고 다행히 전역하게 되는 모습을 봐서 참으로 반가워 환영해 주었다. 그리고 최대한의 편의를 제공해 주었다.

세상에는 비밀이 없고 죄짓고는 못사는 법, 포대장(최00대위)의 비리사실이 결국은 꼬리가 길어 상부에 알려져 사단(師團) 감찰부(監察部)에 불려 다니며 감사받으러 다닌다는데, 그 기세등등하던 포대장 얼굴이 조사를 받으러 다니면서 초췌하게 변하여 말라서 뼈만 남더니, 비리가 백일하에 드러나 영창을 가게 되고 나는 당시 일등병이었는데, 그 포대장(대위)은 나보다도 한 계급 낮은 이등병으로 강등(降等)되어 불명예 제대하는 것을 보았다. 비리공무원들의 최후의 모습은 이렇듯 모든 영광이 사라진 채로 최후의 도착점은 감옥임을 목격했다.

불의를 저지른 말로(末路)는 참으로 비참 그 자체였다. 월남전에도 참가한 공이 많은 장래가 촉망되는 육군 대위가 참으로 비참한 최후를 맞는 것을 목격했다. 그 때 나도 사단사령부 감찰부에 불려가 조사를 받고 인삼 값과 갖다 준 돈은 고향 집 아버지께 송금해준다 해서 아버지 연락처를 알려주었고, 후에 알아보니 내가 포대장께 바친 돈을 모두 우체국 전신환으로 반환받았다고 하셨다.

그때 내가 휴가 다니러 집에 올 때마다 어려운 살림의 가난한 아버지께 돈을 타갔다며 말 많으신 형수가 우리 처를 보기만 하면 군대생활 할 때, 동갑인 사촌(四寸)은 전방 피엑스(PX)에 근무하며 돈을 벌어왔는데, 나는 돈을 가져갔다고 최근까지 말했다는 것이다. 나한테는 얘기를 하지 않고 말이다.

불법을 저지르고 번 돈이 부자 되게 하는 것도 아니고, 부당한 돈을 받고 특별외박을 보내던 포대장의 비참한 말로를 그 때 목격했다. 정당하게 살아야함은 두말할 나위가 없다. 그일 이후로 전우신문에 0군사령부에서 모필 사병을 모집하는데 선봉훈(先鋒訓)을 한문으로 붓으로 써서 우편으로 보내라는 것이다.

정성껏 선봉훈을 한문으로 써내고 합격자 발표를 기다리고 있는데 한 달여 후에 다시 의정부 000보충대로 가라는 0군사령부 인사명령을 접하고 다시 000보충대로 갔다가, 예비군과 방위 교육을 시키는 창설부대인 경기도 화전의 00훈련단 방위병 교육대에 다시 배속 받고 군복무 기간의 절반 기간인 1년 6개월을 그곳에서 복무하게 되었다. 2.4종계도 보고 조교도 하고 참으로 복 받은 후반기 군 병영생활은, 먼저 복무하던 부대에 비교하면 비교가 안 되게 자유스런 곳이었다.

다시 배속 받은 방위병 교육대가 창설부대인지라 시설이 미

비하여 일주일만 훈련을 받는 출, 퇴근하며 훈련받는 선방위(先
防衛)가 있었다. 후에는 시설이 완비되어 3~4주 내무생활을 하
며 훈련받는 제도로 바뀌게 되었다.

선방위로 출, 퇴근하며 훈련받는 훈련병들 중에는 고위직 자
제분들이 많았다. 내 노라 하는 고관대작님들의 자제분이 많았
다. 당시 산천초목도 떠는 00장관님의 자제분 선방위 교육생 한
분이 담당조교인 나보고 퇴근 시 같이 자기 집에 가자는 것이다.

제대를 얼마 앞둔 고참 병장이고 20여명 되는 기간병(基幹
兵) 내무반장(內務班長)인 나는 외출증도 쉽게 서무병(書務兵)에
게 부탁하면 발급받을 수가 있어, 발급받고 그와 같이 갔는데 그
의 집은 혜화동 00장관 공관이었다. 그 훈련병과 저녁밥을 같이
먹고 오가피주를 마시고 편안히 잠을 자고 그 이튿날 00장관 전
용 운전기사가 00장관 공용 승용고급차로 고관대작의 그 자제분
과 나를 훈련소까지 태워 모셔다 주었다.

훈련 기간이 일주일인데 일주일은 금새 지나갔다. 그는 편안
히 훈련 받고 00동사무소에 배치되어 근무한다고 들었다. 그 후
휴가를 나와 전화를 거니 그런 사람 아니라며 전화 잘못 걸었다
고 전화를 받지 않아 그 후 그의 소식은 알 길이 없다. 그의 형님
되시는 분이 지역구 국회의원으로 당선됐다는 소식은 참으로 한
참 후 알게 되었을 뿐이다. 참으로 냉정한 인간미였다.

당시 같이 방위교육 받던 고관대작(高官大爵)의 자제분인 한
분은 행정고시에 합격 후 공부도 많이 하고 외국유학도 갔다 오
고 박사학위도 받고 일류대학에 교수로 계신 것을 30여년 후 우

연한 기회에 알게 되어 한번 만나 같이 술 한 잔 먹을 일이 있었고, 그도 딱 한번 만난 것으로 끝이었다.

돈이 많은 대기업의 자제분들도 방위병 훈련소에 입대하여 잠깐씩 조교로서 훈련시키며 교제할 기회가 있었는데 우리네 같은 털털한 보통사람과는 말이 도통 통하지가 않았다. 내가 이상한건지 그가 이상한건지 동문서답(東問西答)같은 대화가 딱 한번 훈련받는 기간 동안 이루어질 뿐 그 이후로는 곁을 주지 않았다.

그 때 특권층(特權層)이라는 분들의 인간성을 좀 알게 되었다. 나는 그것이 조금도 부럽지 않았다. 어쨌든 감사할 일은 그런 곳에서 군복무 기간의 반(半)을 한 것이다. 정확하게 33개월 20일, 3년에서 2개월 10일 모자라는 군복무를 마치고 그리던 고향(故鄉)으로 갔지만 배운 것 없고 세상에서 할 수 있는 일은 농사일 뿐, 할 수 있는 일이 나에게는 있지 않았다.

1977년 4월 19일 전역(轉役) 후 추수 때까지 농사일하며 품팔아 돈을 모으는데, 모내기부터 추수 때까지 이르러 한해가 거의 갈 무렵, 경운기로 탈곡하는데 볏 가마를 지게에 져 나를 때 목도 타고 참 힘들었다. 군대 생활 3년여 만에 농사일이 어설프고 힘들었다.

군대생활이 훨 편했다는 반증(反證)이다. 요즘 군대생활도 힘들다고 하는 요즘 젊은 분들이 있다면 고생(苦生)을 맛보지 않아 그렇다. 젊어 고생은 돈 주고도 못산다는 옛 사람들의 말씀이 진리이다. 당시 상황으로는 힘든 일이지만 농사일을 하지 않고는 어떻게 방법이 없어 열심히 품 팔아 다소 벌어 그 밑천으로 서울로 상경하여 본격적인 타향살이가 시작 된다.

5. 타향살이의 시작(始作)

답십리 식당 다락방에 숙소가 있는 순대국 전문식당 집에서 하숙을 하며 글씨 쓰는 데 소질이 있어 4촌 누나 아들 양복을 빌려 입고 종로 2가에 있는 '00서예 차트(chart) 학원'에 다녔다. 지긋지긋한 고향을 이제 완전히 떠나 그 이후로는 돌아갈 수 없는 고향이 되었고, 이때부터 타향살이가 시작된 것이다.

본격적(本格的)으로 서울 생활이 시작된 것이다. 한 달쯤 되니 학원 측에서 서울시청 00실에 교정사로 추천해 줘서 취업이 되어 농부에서 일약 서울시청 00실에서 근무하는 직장인이 된 것이다. 참으로 기쁜 일이었다.

음력으로 11월 7일 고향에서 아버지의 회갑(回甲)잔치가 있어 떳떳하게 아버지 회갑잔치에 참여하여 3일간 친지며, 동네사람들을 모두 초대하여 잔치를 성대히 치렀다. 그 아버지께서 작년 2012년 1월 1일 96세의 일기를 마치시고 생을 마감하셨다. 일생을 농부(農夫)로, 참으로 가늘고 길게 사시다가 가셨다.

나 또한 우리 아버지 같은 길을 가고 있지 않은가 생각한다. 참으로 이름 없고 초라한 삶이지만 큰 소리 한번 내시지 않으시고 조용히 이름 없이, 있는 듯 없는 듯한 조용한 생을 참으로 길게 조용히 사시다가 가셨다. 서울시청 00실에서 두어 달쯤 근무하며 설날(舊正)을 맞이했다. 쉬라는 지시가 없으니 나는 고향에 가지 않고 평일과 같이 출근(出勤)했다.

많은 분들이 고향에 설 쇠러가고 몇몇 분만 출근했는데 일은 많아 필경사(筆耕士)가 할 일을 못해 업무가 진행되지 않아 00실장님께서 교정사(矯正士)인 나보고 윤용규씨가 필경사 일을 하라고 하셔서 교정사에서 두어 달 만에 구정 명절날 출근한 게 계기가 되어 필경사가 되고, 급료도 두 배가량 높아졌다.

'성실(誠實)한자가 인정받고 진급한다.'는 진리를 그 때 배웠다. 성실히 주어진 일에 남보다 더 열심히 하는 게 출세의 비결(秘訣)이다. 그 후 6개월쯤 근무하고 이제 못다 한 공부를 하고 싶었다. 시간이 좀 있는 어느 여자 중학교 서무과에 필경사로 자리 옮겨 야간에는 종로에 있는 00검정고시학원에 다녔다.

적지만 월급을 받아 왕십리에 방한칸짜리 보증금 40만원/ 월세 3만 원짜리 월세방(月貰房)을 얻어 군복무 때 만난 첫사랑인 아내와 만난지 2년여 만에 그야말로 작은 결혼식을 올렸다. 청첩장은 내가 직접 가리방 글씨를 내가 직접(直接) 써서 만들어 가까운 4촌 이내의 친척(親戚)과 직장상사, 친한 친구 몇 명에게만 주고 알려 약 30여명 초청하여 그야말로 요즘 화자 되고 있는 작은 결혼식을 올렸다.

국졸학력이 전부라 주례를 서실 은사도 계시지 않은 터라 근무하던 학교 교장선생님께 부탁했다. 폐백도 월세 방에서 가까운 가족들만 모셔서 드리고, 패물은 일체 하지 않고 금반지만 작은 것을 교환한 게 전부다. 피로연(披露宴)도 00예식장 인근(隣近)의 중국집서 짬뽕으로 대접했다.

참으로 엉터리 같은 결혼식을 올렸다. 그런데 한 가지 이해할 수 없는 것은 몇 푼 안 되는 축의금(祝儀金)을 형이 무슨 권한으로 다 가져간 것이다. 받은 축의금은 내가 두고두고 갚을 몫인데 말이다. 그냥 그러려니 하고 일체 따지지 않았다. 몇 푼 안 되는 돈을 가지고 강남버스터미널로 가서 유성(儒城)가는 고속버스를 타고 감사한 마음으로 신혼여행(新婚旅行)을 갔다.

감사한 것은 그 당시는 어려운 사람들은 결혼식(結婚式)도 못올리고 그냥 동거생활로 들어가 애 낳고 그렇게 살다가 늘그막에 합동결혼식을 올리는 커플(couple)도 많았기에 모든 것을 감사하게 생각하고 신혼여행은 사치라고도 생각하며 유성온천 장급여관(莊級旅館)에서 하루 자고 이튿날은 공주 갑사(甲寺)에 가서 민박인 온돌방에서 자는데, 초저녁에 따뜻하던 방바닥이 새벽이 되니까 차디찬 냉방으로 변해 오들오들 떨며 우리 신혼부부는 꼭 껴안고 잤다.

참 행복했다. 그런데 나만 행복했지, 신부는 참으로 불만이 많은 신혼여행이었을 게다. 돈이 바닥나 이튿날 서울 집에 도착해 돈이 떨어져 첫 달부터 가불인생(假拂人生)인 험난한 신혼생활이 시작됐다. 3일 만에 일터인 학교에 갔더니 모두 깜짝 놀라는 것이다. 신혼 휴가는 일주일인데 3일을 앞당겨 출근하니 그럴 밖에, 어디 갈 데도 없고 돈이 떨어졌으니 더는 어디고 갈수가 없었기 때문이다.

한 달을 사느라고 고생시킨 내 아내에게 지금도 참 미안하다. 바라지도 않았고 재산을 분배해 달라는 눈치도 주지 않은 우리 형제지만, 많지 않은 아버지의 유산인 농토(農土)를 4형제인데 아우들에게 조금씩이라도 골고루 재산을 나눠주는 것이 부모의 도리며 위 사람의 도리라고 생각하는데 나의 형은 얼마 안 되는 재산이지만 혼자 독차지 하고 그 시절 고등학교를 나와 공무원이 되어 청렴함이 생명이 되어 청백리(淸白吏)가 되어야 함에도 불구(不拘)하고 그렇게 하지 못한 것을 나는 유감으로 생각한다. 참으로 가슴 아픈 일이다.

그래도 피는 물보다 진하다고 지금도 힘든 일이 있을 때는 의지하고 만나 상의하고 지내는 불변하는 형제다. 내 동생 둘도 그 형을 한 번도 원망(怨望)치 않고 참으로 착하게 살아가고 있다.

이제 하나님의 뜻으로 만난 우리 부부는 한 몸이 되어 부부생활을 시작하고, 학교의 필경사보다는 정식 공무원이 되어 신양지서 O차석을 찾아 복수하여야 하겠기에, 경찰공무원(警察公務員) 시험에 응시하기로 마음먹고 1차 신체검사 2차 국사, 법제대의, 논문, 3차 면접시험에 대비하여 열심히 공부하여 경기도 40명 보충인원 모집에 응시했다. 1,000여명이 응시했지만 합격했다.

당시에는 공무원시험은 학력제한이 없었다. 실력만 있으면 합격할 수 있었다. 사법고시도 합격만하면 됐다. 간(肝)이 부어 행정고시에도 도전했으니 뭣을 몰라도 한참 모르는 두서없는 인생을 살아왔다. '민생고(民生苦)가 급선무'라, 무엇이고 시작만 했지 끝까지 할 수는 없었다.

후에 대학원(大學院)까지 갔지만 모두 야간에 다녔고, 주간(晝間)에 공부한 것은 초등학교 6년뿐이다. 지금 같은 환경이라면 얼마든지 도전(挑戰)하여 뜻을 이룰 텐데 참 아쉽다. 그래서 때를 놓치면 안 된다. 기회가 있을 때, 게으름을 접고 최선을 다해 노력하여, 뜻을 이뤄내야 한다.

초등학교 졸업이 학력의 전부인 나는 고졸자와 대졸자도 떨어지는 그 시험에 당당히 합격한 것이다. 무슨 일이고 목표를 세워 최선을 다하면 뜻이 이뤄진다는 진리(眞理)를 깨닫게 되었다.

부평에 있는 경찰종합학교에서 무사히 12주 교육을 마치고 경기도 연천경찰서에 임용되어 백학지서에 순경으로 근무할 때인데, 결혼 한지 1년이 지나도록 간절히 갖고 싶은 아이가 없어 흰 눈이 펑펑 쏟아지던 백학면 소재 백령리 교회를 지나게 되어, 열려있는 교회 안으로 들어가 믿지도 않으면서 십자가를 향해 무릎 꿇고 앉아 우리 두 부부(夫婦)는 아이를 갖게 해 달라고 간절히 기도(祈禱)하였다.

그래서 하나님의 기도응답(祈禱應答)으로 아내는 6개월 후에 임신을 하게 되어 큰아이를 갖게 됐고, 결혼 한지 2년 6개월 만에 하나님께서 우리에게 아들을 주신 줄로 우리 두 부부는 굳게 믿고 있다.

제3장
북한의 테러일지

··· 제3장 ···
북한의 테러일지

6.25 전쟁은 실제 겪은 전쟁은 아니었고 역사로 배워 알고 말만 들었지만, 이제 그 이후 실제 겪은 북괴의 테러에 대해 알아보자.

고향에서 농사일을 하며 힘들게 살던 16세 때인 1968년 1월 21일에 1.21사태가 일어난다.

'구약성서(舊約聖書) 창세기 37장'에서 이스라엘 야곱이 아들 열두 형제 중 열한 번째 아들인 요셉을, 아버지인 야곱이 편애(偏愛)한다고 죽이려다가, 미디안 상인인 이스마엘 사람에게 은 이십에 팔매, 그 상인들이 요셉을 데리고 이집트로 가게 되어 요셉은 이집트 바로의 신하 친위대장(親衛隊長) 보디발의 노예(奴隸)가 되고, 그 후에 하나님의 섭리로 요셉은 이집트의 2인자인 총리(總理)가 되고, 7년 가뭄 때에 이스라엘에 양식이 없어 야곱과 이스라엘에 있던 요셉의 형제 장자인 르므엘을 비롯한 10형제 등 자손 70인이 하나님의 인도로 이집트로 이주하게 되어 300여년을 지내는 동안 '출애굽기 1장에 이스라엘 자손은 생육하고 불어나 번성(繁盛)하고 매우 강하여 온 땅에 가득하게 되었는데,' '바로 왕 후의 요셉을 알지 못하는 새 왕이 일어나 이집트의 왕이 되어,' '어려운 노동으로 이스라엘 백성의 생활을 괴롭게 하니, 곧 흙 이기기와 벽돌 굽기와 농사의 여러 가지 일이라, 그 시키는 일이 엄하였더라.'

이스라엘이 300여년간 종살이를 한 후에 '하나님께서 이집트의 고난 중에서 인도(引導)하여 내어 젖과 꿀이 흐르는 땅 곧 가나안 족속의 땅으로 올라가게 하리라.'하고 모세에게 능력을 주셔서 이적(異蹟)을 행하게 하고 가나안 땅을 떠나라 하십니다. 그러나 모세는 하나님께 '이스라엘 모든 민족이 따르지 아니하고, 말을 듣지 않고 하나님께서 제게 나타나지 아니하셨다하며, 따르지 않을 것이라며 주여 나는 본래 말을 잘 하지 못하는 자니이다.'라고 하며,

주께서 주의 종에게 명령하신 후에도 역시 그러하니 나는 입이 뻣뻣하고 혀가 둔한 자니이다. 오! 주여 보낼만한 자를 보내소서, '여호와께서 모세에게 노(怒)하여 이르시되' 네 형 아론이 있지 아니하느냐? 그가 말 잘하는 것을 내가 아노라. 그가 네 입

을 대신(代身)하실 것이요, 너는 그에게 하나님같이 되리라.

'너는 이 지팡이를 손에 잡고 이적(異蹟)을 행할 지니라' 하여 하나님의 섭리로 이집트를 벗어나게 되는데, 출애굽기 4장에 하나님께서 능력을 주셔서 모세(Moses)로 하여금 이적을 행하여 이스라엘 민족이 400여년 만에 이집트를 탈출(脫出)시키라고 명령을 하신다.

그러나 완고한 이집트 왕 바로가 '하나님께서 강한 손으로 치시기 전에는 순순히 가도록 허락하지 아니하다'가 하나님께서 손을 들어 이집트 중에 여러 가지 이적으로 '이집트를 친 후'에야 바로 왕이 열 번째 재앙 때 이스라엘 백성을 보내리라 하며,

☕ ⋯ 첫 번째 재앙 **물이 피가 되게 하신 여호와**

"바로의 마음이 완강하여 백성 보내기를 거절하니, 모세에게 이르되, 아침에 바로에게 가거라." '보아라.' 그가 나일 강에 나올 것이니, 강가에 서서 그를 만나, 뱀으로 변했던 그 지팡이를 손에 들고서 모세와 아론이 여호와께서 명령하신대로 하여, 바로와 그의 신하들 앞에서 지팡이를 들어 나일 강 물을 치니, 나일 강 물이 피로 변하고 나일 강의 고기가 죽으며, 나일 강 물이 악취(惡臭)를 풍겨 이집트 사람들이 나일 강 물을 마실 수 없었고, 이집트 모든 땅에 피가 있었다.

그러나 이집트의 마술사(魔術師)들도 자신들의 술법으로 그와 같이 행하므로, 여호와께서 말씀하신 것과 같이 바로의 마음이 완고해져서 그들의 말을 듣지 않았으며, 바로가 돌이켜 그의

궁으로 들어가 그 일을 마음에 두지도 않았다. 제2 제3~등의 이적을 보여 탈출하려 하지만, 번번이 탈출을 못하게 하듯이 북한은 틈만 있으면 무장공비(武裝共匪)를 남파시키고 테러를 자행하기 시작하는 역사를 써 나간다.

1. 6.25 이후 자행된 첫 번째, 1.21 사태

1.21 사태는 게릴라전 특수훈련을 받은 31명은 그해 1월 13일 북한군 정찰국장 김정태로부터 청와대 습격에 관한 구체적인 작전지시를 받고 18일 자정을 기하여 휴전선 군사분계선을 돌파하였다. 서부전선 미군담당 군사지역에 잠입하여 하룻밤을 숙영, 19일 밤 8시 30분 경 결빙(結氷)된 임진강의 얼음판을 횡단(橫斷), 경기도 고양군 법원리의 삼봉산에서 2일째 숙영을 한 다음, 20일 앵무봉을 통과하여 비봉, 승가사로 이어지는 산악길을 타고 이날 밤 10시 서울시내 세검동 파출소 관할 자하문 초소에 이르렀다.

비상근무 중이던 경찰의 불심검문(不審檢問)을 받고 그들의 정체가 드러나자 검문경찰들에게 수류탄을 던지고 기관단총을 무차별 난사하는 한편, 그곳을 지나던 시내버스에도 수류탄을 던져 귀가하던 많은 시민들이 살상을 당하였다.

군.경은 즉시 비상경계 태세를 확립하고 현장으로 출동, 28

명을 사살하고 1명을 생포하였다. 이 사건으로 많은 시민들이 인명피해를 입었으며, 그날 밤 현장에서 비상근무를 지휘하던 종로경찰서장 최규식(崔圭植) 총경이 무장공비의 총탄에 맞아 순직하였다.

서대문구 홍제동 민가에서는 한 시민이 게릴라와 격투를 벌이다가 총격으로 사망하는 등 이날 밤 민간인 5명이 살해되었다. 군. 경 합동 수색대는 일당 중에 김신조(金新朝)를 발견 생포하는 한편, 이들에 대한 소탕에서 그날 밤 게릴라 5명을 살해한데 이어, 경기도 일원에 걸쳐 군경합동 수색작전을 전개, 31일까지 28명을 사살하였다. 나머지 2명은 도주한 것으로 간주되어 작전은 종료되었다.

이들이 소지한 습격용 무기는 기관단총(PPS) 31정(1인당 1정씩 휴대), 실탄 9300발(1인당 300발씩 휴대), TT권총 31정(전원 휴대) 대전차용 수류탄 252발(1인당 8발씩 휴대), 방어용 수류탄252발(1인당 8발씩 휴대), 단도 31정(전원 휴대)이었다.

북한민족보위성은 김일성의 이른바 '항일 빨치산 전술'을 전개하여 대남적화 공작에 있어서 적극적인 유격전 활동을 전개하며 1967년 4월 정찰국 산하에 유격전 특수부대인 '제 124군 부대'를 조직하였다. 이 특수부대는 일반 군부대에서 선발 된 척후병. 통신병. 운전병. 특별무장한 병사 등과 제 283 군부대 및 집단군 도보 정찰소에서 엄선된 정예병 2400명으로 구성 되었다.

이들은 원산과 상원 일대의 8개 기지에 300명씩 분산되어 훈련을 받았으며 특수교육의 내용은 적 배치 상황, 이론 지뢰 극복

을 위한 정찰병 기본 동작. 지형학. 사격. 침투 훈련 등이었다. 8
개기지 가운데 제 6기지에서 서울. 경기도 지역에 대한 유격 파
괴 공작을 담당하였는데, 1968년 1월 2일 민족보위성으로부터
청와대. 미대사관. 육군본부. 서울교도소. 서빙고 간첩 수용소
등을 일제히 습격하기 위한 작전을 준비하라는 지시가 내려졌
다. 이에 따라 제 6기지 유격대는 장교 5명의 유격대원을 엄선하
여 그해 1월 5일부터 황해도 사리원으로 이동, 노동당 도당청사
를 청와대로 가상하고 청와대의 정문사진과 전경 사진을 익히면
서 습격훈련을 실시하였다.

1월 13일 정찰국장 김정태는 이 훈련장소(訓鍊場所)를 방문,
독려하면서 습격대상을 청와대로 지정하였다. 특공대 규모는 처
음 25명에서 31명으로 증원되었으며 전원 함경도 출신의 장교들
로 충원되었다. 이들은 1월 14일부터 이틀 동안 집체 사격훈련을
받은 뒤 남파(南派)되었는데 기습계획의 내용은,

① 습격시간은 밤 8시이며 당일로 복귀한다. 습격 소요 시간
   (襲擊所要時間)은 3~4분간이며 증원군의 추격을 받지 않
   도록 한다.
② 습격전날 북악산 부근에 숙영(宿營)하여 청와대를 관측
   정찰(偵察)한다.
③ 전원 사복으로 갈아입고 취객(醉客)을 가장하여 접근, 유
   격대원끼리 시비를 걸다가 기회를 포착 청와대 초소를 기
   습한다.

④ 제 1조는 청와대 2층을 기습, 기관단총(機關短銃)으로 무차별사격하여 인명을 살상하고 수류탄을 투척한다. 제 2조는 청사 1층, 제 3조는 경호실, 제4조는 비서실, 제5조는 정문 보초 및 기타 보초 등을 맡아 살상, 파괴한다. 운전조(運轉組)는 차량을 탈취하여 탈출 준비를 완료한다.

⑤ 사건이 끝나는 즉시 분승(分乘)하여 문산 방면으로 도주, '그날로 복귀한다.' 가 침투의 임무였다.

생포된 '김신조'는, 그동안 김일성의 허위 선전에 속아 살아 왔음을 깨닫고 한국으로 귀순(歸順)하였다. 후일담으로 김신조의 말에 의하면 김일성은 박정희의 새마을 운동 등 경제 개발 5개년 계획의 연속된 성공으로 한국이 박정희의 산업화를 인정하고 그래서 죽이려 했다고 실토했다 한다.

北은, 내가 죽었으면 발뺌 했을 것… 천안함도 마찬가지.

김신조를 생포하지 않고 1961년 침투한 북한 무장공비 31명을 모두 죽였다면 북한은 발뺌했을 것이나, 김신조가 유일하게 살아남아 증언한다. 김현희도 마찬가지다. 그가 살아남지 않고 죽었다면 그 억측은 이루 말할 수 없을 것이다. 김신조의 말이다.

"김일성은 당시 남한의 산업발전(産業發展)이 박정희 대통령의 공로라는 걸 인정했어요. 더 시간이 지나면 한국의 공산화가 힘들 것이라고 판단해 빨리 죽이려고 한 겁니다." 1968년 1월 "박정희 모가지를 따러 왔다"던 북한 특수부대원 김신조(71)는

45년이 흐른 뒤(2013년) 노(老) 목사가 돼 있었다.

그는 함께 내려 온 북한 무력부 총정찰국 124군 부대원 31명 중 우리 군(軍)에 생포된 유일한 인물이다. 김 목사는 11일 경기도 남양주시의 한 성경 교육관에서 가진 인터뷰에서 "매스컴에 나올 때마다 좌파로 추정되는 사람들에게 '까불지 말고 조용히 살아라'는 협박 전화를 자주 받았다"며 "저 때문에 고통 받았던 수많은 분께 사죄하고 도와준 분들께 은혜를 갚기 위해서라도 우리나라 안보에 도움이 되도록 기도하고 살아남겠다."고 했다.

이것은 하나님께서 우리나라를 사랑하시고 공산화되지 않게 도와주셔서 기적적으로 김 목사를 살려 하나님의 종으로 우리나라 안보교육의 산 증인으로 쓰시려고 하나님께서 살려주셨다. 우리는 끝까지 김 목사가 테러(terror)를 당하지 않도록 보호하여야 할 것이며, 하나님께 감사기도를 드려야 할 것이다. 참으로 귀한 증언자(證言者)가 아닌가?

이스라엘 민족이 하나님의 명령으로 이집트에서 노예생활을 벗어나 출애굽 시 바로 왕을 하나님께서는 악을 살려 열 번씩이나 완악(頑惡)하게 하여 본보기로 삼으셨다.

그것과는 좀 다르지만 김 목사는 살아계셔서 영원한 증인이 되고 우리나라의 좌파에게 우파가 휘둘리지 않게 교육적 측면에서도 살아계시도록 우리국민은 모두 김 목사를 지켜야 할 것이다.

🚐 … 김 목사의 증언

김일성은 1972년 5월 7.4 공동성명(共同聲明)발표 직전, 방북한 당시 이후락 중앙정보부장에게 "(1.21 사태는) 박정희 대통령에게 정말 미안한 사건이다. 나도 몰랐다. 우리 내부의 좌경 맹동 분자들이 한 짓"이라고 했었다. 이에 대해 김 목사는 "새빨간 거짓말"이라고 했다.

그는 "북한은 원래 미 대사관(大使館)과 미8군 기지, 국방부, 육군본부, 서대문형무소 등을 우선 접수하도록 계획을 세워놓고 있었다."며 김일성이 '다른 것보다 박정희부터 빨리 죽이라'는 명령을 내려 "엘리트 특수 부대원만 31명을 뽑아 급히 내려 보낸 것"이라고 했다. 김일성은 빨갱이요 동족상잔의 비극의 원흉이요, 새빨간 거짓말쟁이임을 당시 124군 부대의 김일성의 충실한, 목숨을 바쳐 명령을 완수하려고 내려온 김신조의 증언이다.

김신조의 말도 거짓이라고 말하는 자가 또 있을까? 물론 있겠지? KAL기 폭파범 김현희도 조작이라고 하는 이 마당에 좌익분자들이야 어떻게든 또 돌려댈 것이다. 하나님께서 모세에게 돌판에 새긴 계명을 주실 때 사람에게 주신 명령 제1은 부모를 공경하라. 살인하지마라. 간음하지마라. 거짓말하지 말라고 하셨다. 한국민(韓國民)은 좌익분자들을 빼놓고는 거짓말을 싫어한다. 거짓말 하지 말지니라.

김신조 일당은 1968년 1월 21일 밤 청와대 약 300여 미터 앞에서 최규식 당시 종로경찰서장에게 저지당하자 총격전을 시작했다. 김 목사는 "당시 수경사 30대대장이 전두환 전 대통령이었는데 이 부대와의 교전(交戰)에서 깨지고 뿔뿔히 흩어졌다"고 했다. 이것만 보아도 전두환 전 대통령은 우리나라를 지키기 위해 목숨 걸고 싸운 대한민국 군인이다.

누가 누구를 욕하는가? 군대를 기피하고 군대를 가보지도 않은 그런 사람들은 이러쿵, 저러쿵 말할 자격이 없다. 그 때 청와대가 뚫리고 박대통령을 죽였더라면 6.25전쟁에 이은 후전 상태가 전쟁으로 발전해 우리나라는 김일성의 밥이 됐을지도 모를 일이다.

하나님께서 늘 지켜주시는 줄 우리는 깊이 깨달아야 한다. 김재규는 천인공노(天人共怒)할 만행을 저지른 것이다. 김신조 일당이 하지 못한 것을 은혜를 입고 큰 김재규가 총을 겨눈 것이다. 사람을 쓸 때 참으로 잘보고 쓸 일이다.

나도 사업을 할 때 오랫동안 직원으로 데리고 있던 직원에게 당했다. 대학을 나오고 실력이 있고 머리가 좋고..., 아무 필요 없다. 인성(人性)이 최고다. 과거 범양상선 선박회사 한사장 건을 또 되살려 보자..., 그는 자신이 생포될 당시의 상황에 대해 "내가 수류탄을 깠는데 불발이 돼서 잡혔다고 알려졌지만, 사실은 그냥 손들고 나온 것"이라며 이것은 하나님께서 후에 쓰시려고 완악한 김신조 마음을 돌려 손들로 나오게 한 것이 확실하다. "당시 26세인데 김일성을 위해 죽는 게 무슨 의미가 있나 싶었다."고 했다.

김 목사는 사상전향(思想轉向)을 한 후 1970년 4월 사회로 나왔다. 그는 "당시 한국은 도시든 농촌이든 북한보다 훨씬 사정이 어려워 보였다"고 했다. 김 목사는 "그런데 1970년 새마을 운동이 시작되고 경부고속도로가 생기면서 한국이 빨리 발전하는 게 눈에 보였다"며 "이래서 김일성이 박대통령을 빨리 제거 (除去)하려했구나 생각하게 됐다"며 2010년 10월 황장엽 전 북한 노동당 비서의 빈소에서 박근혜 당선인을 만났다고 했다. 김 목사는 "그 때 사과할 겨를도 없이 박근혜 당선인이 다가와서 '여기서 만나서 반갑습니다. 강의(講義)한다는 소식은 들었습니다.'라고 말했다"며 "자신의 아버지를 죽이려고 했던 사람인데 싫은 내색을 안 해서 감사했다"고 했다.

하나님을 섬기는 목사님은 자기 아들을 죽인 범인을 양아들로 삼고 살펴준 감동드라마도 역시 하나님의 은혜 속에서 이루어진 사랑의 결과다. 김 목사는 "내가 살아남지 않았다면 북한은 청와대습격사건(靑瓦臺襲擊事件)도 끝까지 잡아뗐을 것"이라며 '천안함 폭침 날조극 운운은 북한의 상투적 수법'이라고 했다.

🚐 ⋯ 정부의 조치

정부는 사태가 발생한 다음날 국회 국방위원회에 사태의 진상을 설명하였다. 또한 이틀 뒤인 1968년 1월 23일에는 북한 원산항 앞 공해상에서 미 해군정보수집함 푸에블로호가 북한 초계정 4척과 미그기 2대의 위협(威脅)을 받고 납치되는 사건이 또 발생하였다.

1월 24일 판문점(板門店)에서 열린 제261차 군사정전회의 본회담에서 유엔군 측 수석대표는 푸에블로 호 사건과 함께 북한 게릴라 부대의 서울 침투와 그들의 민간인 살상 등 만행을 규탄하였다. 북한 측은 한국이 휴전당사자가 아니므로 1.21사태는 본회담의 대상이 되지 않는다는 등 무례한 답변으로 그들의 만행(蠻行)을 호도(好道)하였다.

그러나 1970년대 남북대화가 시작되자 김일성은 이 사태가 좌경극렬분자의 행동이었음을 시인하였다. 이 사건을 계기로 정부는 북한의 비정규전에 대비하기 위한 향토예비군을 창설하였다. 소 잃고 외양간 고친다는 격으로 항상 어떤 불안한 상태가 초래(招來)되고 많은 피해를 본 뒤라야 더 좋은 대책을 내놓게 된다.

북한은 우리의 긴장을 갖게 하는 약이며 그 사건 이후 멈추지 않는 무장공비 침투 및 테러가 지속적으로 자행된다. 우리는 마음을 놓을 수 없는 긴장 속에서 철통같은 반공태세를 가져야 함에도 작금(昨今)의 현실은 나사 풀리듯 반공에 대한 개념이 풀려 있는 상태다.

☕ ⋯ 둘째 재앙 개구리가 올라오게 하신 여호와

"만약 바로가 두 번째도 보내기를 거절하면, 보아라, 내가 너의 모든 영토를 개구리들로 칠 것이다. 나일 강에 개구리 떼가 우글거리고, 그것들이 올라와서 네 궁궐(宮闕)과 네 침실과 네 침대 위와 네 신하들의 집과 네 백성의 집에 들어가고, 네 화덕들과 네 빵 반죽 그릇 들에도 들어갈 것이며, 너와 네 백성과 네 모든 신하(臣下)들에게도 기어오를 것이다."

여호와께서 모세에게 말씀하셨다. "너는 아론에게 명령하여 네 지팡이를 잡고 네 팔을 시내들과 강들과 연못들 위에 펴서 개구리들이 올라와서 이집트 온 땅을 덮었으나, 바로의 마술사들도 자기들의 술법으로 그와 같이 행하여 개구리들이 이집트 땅으로 올라오게 하였다." 그 때 바로가 모세와 아론을 불러 말하기를, "여호와께 간구(懇求)하여 개구리들을 나와 내 백성에게서 떠나게 하여라. 네 백성이 여호와께 제사를 드릴 수 있도록 내가 그들을 보내겠다."하니

모세가 말하기를 "왕의 말씀대로 하여, 여호와 우리 하나님과 같은 이가 없으신 줄을 왕께서 알 수 있도록 하겠습니다. 개구리들이 왕과 왕의 궁궐들과 왕의 신하들과 왕의 백성에게서 떠나 나일 강에만 남아있게 될 것입니다."하고 여호와께 간구하였더니, 여호와께서 모세의 말대로 하셔서 개구리들이 집과 마당과 밭에서 나와 죽었다.

사람들이 그것들을 모아 무더기로 쌓으니, 땅이 악취를 풍겼다. 그러나 바로가 한숨을 돌릴 수 있게 된 것을 보고 그의 마음을 완강하게 하여, 여호와께서 말씀하신 것과 같이 완악한 북한 공산당과 김일성은 6.25 남침 후 두 번 째 무장공비를 남파시킨다.

2. 1.21 사태 이후 9개월 뒤인 울진, 삼척 무장공비 침투 사건

1968년 10월 30일, 울진 삼척 간 해안선(海岸線)으로 북한 특수부대 124부대 무장공비들이 침투를 하는 사건이 또 일어난다. 1968년 전후 미국은 베트남에 대한 폭격을 중지하는 동시에 파리평화 협정을 진전시킴으로서 베트남전쟁을 마무리해가고 있는 때였다. 동서 대결의 분위기가 완화되어 가던 추세 속에서 북한은 중공과 소련의 군사 원조를 지속적으로 확보하기 위하여 한반도의 긴장상태(緊張狀態)를 다시 한번, 부각(浮刻)시키고자 했다.

1968년 초, 김신조 사건이 터지고 한해를 넘기기 전에 또 북한의 무장공비들이 남한으로 침투하는 사건이 발생했으니 김신조 사건 등으로 비상이 걸린 남한은, 특히 북한의 무장공비들의 육로 침투경로인 휴전선에 대한 경계근무를 강화하여 남한으로 침투하는 것이 갈수록 어려워지자, 북한은 남한의 해안으로 무장공비를 침투시키기 시작한다.

북한은 1968년 1월 21일 일어난 김신조 무장공비 일당 청와대 습격 사건의 실패를 만회(挽回)하고, 남한에서 반정부 민중봉기를 일으킬 거점을 마련하기 위해 해안을 통한 무장공비 침투를 실시한다.

1968년 10월 30일 밤, 조선인민군 124부대 부대원 120명이 남한 강원도 울진과 삼척 사이 8군데에 상륙한다. 이들은 남한에 유격대 활동거점(活動據點)을 확보하기 위해 울진과 삼척으로 침투하였다.

이들 무장공비들은 같은 해 1월 청와대를 습격하기 위하여 남파되었던 북한 민족보위성정찰국예하 124군 부대 소속으로 침투지역 일원에서 공포분위기 속에서 주민들을 선전 선동하는가 하면, 양민학살 등 만행을 저질렀다. 북한이 무장공비를 투입한 곳은 남한 내륙이었다.

침투한지 30일 안에 태백산에 유격대 본부를 세우고 1.21사태 이후의 대남공작 실패를 만회하고 남한에서의 민중봉기를 유도하려는 거점 만회에 있었다. 나아가서 미국의 월맹에 대한 북폭 중지와 파리평화협상회의의 진전에 따른 월남전의 종식에 초조한 나머지 한반도에서의 긴장조성을 통한 중국, 소련의 군사원조 획득과 대대적인 정치위기 은폐의도(隱蔽意圖)에서 감행되었다.

1968년 10월 30일에서 11월 2일에 이르는 사흘 사이에 120명의 무장공비들은 15명씩 8개조로 편성되어 10월 30일, 11월 1일, 11월 2일의 3일간 야음을 틈타 경상북도 울진군 고포해안에 상륙, 울진, 삼척, 봉화, 명주, 정선 등으로 침투하였다.

무장공비들은 군복, 신사복, 노동복, 갖가지 옷차림에 기관단총과 수류탄을 지니고 우리 선량한 주민들을 집합시킨 다음 북한 책자를 나누어 주면서 북한의 발전상을 선전하는 한편, 정치, 사상교육을 실시하여 인민유격대(人民遊擊隊)에 가입할 것을 강요하였다.

울진군 북면 고숫골의 경우, 11월 3일 새벽 5시 30분쯤 7명의 공비가 나타나서 "경상북도경찰국에서 사진을 찍어주러 왔다."라는 말로 마을 사람들을 모은 다음, 사진을 찍고 위조지폐를 나누어 주며 김일성 사상에 관한 선전을 하고 유격대 지원 청원서에 서명할 것을 강요하였다.

이 때 이 마을에 나타난 양양군 장성읍에 거주하는 전병두(32세, 노동)를 대검으로 찔러 죽이는 만행을 저질렀으며, 주민들이 경찰에 신고하지 못하도록 위협하였다. 이들은 다른 지역에서의 만행도 잇따랐다. 삼척군 하장면의 한 산간 마을에서는 80세 노인, 52세의 며느리, 15세의 손자 등 일가 세 사람이 난자당하였으며, 총알이 아깝다며 돌로 화전민을 때려죽이는 만행을 서슴치 않고 저지른다.

1968년 10월 30일 아침, 이들 남파 무장공비들은 인근 민가에 난입, 마을 사람들에게 사상 교육을 하는데, 마을 주민 중 일부가 탈출하여 군부대에 신고를 하게 됐다. 이에 한국군은 대간첩 대책 본부를 세우고 군(軍)과 향토예비군을 동원하여 소탕 작전을 벌이게 되었다.

곧 한국군이 헬기를 타고 출동하였고, 36사 국토방위대와 해병대 대대, 그리고 전투경찰과 특수부대원들과 수천명의 향토예비군이 동원되어 무장공비 추격에 나섰다. 당국은 11월 3일 오후 2시 3분을 기하여 경상북도와 강원도 일부 지역에 '을종 사태'를 선포하고, 대간첩대책본부의 지휘아래 군과 향토예비군을 출동시켜 소탕전을 벌였다.

소탕작전 결과 11월 16일까지 31명을 사살하고 2명을 생포하였으며, 기관단총 3정, 권총 1정, 실탄 다수, INT 3개, 수류탄 20 발, 비상식량 200개, 카메라 1대를 노획(鹵獲)하였다. 군경 민간인 공동으로 북한의 무장공비 소탕에 나서 무장공비를 거의 사살하고 얼마 남지 않은 무장공비들은 북으로 탈출을 시도하며 도망을 치던 중 또 하나의 천인공노할 만행을 저지르는데, 1968년 12월 9일, 평창군 산간마을의 한 초가집에 침입한 무장공비가 "나는 공산당이 싫어요."라고 외치는 10세의 이승복(李承福)어린이와 일가족을 처참히 살해하는 만행을 저지르는 사건이 발생한다.

그렇다. 바로 내가 어렸을 때 교과서에서 6.25를 통해 배운 북한괴뢰 공산당이라고 부르던 '나는 공산당이 싫어요'라고 배운 그대로 말한 반공소년 이승복, 공산당이라는 말을 함으로 일가족 모두를 처참히 쳐 죽인 공산당 참으로 무서운 공산당이다.

그래서 이승복 어린이는 꽃 봉우리를 피워보지도 못한 채 공산당의 총칼에 무참히 살해당했다. 그러나 그의 이름은 반공소년으로 청사에 길이 남아 있으며 그가 다니던 속사초등학교에 동상으로 우뚝 서있다.

그런 반공 교육의 대표적 영웅이자 무장공비의 희생자인 '이승복'을 종북좌파(從北左派)들은 조작(造作)운운 하고 있다. 무장공비들이 찢어 죽인 현장의 사진을 보고도 조작이라고 하는데 조작이라는 말을 절대 믿어서는 대한민국사람이 아니다. 이렇게 2주에 걸친 수색작전과 무장공비(武裝共匪) 소탕작전으로 당시 박정희 대통령이 작전 중지를 명령한 12월 26일까지 북한이 무장공비 대부분은 사살(死殺)되었다.

朝鮮人民軍 124군 부대 120명 중 110명이 사살되고 7명이 생포되고 3명은 도망쳤다. 그리고 한국군과 경찰 40명이 이 과정에서 전사했으며, 민간인도 23명이나 사망했다. 생포된 무장공비의 증언에 따르면, 일당은 1968년 7월부터 3개월간 유격훈련을 받고 10월 30일 오후 원산에서 배로 출발하여 그날로 울진(蔚珍) 해안에 도착하였으며, 되돌아갈 때에는 무전지시를 받기로 하였으나, 실패하여 독자적으로 육상 복귀를 기도(企圖)하였다는 것이다.

한편 UN한국통일부흥위원단은 이 사건이 한반도의 긴장을 초래, UN의 평화 통일 노력을 방해하였다는 결론을 내리고 UN 총회에 특별보고를 하기로 결정하였으며, 북한의 이러한 대담한 대남교란행위(對南攪亂行爲)는 국민의 반공태세를 한층 다지게 하였다. – 참고문헌 북한 대남공작사 2(중앙정보부, 1973) 北韓挑發三十年(宋孝淳編, 北韓研究所,1978)

울진-삼척무장공비 사건이 마무리되고 1968년 말에 들어서는 지난 2년간 비정규 전쟁으로 끊임없이 도발(挑發)해 온 북한은 결국 남한에서의 혼란과 반란 등을 일으키려는 원래의 목적을 달성하지 못하고, 그들의 계획은 실패로 끝났으며 오히려 한국국민의 반공태세(反共態勢)를 한층 공고히 다지게 하는 계기를 마련해 주었다.

또한 한.미 동맹관계(同盟關係)도 북한의 원하는 대로 되지 않고, 더욱 굳건한 동맹을 맺어 나가게 된다. 거기에다 박정희 대통령은 자신의 정권(政權)을 이어나가서 남한에는 변화가 일어나지 않았다. 그리고 UN한국통일부흥위원단은 이 사건이 한반도의 긴장을 초래하고 유엔의 평화통일 노력을 방해하였다는 결론을 내리고 유엔총회에 특별 보고를 하기로 하였다.

1968년 12월 말, 김일성은 북한의 고위급장성들에게 비정규전쟁의 실패에 대한 책임을 물어 국방장관과 인민군 정치국의 책임자를 처형(處刑)하고, 참모총장과 정찰국 국장, 그리고 세명의 최전방 인민군 부대 사령관을 투옥한다.

이어 김일성은 124부대와 283 부대를 해체하고 전통적인 군사작전보다는 규모가 작은 특수전투 능력을 키우기 위해 전념한다. 북한 인민군은 인민위원 체제로 모든 병력이 중대 크기로 전환하고 전 병력을 통솔(統率)하는데 주력한다. 이러한 군대의 변화에도 북한은 지속적으로 간첩을 남파하여 김일성 주체사상을 전파하고 남한을 교란시키고자 하였다.

한편 유엔 사령부는 이러한 평양의 변화에 대해 평양에서 전략을 바꾼 것 보다는 유엔의 효과적(效果的)인 활동으로 남파 침투가 줄었다고 생각하였다. 당시로서는 정보들을 구하기가 어려웠고, 김일성도 이 전략 등에 대해 언급(言及)을 거의 하지 않았다고 한다.

1969년 3월 중순, 남한에서는 합동군사훈련 Focus Retina가 열리고, 북한은 이를 북침의 최종연습이라고 비난하며 휴전선에서 도발과 남침을 간헐적(間歇的)으로 하기 시작하였고 이는 5월 말까지 지속되었다.

☕ ··· 셋째 재앙 **티끌이 이가 되게 하신 여호와**

여호와께서 모세에게 말씀하시기를 "아론에게 말하여 땅의 먼지를 치라고 말하여라. 그것이 이집트 온 땅에서 이가 될 것이다. 하니 사람과 짐승에게 이가 생기고, 그 땅의 모든 먼지가 이집트 온 땅에서 이가 되었다." 마술사들도 자신들의 술법으로 그와 같이 하여 이가 나오게 하려 하였으나, 할 수 없었고, 이가 사람과 가축에게 계속 생김으로, 그 때 마술사들이 말하기를 "이것은 하나님의 손가락입니다." 하였으나, 바로의 마음이 완고하여, 여호와께서 말씀하신 것과 같이 그들의 말을 듣지 않듯이 북한 공산당과 김일성은 7.4공동성명 발표 등 위장평화공세 뒤에서 곳곳에 남침땅굴을 파고 유사시에 대규모 군대이동 통로로 활용키 위해 땅굴을 판다.

3. 남침 땅굴

휴전선을 통한 육로의 침입과 해안으로의 침입에 실패하고, 그에 대해 남한에서의 방비책 또한 강화된 터라 북한은 무력통일의 야욕 중 하나로 새로운 침투방법을 모색하는 데, 북한은 월맹군이 월남전에서 사용한 땅굴전술에 착안 1970년 9월 25일 김일성이 직접 '9.25 전투명령'을 하달한다.

이를 계기로 1972년부터 노동당 및 인민무력부의 통제아래

고도의 비밀을 유지(維持)하면서 휴전선 전 전선에 걸쳐 남침용 땅굴을 파기 시작했다. 김일성은 소위 '9.25 전투명령 교시'를 통해 '1개의 땅굴은 10개의 핵폭탄보다 효과적이며 요새화 된 현 전선을 극복하는 최적의 수단(手段)' 이라고 독려하면서 땅굴 굴설(堀設)에 박차를 가했다.

1974년 11월 15일, 나는 군복무를 하고 있는 중, 남한이 북한의 남침용으로 판 땅굴을 처음 발견한다. 모두 4개의 땅굴은 휴전선을 지나는 위치까지 도달해 있었으며, 발파선의 발견으로 처음 그 존재를 알게 되었다. 1974년에는 남한과 북한은 상호 불가침체결(不可侵締結)을 제의한 해이기도 하여 그 충격은 더 하였다.

이들 땅굴이 발각되자 북한은 땅굴은 석탄 채굴용(採掘用)으로 뚫은 것이라 해명하였지만 땅굴 안에서는 석탄의 흔적은 전혀 없었고 화강암 지대를 뚫고 착공이 되었다. 반면 땅굴의 일부는 벽에 검은 칠을 하여 무연탄의 느낌이 나도록 만들어 놓기도 하였다.

북한의 땅굴은 남침 무력 침공 루트의 용도로 설계가 되었으며, 4개의 땅굴은 모두 1시간에 1개 사단이 통과할 수 있을 정도로 크기가 컸다. 반면 땅굴은 탱크나 차량이 지나갈 수 있을 만큼 너비가 넓지는 않았다. 모든 땅굴은 북→남의 방향으로 뚫어져 있으며 파생되는 땅굴은 없었다.

이렇게 1개가 10개의 핵폭탄과 맞먹는다는 땅굴이 무려 4개나 발견된다. 발견된 땅굴의 설계는 시간이 지남에 따라 진화했는데, 세 번째 발견된 땅굴은 남쪽방향으로 살짝 경사가 올라가게 만들어서, 물이 북쪽으로 흘러 고이지 않도록 설계가 되어 있었다. 오늘날에도 방문객들은 북한이 만들어놓은 땅굴 중 2호, 3호, 4호 땅굴을 구경할 수가 있다.

한미 군사 전문가(專門家)들은 이 같은 땅굴이 휴전선 전역에 걸쳐 약 20개 내외가 굴설 돼 있을 것으로 진단하고 있다. 땅굴의 위협을 구체적으로 보면 제3땅굴의 경우 판문점 남방 4Km 지점에 위치, 한 시간에 약 3만 명의 병력이 통과할 수 있는 가공할 만한 규모로서 서울과의 거리는 겨우 44Km에 지나지 않는다.

특히 우리로 하여금 전율(戰慄)을 금치 못하게 하는 것은, 제1, 제2, 제3 땅굴이 모두 전략 요충의 후면을 뚫고 나와 서울을 공격목표로 하고 있다는 사실이다. 땅굴 작전은 이른바 김일성의 '9.25교시'에 의하여 1971년 9월 25일 당의 대남공작 총책이던 김중린(金仲麟)과 북한군 총참모장 오진우(吳振宇)등에게 "남조선을 해방시키기 위한 속전속결전법을 도입하여 기습전을 감행할 수 있게 하라."는 명령이 떨어진 데서 개시 되었다.

북한의 각 군단별로 땅굴 작전이 수행되었고, 이러한 작전은 1972년 이후 남북대화가 진행되는 동안에도 암암리에 추진되었다. 땅굴들의 발견 경위와 규모는 다음과 같다.

① 제1 땅굴

첫 번째 땅굴은 1974년 11월 15일 오전 7시 35분, 경기도 고

랑포 동북방 8Km 지점인 비무장지대 군사분계선의 남방 약 1,200m 지점에서 처음으로 북한의 남침용 땅굴이 발견 되었다. 이는 휴전선 남방 한계선을 불과 800m 남겨 놓은 곳이다. 이날 밤 11시 심야에 유엔군 사령부 대변인인 대령 우드사이드에 의하여 즉각적(卽刻的)으로 그 전모(全貌)가 발표되었다.

군사분계선 남쪽을 정기적으로 순찰하던 민경대원(民警隊員)이 이 지점에서 증기가 솟아나고 있는 것을 발견하였고, 이때 북한군이 약 300발에 이르는 총격을 가해 왔다. 남한 정부에서는 군사정전위원회(軍事停戰委員會)를 통하여 북한 측에 땅굴현장의 공동조사를 제의하였으나, 북한 측은 평양방송을 통하여 '남한에서 긴장을 조성하고 있다.'는 비방과 함께 이를 거부하였다.

한국 측의 현장 조사반은 닷새 뒤인 11월 20일, 위험을 무릅쓰고 단독수색에 나섰는데, 북한이 매설한 폭발물에 의하여 미 해군 사령관 Robert M. Balling과 한국의 해병 김하철 대령이 순직하고 6명이 부상하는 참변을 겪었다.

이 첫 번째 땅굴은 높이 약 1.2m(4ft)로, 넓이 90cm(3ft)로, MDL 휴전선 이남으로 1,000m(1,100yd) 이상이나 들어와 있었다. 땅굴의 내부는 견고함을 위해 콘크리트 판으로 덧대어 있었으며 220V. 60W의 전선, 전등 시설이 되어 있었으며, 전체 길이 3.5km의 땅굴 안에는 레일이 깔리고 궤도차(軌道車)가 놓여 있었다. 또한 무기 보관소와 취침실도 만들어 놓았다.

북한은 지하 평균 45m의 지점을 굴착하여 왔으며 곳곳에 궤도차의 회전장(回轉場)이 있었다. 벽에는 '1974년 4월 22일', '1974년 9월 6일', '관측소가 보임.' 등의 글이 적혀 있었다. 땅굴의 규모로 봐서 유사시 전술 능력은 1시간에 약 2천 명의 1개 연대 이상의 무장병력을 통과시킬 수 있다. 발견 당시 땅굴은 지하 46m의 얕은 지점이었으며, 군사도발을 즉각 개시할 수 있는 상황이었다.

② 제2 땅굴

　제 1땅굴이 발견된 지 4개월 뒤인 1975년 3월 19일, 중부전선 군사분계선 남방 900m 지점인 철원 북방13km 지점에서 두 번째 북한의 남침용 땅굴이 발견되었다. 이곳은 '백마고지.' '피의 능선(稜線).' '김일성고지' 등 격전지가 인접한 중요 전략 지역이다.

　"깊은 땅 속에서 들릴 듯 말 듯한 폭음 소리가 들렸다."는 민경병사(民警兵士)의 보고에 따라 전문가 20여 명과 기술 공병이 참여하여 지하암벽을 뚫는 땅굴 탐색작전을 폈다.

　49개의 추암공(錐巖孔) 가운데 제39호 추암공이 지하 51m 지점에서 너비 2m 정도의 암층무반응동공(巖層無反應洞孔)이 있음을 감지하고 지하촬영용 특수원추형 카메라(25개의 고성능 렌즈가 부착됨)에 의하여 확증을 잡았다.

　땅굴을 조사한 결과 규모는 너비2.2m 높이 2m로 크기가 1호 땅굴보다 컸으며, 전체길이 305Km로서 1호 땅굴과 길이가 비슷하였으며, 군사분계선남방 1,100m 지점까지 굴착되어 있었다. 지하 평균 50m지점으로부터 산 밑을 통과하는 곳은 지하 160m나 되는 지점을 굴착하여 내려왔다.

지하수가 땅굴까지 차는 것을 방지하기 위하여 약간의 경사를 이루는 기술공법을 쓴 흔적이 역연(亦然)하고, 많은 병력이 집결할 수 있는 광장이 마련되어 있으며, 땅굴의 남쪽 출구는 우리 쪽 남방한계선 후방에서 세 군데로 갈라져 나가게 되어 있었다.

전술 능력 면에서 보면 시간당 약 3만 명의 무장병력이 통과할 수 있고, 야포(野砲))와 차량의 통과는 물론, 땅굴의 마무리 공사가 이루어졌을 경우에는 전차의 침투도 가능하다. 제1땅굴의 약 5배에 달하는 크기이다.

③ 제3 땅굴

북한 남침용 땅굴은 이어서 1978년 10월 17일에 또 발견된다. 세 번째 북한의 남침용 땅굴로 이전에 발견된 1, 2호 땅굴과는 다르게 이 3호 땅굴은 북한 망명자(亡命者)의 정보로 발견을 하게 되었다.

1978년 10월 17일, 판문점서 4Km 군사분계선 남방 435m 지점에서 땅굴수색 시추공사(試錐工事)를 하던 중, 한 시추공에 박혀 있던 PVC 파이프가 튀어나오고 지하수가 공중으로 12m 가량 솟아오르면서 발견되었다.

제3 땅굴은 임진강 하구에서 판문점을 향하여 남북으로 그어진 군사분계선의 서쪽 1,200m 지점으로 추정(推定)되는 북한

측 지역의 입구로부터 전체길이 1,635m를, 지하 평균 73m의 암석층(巖石層)을 굴착하여 왔다. 3호 땅굴의 길이는 약 1.7Km (1.1miles)로 휴전선을 지나 판문점의 남쪽까지 뚫려 있었는데, 서울에서 44Km(27miles)밖에 안 떨어져 있는 거리였다. 그리고 무려 지하 350m(1,150ft) 아래에 건설 되었다.

크기는 너비2m(6.6ft) 로 제2땅굴과 같은 구조인 아치형의 대규모 땅굴이다. 남쪽 출구는 세 갈래로 나누어지고 전술능력으로 보면 시간당 무장병력을 3만 명이나 통과 시킬 수 있다. 서울을 목표로 한 북한의 기습공격용(奇襲攻擊用)으로 건설된 땅굴로 무장한 병사를 한 시간에 약 3만 명을 통과시킬 수 있는 크기의 땅굴이다.

월남 귀순자 김부성(金富成) 북한 노동당 연락부 소속 소좌대우)과 김대윤(북한군 소위)의 증언에 따르면 땅굴은 '9.25교시'에 의하여 착수된 것으로, 자신들이 "1972년 1월부터 남북 적십자 이산가족(離散家族) 찾기 사업을 하면서 뒤로는 땅굴을 파기 위한 측량에 나섰고 9월부터는 직접 컴프레서 요원으로 땅굴 작업에 동원되었다."고 하였다.

이와 같은 땅굴작업은 1972년 '7.4남북공동성명'에 합의를 보고, 그 해 8월 30일 제1차 남북적십자회담을 비롯하여 제7차 남북적십자 본회담을 거쳐, 1973년 8월 28일 남북대화 중단선언을 할 때 까지도 계속되었다고 추정된다. 파렴치한 속과 겉이 다른 완전히 새빨간 빨갱이 짓을 하고 있었다는 것을 여실히 증명해 준 도발행위(挑發行爲)이다.

이러한 때에 우리가 여(與), 야(野)로, 보수(保守)와 진보(進步)로 이념싸움을 해서는 절대로 안 되고 국민의 지지를 받을 수도 없다. 여든, 야든, 진보와 보수든, 우리는 하나의 한국국민이 아닌가? 하나로 뭉쳐 북한 도발에 대비(對備)하고 국민정신을 하나로 묶어 일치단결하여 반공태세를 재정비 강화해야 마땅하다고 외치는 바이다.

땅굴에 관련하여 숨겨진 북한의 전략적 기도는, 첫째 전면전을 전개할 때, 대량병력의 신속한 이동으로 우리의 중요 전략지역을 강타, 점령하고, 둘째, 사회 혼란이나 무장폭동이 일어났을 경우, 그들의 게릴라 부대인 '특수 8군단'과 '경 보병부대'를 침투시켜 국가 전복을 획책하며, 셋째, 대남간첩의 침투와 불순세력(不純勢力)에 대한 무기 공급 등이라고 판단된다. 3호 땅굴이 발견되자 한미연합사령부(ROK –US Combineded Forces Command ; ROK–US CFC. 1978년 11월, 대한민국과 미국정부의 합의에 의해, 대한민국에 설치된 대한민국 국군과 주한미군(USFK)을 통합, 지휘하는 군사지휘기관)는 즉각 북한이 1953 휴전협정을 깼다고 비난했다.

처음에는 북한은 땅굴 건설에 대해 부인(否認)했는데 땅굴 벽에 있는 다이너마이트(dynamite) 폭파용(爆破用) 드릴(drill)구멍과, 배수문제(配水問題)로 땅굴이 북쪽으로 경사가 지어져 있는 점 등을 증거로 대자 석탄 광산의 일부라고 말을 바꾸었다. 북한은 땅굴이 발견되자 퇴각하면서 땅굴 벽을 검은 페인트로 칠하여 석탄광산(石炭鑛産)처럼 보이게 하려 했다.

하지만 땅굴을 뚫은 곳의 지형은 석탄광산과는 아무 상관도

제3장 북한의 테러일지

107

없는 화강암 지대였다. 3호 땅굴은 방문객들이 구경할 수 있게 개방되어 있는데, 남한은 휴전선 위치에서 땅굴을 3개의 콘크리트 벽으로 막았다.

방문객들은 3번째 벽까지 갈 수 있으며, 창을 통해 안쪽의 두 번째 콘크리트(cdncrete)벽을 볼 수 있다. 여기에 동원된 북한 주민은 얼마나 힘들었을까? 북한은 이런 나라라는 걸 잊어서는 안 된다.

④ 4호 땅굴

4번째 땅굴은 1990년 3월 3일 Punchbowl 전쟁터였던 Haen 마을 북쪽에서 발견되었다. 4호 땅굴의 크기는 2m×2m로 지하 145m 아래에 건설되었다. 공사 방식은 2호와 3호 땅굴과 동일하다. 1990년 4차 땅굴이 발견되고 그 이후로는 한 번도 없었다는데...,

그리고 2000년 연천땅굴이 SBS를 비롯 여러 신문사에서 보도가 나왔는데 갑자기 정부에서 '연천땅굴은 자연동굴이다. 남침 땅굴은 더 이상 없다.'라는 해명(?)을 한다. 당시 SBS취재진과 지질학자와 대학교수 전문가들이 인공동굴이라 주장하며 군 당국에 합동조사 등을 의뢰하지만 거절당했다.

이런 정부는 과연 누구의 정부인가 묻고 싶다. 빨갱이 정부? 당시 3개월 후 김대중 대통령은 김정일을 만나고 한반도 평화선언을 하고 돌아와서 이후 노벨평화상을 받는데, 여기에 당시 분위기를 해치지 않으려고 북한의 남침 땅굴 발견 사실 쟁점화를 막았다는 의혹을 받기도 했다.

지금까지는 공식적으로는 모두 4개의 땅굴이 발견되었지만, 한국군과 미군은 20여개 이상의 땅굴이 더 존재한다고 추정하고 있다. 오늘날까지 한국군과 미군은 지속적으로 휴전선 인근에서 땅굴 탐색을 하고 있다.

🚌 ··· 잠시 계획된 위장평화. (셋째 재앙, 남침 땅굴을 은밀히 진행)

① 7.4 남북 공동성명

1972년 7월 4일 '남북 공동성명'이 발표되었다. 그때까지 우리 집은 TV가 없었다. 라디오를 통해서 이제 통일이 이루어지는가 보다고, 설레는 마음으로 평양에서 발표된 남북공동성명(南北共同聲明)에 관한 내용을 라디오를 통해 가슴 뭉클 하는, 설레이는 마음으로 감격적으로 들었다.

남북 공동성명은 분단 후 남북한 당국이 합의한 최초의 공식 문건으로, 통일을 외세(外勢)에 의존하거나 간섭을 받음이 없이 자주적이고 평화적인 방법으로 실현하여야 하며 사상과 이념 및 제도의 차이를 초월하여 하나의 민족으로서 민족적 대단결을 도모해야 한다는 '자주. 평화. 민족대단결' 3대원칙을 공식 천명(闡明)하였다.

7.4 남북공동성명은 "상호 중상, 비방, 무력도발금지, 남북한 간 제반 교류의 실시, 적십자회담협조, 남북직통전화 개설, 남북조절위원회의 구성과 운영, 합의사항의 성실한 이행"등으로 이루어졌다.

그러나 이 같은 합의와 시도(試圖)들은 구체적인 실행계획 속에 추진되기보다 원칙 확인에만 그치거나 혹은 서류상의 합의에 불과할 뿐, 그 실천에 있어서는, 서로 다른 해석을 통해 성명의 실제적 구속력은 발휘되지 못했다.

'7.4 남북공동성명'은 비정치. 비 군사문제부터 논의하여 신뢰를 증진시키자는 우리 정부의 기능주의적 접근방식과 정치, 군사문제부터 해결하자는 북한의 일괄타결 방안이 대립하는 가운데 1973년 8월 북한의 "반국가 보안사범의 처벌 중지 및 이들의 정치활동 합법화, 남북조절위원회 한국 측 대표 교체, 정당 사회단체의 대표를 조절위원회에 참가시킬 것"등의 요구와 남북대화 중단 선언으로 유명무실화 되었다.

이 같은 결과는 국제적 냉전구조의 잔존 속에 남북 간 대립과 경쟁구도의 지속이라는 구조적인 한계에 의한 것이나, 무엇보다 남북관계 발전을 위한 진정한 의지 결여와 상호 신뢰 부족에 따른 결과라고 볼 수 있다.

최근 공개 된 루마니아 외교 문서에 의하면 북한은 '7.4 공동성명' 당시 데탕트의 분위기를 '즉각적인 주한미군 철수와 군축에 의한 정당성의 근거'로 삼으려는 정치적 의도를 가지고 남북대화와 협력을 시도하였다. 1973년 3월 8일자 루마니아 외교 문서를 보면 당시 니콜라이 차우세스쿠를 예방한 김동규 북한 노동당 비서는 "북한이 1971년부터 대화를 통해 남한 대중에게 혁명적 영향을 미치고 있다"고 자평하는 한편, 남북공동조절위와 남북적십자 등의 대화채널에 "남한의 노동자, 농민, 학생, 지식인, 야당세력 등 북한에 동정적인 세력의 참여를 유도하고 있다"고 설명하고 있다. 기대가 컸던 만큼 실망도 컸다. 그러나 차후 남북적십자회담과 남북이산가족(南北離散家族)찾기로 여의도 광장을 울음의 도가니로 몰아넣는 계기가 된다.

박정희 대통령은 남북적십자회담 수석대표에게 "북한 위정자들과 우리가 핏줄이 같다고 생각하는 것은 오산(誤算)"이라고 충고했다. 그는 또 국방부 순시 때 "공산당은 우리의 긴 역사와 문화, 전통을 부정하고 달려드는 집단이니 도저히 용납할 수 없다"고 말했다.

그리고 우리 대한민국만이, 우리 민족사의 역사적 정통성을 계승하여 지켜가는 국가이니, 북한 정권을 동족(同族)으로 보지 말고 민족반역집단(民族反逆集團)으로 간주해야 한다는 점을 분명히 한 것이다.

북한정권을 동족(同族)이라 분류하고, '우리 민족끼리 통일하자'고 외친 6.15선언은 '민족반역공조(民族反逆共助)'를 선언한 셈이다. 박정희는 민주체제의 국가가 통일 전쟁을 먼저 시작할 수 없는 고충을 이렇게 설명하였다.

"우리가 정말 참을 수 없는 것은 전쟁만"은 피해야겠다는 일념 때문이었습니다. 우리가 언젠가 이 분단 사태를 통일을 해야겠는데 무력(武力)을 쓰면 통일도 되지 않을 뿐 아니라, 한 번 더 붙어서 피를 흘리고 나면 감정이 격화(激化)되어 몇 십년간 통일이 늦어집니다. 그러니 통일은 좀 늦어지더라도 평화적으로 해야 한다고 우리가 참을 수 없는 그 모든 것을 참아 온 것입니다.

우리의 이런 방침에 추호의 변화가 없습니다."

　그러면 언제 통일이 찬스(chans)가 올 것인가? 박정희는 북괴가 도발해올 때라고 지적했다. 올바른 지적이다. 그러나 그 후로도 북한의 김일성 3대(3代)는 틈만 있으면, 이스라엘이 출애굽시 애굽 왕 바로가 완악하여 9번째의 하나님의 이적으로 재앙을 입게 해도 보내주지 않다가 드디어 열 번 째, 이집트의 처음 난자들을 모조리 죽이자, 그 완악한 바로 왕이 그 때에서 두 손 들고 모세의 이스라엘 민족을 보내준 것처럼, 무력 도발을 수시로 감행 와 왔다, 이제 두 번 더 도발하게 되면 하나님이 열 번째 이적과 함께 북한은 무너질 것이다.

　"언젠가는 그들이 무력(武力)으로 접어들 때는 결판을 내야 합니다. 또다시 6.25와 같은 반역적 침략을 해올 때에 대비하고 있다가 그 때는 결판을 내야 합니다." 북괴가 침략을 해오면 역공(逆功)을 해야 한다는 것이다. 박정희는 그 때가 되면 남북한이 가진 실력으로 결판을 낼 것이라고 전망했다.

　"통일은 언젠가는 아마도 남북한이 실력을 가지고 결판이 날 것입니다. 대외적으로 내어놓고 할 얘기는 아니지만 미, 소, 중, 일 4대 강국이 어떻고 하는데, 밤낮 그런 소리 해 보았자 소용없는 이야기입니다. 어떤 객관적 여건이 조성되었을 때 남북한이 실력으로 결판을 낼 것입니다." 객관적 여건은 조성되고 있다. 북한 정권이 안에서 무너져 내리고, 더구나 핵실험 등 도발로 국제적 고립을 자초한다. 우리가 기다리던 순간이 다가온다.

　우리의 경제력도 통일을 감당할 수 있을 만큼 튼튼하다. 그런데 한국인의 통일 의지가 부족하다. 내부의 적(敵)인 종북 세력은 북한 정권을 편들면서 통일을 반대한다. 보수 세력도 통일에 따른 희생과 부담을 피하려 한다. 통일의 가장 큰 장애물은 한국인 자신이라고 본다.

② 북한 정권을 같은 민족이라고 생각하면 오산이다.

1972년 8월 남북적십자 본회담이 평양에서 열렸다. 박정희 대통령은 돌아온 남측 대표 이범석(李範錫)씨 일행을 격려하는 자리에서 북한 당국을 상대할 지침을 내렸다.

남북 적십자 본회담 시(時) 지침
- 평양에서 있었던 일은 공식. 비공식을 막론하고 모두 보고해야 한다.
- 공산주의자들과 접촉할 때는 사전에 전략을 세워놓고 해야 한다.
- 북한 위정자들과 우리가 핏줄이 같다고 생각하는 것은 오산(誤算)이다.
- 우리 적십자사는 인도적 사업이라고 보나 북한은 정치적 사업으로 본다.
- 북한 요인들의 말 한마디 한마디는 모두 정치적이다.
- 우리의 말 한마디 한마디는 신념이 있어야 한다.
- 술을 마실 때도 상대방이 공산당이라는 사실을 잊지 마라.
- 북한 사람들과는 어떤 자리에서도 감상적으로 흐르지 마라.

- 북한이 남한 언론을 비판하면 자문위원들은 즉각 반박하라.
- 대표단과 자문위원 사이에는 긴밀한 협의를 하되 매일 저녁 결산토록 하라.

③ 북의 평화공세는 미군 철수 주장을 위한 것

1979년 1월 29일, 박정희 대통령이 남북조절위 예비회담 대표에게 써 준 메모는 이렇다.

- 남한 정부 부인 : 북괴의 외곽 단체와 동일격하
- 조절위 기능 무력화
- 대 민족회의로써 통일전선전략 시도
- 외군 철수 논의
- 연방제 지지 논의
- 아(我)측 전력증강계획 중단 현상 동결 장비 도입금지
- DMZ내 공사 중지 : 남침 땅굴 방해 없이 공사해 내려오자는 것
- 평화공세로 미군 철수 촉진
- 앞으로 중단 시 책임 전가

이 메모를 읽어보면 박정희 대통령은 북한 김일성의 노림수를 정확히 읽고 있었고, 이를 한 장의 메모지에 더도 덜도 없이 깔끔하게 요약했음을 알 수 있다. 이 메모를 해설하면 이런 이야기가 된다. "북한은 이번 회담에 이런 함정을 파놓고 이런 전략

으로 나올 것이다."

④ 통일은 남북한이 실력으로 결판 낼 것

1976년 1월 24일 박정희 대통령은 국방부를 연두순시(年頭巡視)하는 자리에서 이런 말을 했다. 준비된 원고 없이 담담(淡淡)하게 이야기 한 것을 녹음테이프에서 풀어보면 이런 내용이다.

"특히 공산주의를 반대하는 논리"를 이론적으로 여러 가지를 제시할 수 있겠지만 여기서 내가 강조하고 싶은 것은 우리는 공산주의를 절대로 용납(容納)할 수 없다.

왜냐하면, 우리의 민족사적 정통성을 유지하기 위해서도 우리가 용납해선 안 된다. 공산당은 우리의 긴 역사와 문화, 전통을 부정하고 달려드는 잡단이니 도저히 용납할 수 없다. 우리 대한민국만이 우리 민족사의 역사적 정통성(正統性)을 계승하여 지켜가는 국가이다. 하는 점에 대해서 우리가 반공교육을 강화해야 한다.

공산당이 지난 30년간 민족에게 저지른 반역적(反逆的)인 행위를 우리는 절대로 용납할 수 없을 것이다. 후세 역사도 절대 용납하지 않을 것이다. 우리가 정말 참을 수 없는 것을 참아온 것은 전쟁만은 피해야겠다는 일념 때문이었다. 우리가 언젠가는 이 분단 상태를 통일을 하여야겠는데 무력을 쓰면 통일도 되지 않을 뿐 아니라 한 번 더 붙어서 피를 흘리고 나면 감정이 격화(激化)되어 몇 십년간 통일이 늦어진다.

그러나 통일은 좀 늦어진다 하더라도 평화적으로 해야 한다고 우리가 참을 수 없는 그 모든 것을 참아 온 것이다. 우리의 이런 방침에 추호(秋毫)의 변화가 없다. 그러나 공산당은 그렇게 생각하지 않는다. 언젠가는 그들이 무력으로 접어들 때는 결판을 내야 한다.

기독교의 성경책(聖經冊)이나, 불경책(佛經冊)에서는 살생을 싫어하지만 어떤 불법적이고 강한 자가 약한 자를 침범할 때는 그것을 쳐부수는 것을 정의라고 보고 있다. 그리스도교에서는 '누가 내 볼을 때리면 이쪽 따귀를 내주고는 때려라'고 하면서 적을 사랑하라고 가르치지만, 선량한 양떼를 잡아먹으러 들어가는 이리떼는 이것을 두드려 잡아 죽이는 것이 기독교 정신이라고 가르치고 있다.

북한 공산주의자들도 우리의 동족임에는 틀림이 없다. 우리가 먼저 무력으로 쳐 올라 갈리는 없지만 그들이 또다시 6.25와 같은 반역적 침략을 해올 때에 대비하고 있다가 그때는 결판을 내야 한다. 통일은 언젠가는 아마도 남북한이 실력을 가지고 결판이 날 것이다.

⑤ 우리는 자유의 파도가 되어야 한다.

박정희는 북한을 민족사의 이단(異端)으로 규정, 이 집단을 절대로 국가로 인정해서는 안된다는 점을 기회 있을 때마다 강조했다. 그가 말한 평화란 평화공존을 가장한 분단 고착화가 아니라 자유통일로 나아가기 위한 징검다리란 뜻이었다. 그는

1966년 12월 17일 기자회견에서 "두개의 한국이라는 것은 어떠한 경우에도 인정할 수 없고 받아들일 수 없는 것이며, 또 아무리 통일이 된다 하더라도 공산주의식 통일은 절대로 받아들일 수 없다"고 역설했다.

그는 남북한 간의 대결은 민족사의 흐름 속에서 누가 민족사의 정통성을 쟁취하는가의 싸움이며, 그 정통성을 확보한 쪽만이 1민족 1국가의 월계관을 써야 한다는 역사관에 투철했다. 박정희 대통령은 1967년 4월 23일 유세(대통령선거)에서는 이렇게 강조했다.

"통일을 안했으면 안했지. 우리는 공산주의 식으로는 절대로 못한다. 민주통일을 해야겠다. 통일이 된 연후에 북한 땅에다가 자유민주주의의 씨를 심을 수 있는 민주적인 통일을 하자는 것이다. 그것을 위해서, 그렇게 하자니까 시간이 걸리고 우리의 노력이 필요하고, 우리의 실력의 배양이 필요한 것이다." - 1966년 2월 15일 대만 방문 시 장개석 총통 주체 만찬회 인사에서

⑥ 민간인 납치 사건

북한은 수많은 우리 민간인을 납치한다. 그 대표적인 사건 둘만 소개한다. '1975년 8월에는 오징어잡이 배를 타고 조업을 하던 중 북한 경비정에 납치됐다가 31년만인 2007년 1월 가족들의 도움으로 혼자 탈북 귀환한 최욱일씨'는 "북에서는 잘 때도, 심지어 변소에 갈 때도 혼자 다니지 못할 정도로 감시와 통제를 받았다."며, 쌀과 옥수수가 섞인 200g 정도의 식량을 식사 때마다

배급받다가 1995년 쯤 부터는 배급도 끊겨 굶어죽는 사람이 속출하고 있다고 증언한다. 토끼가 먹을 풀이라면 다 먹었다고 증언한다.

경기도 평택 대광고교에서 2학년에 재학 중이던 이민교(당시 18세)씨는 1977년 8월 친구 최승민(당시 17세)씨와 함께 전남 홍도 해수욕장에 놀러 갔다가 최씨와 함께 납북됐는데 국가정보원에 따르면 이씨와 최씨는 200년대 초까지 북한에서 남파 간첩들을 대상으로 '이남화(以南化)공작' 교관으로 활동했는데, 1984년 결혼 후 평양 만경대 구역 팔골 2동에서 최씨와 이웃해 살고 있는 것으로 확인됐다. 이씨의 모친 김태옥씨는 "민교가 납북된 뒤로 36년간 매일 밥상에 아들밥을 함께 차리고 있다"고 말했다.

☕ ⋯ 넷째 **재앙, 파리가 가득하게 하신 여호와**

여호와께서 모세에게 말씀 하셨다. "아침에 일어나 바로 앞에 서라. '보아라.' 그가 물에 나아올 것이니, 그에게 말하기를 '여호와께서 이렇게 말씀하신다.' 내 백성을 보내라. 그들이 나를 섬길 것이다."

"네가 만약 내 백성을 보내지 않으면, 내가 너와 네 신하들과 네 백성들과 네 궁궐들에 파리를 보낼 것이니, 이집트 사람의 집과 그들이 사는 땅에 파리가 가득할 것이다. 내가 내 백성과 너의 백성 사이에 구별을 두겠으니, '내일 이 표적이 있을 것이다.' 하여라."

여호와께서 이와 같이 하시니, 무수한 파리 떼가 바로의 집과 그의 신하들의 집과 이집트 온 땅에 이르러, 그 땅이 파리 때문에 황폐하게 되었다. 바로가 말하기를 "내가 너희를 보내어 너희가 광야에서 여호와 너희 하나님께 제사를 드리게 하겠다. 그러나 너무 멀리가지 마라. 이제 너희가 나를 위해 기도하여라." 하니 모세가 속으리라는 것을 뻔히 알면서도 여호와께 기도하여 파리 떼를 떠나게 하니 바로가 이번에도 완강하여, 백성들을 보내지 않은 것 같이 북한은 이번에는, 판문점 도끼 만행사건(蠻行事件)을 일으킨다.

4. 판문점 도끼 만행사건

휴전선이 그어진 후 휴전회담이 열렸던 판문점은 유엔군과 공산군의 공동경비구역(JSA, Joint Security Area)이 된다. 본래는 공동경비 구역 안에서는 관계자들의 왕래가 자유로웠지만 지금은 군사분계선이 그어져 넘어갈 수도 없고 상대측 병사에게 말을 걸 수도 없는데, 이 분계선이 생긴 계기는 바로 1976년 8월 18일에 발생한 판문점 도끼 만행 사건이다.

당시 판문점에는 미루나무가 있었는데 남쪽 초소에서 북쪽을 보면 이 나무에 가려 북쪽이 잘 보이지 않는다. 그래서 남측에서는 8월 6일 나무를 베려고 하였으나 북한의 반대로 무산되었다.

나무의 위치는 군사분계선 남측이긴 했으나 거의 경계선에 위치해 작업을 하기엔 애매(曖昧)한 자리였다.

유엔군 측은 8월 18일 가지라도 치기 위해 작업을 진행했으나, 북한군이 다시 나타나 작업 중단을 요구한다. 유엔군 측은 가지치기일 뿐이라며 작업을 진행하려하자 북한은 병력을 더 모으고는 작업을 감독(監督)하던 경비대장 아서 보니피스 대위를 때려눕히고 인부들이 작업을 하던 도끼를 들어 보니피스 대위와 소대장 마크 버렛 중위를 처참하게 살해(殺害)한다.

이 사건으로 판문점은 휴전이후 최초로 군사적 긴장상태에 들어갔는데 주한미군은 8월 19일 휴전 이후 최초로 데프콘 3(Defcon3)을 발령(發令)한다. 군의 전투준비태세를 뜻하는 데프콘은 총 5단계로 나뉘는데, 분단국가이자 휴전 상태인 우리나라는 상시적으로 데프콘 4를 유지하는데 3으로 단계가 오른 것인데 데프콘 3은 적의 남침이 우려되는 상황으로 국군 장병의 휴가가 통제되는 등 전쟁 직전 상태를 의미하는 것이다. 그만큼 당시 상황은 긴박했다.

나는 그 때 말년 휴가를 나와 고향집에서 뜨거운 뙤약볕에서 밭의 김도 매고 한참 일하고 있는데 싸이렌이 울리고 경보발령이 울려, 라디오에 귀를 기울이고 급박하게 돌아가는 상황을 예의 주시하며 긴장(緊張)하고 있었지만, 그 후 별다른 연락도 없고 진정되는 듯 하여 며칠 후 휴가기간이 끝나 군에 복귀했다.

그런데 그 때 휴가 중이었던 장병들 중에 조기 귀대한 장병이 있어 그 장병들은 사단장께서 표창장을 주었다. 그런 선택의 갈림길에서 기지(機智)를 발휘하여 남보다 조금만 돋보이면 표창(表彰)을 받는데 나는 왜 조기 귀대(早期歸隊)를 안했나 두고두고 후회했다. 그 후 8개월간 탈 없이 복무 후 전역하게 됐다.

미국은 폴 버니언 작전(Operation Paul Bunyan)을 계획하고 실행하는데, 이는 북미의 벌목꾼들 사이에 전해지는 전설에 등장하는 거인 나무꾼의 이름을 딴 것으로 대대적인 군사지원 하에서 문제의 미루나무를 베는 작전이었다. 당시 미군은 핵무기 탑재(搭載)도 가능한 폭격기 F-111 20대를 대구에 배치하는 것을 비롯하여 항모전단(航母戰團)을 서해에 배치하고 병력 증파(兵力增派)도 준비하는 등 대대적인 군사력을 동원한다.

국군도 특전사 대원 64명으로 결사대(決死隊)를 조직하여 투입하여 미루나무 제거에 들어간다. 만일 미루나무를 자르는데 북한이 다시 도발을 할 경우에는 바로 반격에 돌입하여 포병대가 개성의 북한군 막사에 폭격을 하고 북한 전차부대의 남하를 대비한 계획까지 수립하였다.

그리고 폴 버니언 작전을 실행을 앞두고는 데프콘3을 데프콘2로 격상하여 완전한 준전시상태로 돌입한다. 마침내 AH-1 공격헬기 7대와 다목적 헬기 20대의 직접 엄호하에 특전사 병력까지 투입하여 미루나무 제거에 돌입하고, 국군 특전사는 더 나아가 북한군 초소 4개까지 파괴한다.

이때도 역시 북한의 도발 시 응사한다는 계획이 세워져 있었지만, 북한은 미루나무는 물론 초소 파괴에 대해서도 아무런 대응을 하지 못하였습니다. 당시는 냉전이 치열하던 시대였지만,

북한의 동맹국인 소련과 중국도 판문점 도끼 만행 사건에 대해
선 북한을 도울 명분이 없었다.

게다가 전쟁까지 불사한 미국의 강경 대응에 소련과 중국의
침묵을 보는 북한은 초소가 파괴되는 것도 지켜봐야 했고, 끝내
김일성의 유감 성명으로 사건은 마무리 된다. 하지만 북한은 이후
1년간 준전시상황을 유지하였고, 남북한 대치도 더 심화되었다.

판문점 도끼 만행사건은 북한의 참혹한 도발인 동시에 현재
의 휴전은 언제든 깨지고 한반도가 다시 전쟁상태로 갈 수 있다
는 것을 보여준 사건이다. 휴전 이후 데프콘 2가 발령된 적은 현
재까지는 판문점 도끼만행사건이 처음이자 마지막이지만, 1999
년 제1연평해전 때도 데프콘 3에 준하는 전투준비태세 강화에
들어간 적이 있었으며, 제2연평해전이나 연평도 포격 상태 등
군사적 위기상황은 지속되고 있다.

판문점 도끼 만행사건 같은 비극을 잊지 않는 것이 평화를 지
키는 길이다. 판문점 공동경비구역(JSA)을 담당하는 미군 부대
는 원래 "캠프 티크호크"였지만 사건 이후 '캠프 보니피스'로 이
름을 바꾸었다. 우리도 과거의 비극을 잊지 말고 나라를 지킨 호
국영령(護國英靈)을 기억하면서 평화를 지켜 나가야 할 것이다.

☕ ⋯ 다섯째 재앙 **이집트의 가축을 전염병으로 치신 여호와**

여호와께서 모세에게 말씀하시기를 "바로에게 가서 그에게
말하여라. '여호와 히브리 사람의 하나님께서 이렇게 말씀하셨
다.' 내 백성을 보내어 그들이 나를 섬기게 하여라. 그렇지 않으

면 여호와의 손이 들에있는 너(바로)의 가축(家畜), 곧 말과 나귀와 낙타와 소와 양에게 심한 전염병이 들게 할 것이다."

이튿날 여호와께서 이 일을 하시니, "이집트 사람의 가축은 모두 죽었으나, 이스라엘 사람의 가축은 한 마리도 죽지 않았다." 바로가 사람을 보내어 보니, 이스라엘 사람의 가축 중에서는 한 마리도 죽지 않았으나 바로의 마음이 완강하여 백성을 보내지 않은 것처럼 북한 공산당과 김일성은, 전두환 대통령을 살해하기 위해 아웅산 테러를 감행한다.

5. 아웅산 국립묘지

아웅산 국립묘지(國立墓地)가 우리 국민들에게 알려지게 된 계기는 1983년 10월 9일 발생한 아웅산 테러사건일 것이다. 당시 북한은 버어마(현 미얀마)를 방문 중인 전두환 대통령을 살해하기 위해 아웅산 국립묘지에 폭탄을 설치해 테러를 자행했다.

이 사고로 서석준 부총리 등 정부 고위 관계자 17명이 사망하고 14명이 중경상을 입었다. 이 사건으로 순직한 희생자는 서석준 부총리, 이범석 외무부장관, 김동휘 상공부 장관, 서상철 동자부 장관, 함병춘 대통령비서실장, 이계철 주 버마대사, 김재익 경제수석비서실장, 하동선 기획단장, 이기욱 재무차관, 강인희 농수산차관, 김용환 과기처 차관, 심상우 의원, 민병석 주치의,

이재관 비서관, 이중현 동아일보기자, 한경희 경호원, 정태진 경호원 등 모두 17명이다.

전두환 대통령은 사건 발생 후 나머지 일정을 중단하고 이튿날 새벽 급거 귀국하였고 우리 정부는 한국정부조사단을 현지에 파견, 버마 측과 합동조사단을 현지에 파견, 버마측과 합동조사를 벌였다. 이후 버마 당국은 이 사건이 북한 독재자 김정일의 친필 지령을 받은 북한 정찰국 특공대 소속 진모(某)소좌, 강민철 대위, 신기철 대위, 등에 의해 저질러졌다는 수사결과를 밝혔다.

이들은 미얀마 주재 북한 대사관 정무 담당 참사관 전창휘의 집에 은거한 후, 전두환 대통령 일행이 버마에 도착하기 하루 전 새벽에 아웅산 묘소로 잠입하여 지붕에 2개의 폭탄을 설치한 것으로 밝혀졌다. 수사결과를 발표한 직후 버마 정부는 북한과의 외교 관계를 단절하고 버바 주재 북한 대사관 요원들에 대해서 출국명령을 내렸다. 당시 버마는 우리 정부는 물론 북한과도 수교국이었다.

그리고 12월 9일 양곤지구 인민법원 제8특별 재판부에서는 테러범에 대한 사형선고가 내려졌다. 한편 이 사건으로 코스타리카. 코모로. 서사모아 등 3개국이 북한과의 외교를 단절하였으며, 미국. 일본 등 세계 69개국이 대북한 규탄성명을 발표하였다.

　　여호와께서 모세와 아론에게 말씀하시기를 "화덕의 재를 두 손 가득히 가져가 모세가 바로 앞에서 날려라. 재가 이집트 온 땅에서 먼지가 되어 이집트 온 땅의 사람과 짐승에게 붙어서 악성 종기를 일으킬 것이다." 하시니, 사람과 가축에게 붙어 악성 종기를 일으켰으며, 악성종기가 술객들과 모든 이집트 사람들에게 생겨, 술객(術客)들이 악성 종기 때문에 모세 앞에 설 수 없었으니, 여호와께서 모세에게 말씀하신 것과 같이, 바로의 마음을 완고하게 하셨으므로 그들의 말을 듣지 않았다. 이번에는 88올림픽을 방해하기 위해 대한항공기 폭파 테러를 일으킨다.

6. 대한항공기 폭파 사건

　　1987년 11월 29일 이라크 바그다드를 출발해 서울 김포공항을 향하던 대한항공 858편 보잉 707기가 미얀마 안다만 해역 상공에서 북한 공작원에 의해 공중폭파 된 사건으로 아랍에미리트의 수도 아부다비(Abu Dhabi)에 기착(寄着)한 뒤 방콕으로 향하던 중 공중폭파 됐다. 이로 인해 승객 95명과 승무원 20명 등 탑승자 전원이 사망했다.

　　당시 사고기에 폭발물을 설치하고 바레인에 내린 북한의 김승일은 체포되자, 독극물 앰플을 깨물고 자살했으며, 김현희도 자살을 시도했으나, 제지하여 자살을 면하게 한 뒤, 서울로 압송돼 사형선고를 받았으나, 사면(赦免)됐다. 당시 정부는 북한의 지령을 받은 특수공작원들이 88 올림픽을 방해하기 위해 저지른 범행이라고 발표했다.

그러나 사건 발생 10여년 뒤 이 사건에 의문을 제기하는 반응들이 나오기 시작했고, 이에 따라 일부 피해자 유족들이 2001년 청와대에 재조사를 요구하기에 이르렀다. 아직 이에 대한 결과는 나오지 않았으나, 2009년 3월 11일 폭파범 김현희가 18년 만에 기자회견을 열고 KAL기 폭파 사건은 북한의 테러가 분명하다며 1987년 대선을 앞두고 안기부가 벌인 자작극설(自作劇說)이라는 의혹(疑惑)을 부인했다. 바로처럼 완악한 북한 공산당이 아니라면 그런 끔찍한 테러를 자행할 사람은 없다고 본다.

☕ ··· 일곱째 재앙 **우박을 내리신 여호와**

여호와께서 모세에게 말씀하셨다. "아침에 일찍 일어나 바로 앞에 서서 그에게 말하여라." '여호와 히브리 사람의 하나님께서 이렇게 말씀하시를 내 백성을 보내서 그들이 나를 섬기게 하여라.' 내가 나의 손을 펴서 너와 너의 백성들을 전염병으로 쳤다면 네가 땅에서 끊어졌을 것이지만 내가 너를 세워 둔 것은, 너에게 내 능력을 보여 주어 내 이름을 온 땅에 널리 알리기 위해서이다. 네가 아직도 내 백성들 앞에서 교만하여 그들을 보내지 않으니, '보아라' 내일 이맘때에 아주 큰 우박을 내리겠다. 이집트 나라가 세워진 이래 지금까지 그 같은 우박이 내린 적이 없을 것이다.

모세가 그의 지팡이를 하늘을 향해 드니, 여호와께서 뇌성과 우박을 보내셨고 불이 땅을 지나갔다. 여호와께서 우박을 내리시므로 불이 우박에 섞여 아주 맹렬하게 내리니, 이집트 땅에서 나라가 시작한 이래 그와 같은 일이 없었다.

바로가 사람을 보내 모세와 아론을 불러와 그들에게 말하기를 "이번에는 내가 죄를 지었다. 여호와께서는 의로우시고, 나와 내 백성은 악하였다. 여호와께 기도하여 천둥과 우박을 그치게 하여라. 너희가 더 이상 머물지 않도록 내가 너희를 보내겠다." 하여 모세가 바로를 떠나 성에서 나가 그의 손을 여호와께 펴니 천둥과 우박이 멈추고 비가 땅에 내리지 않았다.

바로가 비와 우박과 천둥이 그친 것을 보고 다시 죄를 지어 그의 신하들과 함께 그의 마음을 완강하게 하였다. 바로의 마음이 완고하여 이스라엘을 보내지 않았으니, 여호와께서 모세에게 말씀하신 것과 같았다.

이번에도 역시 북한 공산당과 김정일은 바로의 마음이 완고한 것과 같이 완고하여 하나님 두려움을 모르고 일곱 번째로 천안함 폭침 사건을 일으킨다.

7. 천안함(天安艦) 폭침 사건

2010년 3월 26일 밤, NLL 부근의 백령도(白翎島) 서남 해상에 정박 중이던 천안함(天安艦)이 북한의 어뢰 공격을 받아 104명의 해군 장병 중, 46명이 전사한 사건이 발생 했었는데, 북한은 어뢰의 파편이 북한산이라는 증거 앞에서도 "자기네는 모르는 일"이라며 오늘까지도 그 사건에 대해 배상은커녕 사과의 말조차 없다.

그 천안함 폭침사건(爆沈事件)도 북한의 만행의 전모가 백일하에 밝혀졌는데도 뒷구멍으로는 미국이 한 것을 저희들에게 덮어씌운다고 오리발이다. 보도에 따르면 "정부 고위관계자"는 2일 청와대 춘추관에서 기자들과 만나 "우리 정부가 북한의 경제 지원"을 들어주지 않자,

북한이 이에 항의하는 심술로 "천안함, 연평도 도발을 했다고 말했다." 는 것인데, '이명박 정부'가 남북 정상 회담을 수차례 시도하면서 북한이 요구한 '정상회담대가(頂上會談代價)'를 거부하자, 북한이 "천안함을 폭침하고 연평도를 포격 도발했다"는 것이다.

북한은 "정상회담 성사조건(成事條件)"으로 쌀과 비료, 등 총 5~6억 달러 정도의 현물지원을 요구했다고 한다. 북한은 남북 정상회담 관련 비밀회담(秘密會談)이 결렬되고, 더 이상 우리 측에서 경제 지원을 받을 수 없게 된 직후인 2010년 1월 '보복성전' 운운 하면서, NLL로 해안포 사격을 한 바 있고, 이어서 두

달 후인 3월 26일에 천안함을 폭침했으며, 그 해 11월에 연평도 민간 지역에까지 포격(砲擊)했던 것이다.

☕ ··· 여덟째 재앙 **메뚜기를 보내신 여호와**

모세와 아론이 여호와의 명령대로 이집트 왕 바로에게 들어가서 그에게 말했다. "여호와 히브리 사람의 하나님"께서 이렇게 말씀하셨습니다. '네가 언제까지 내 앞에서 겸손하기를 거부하겠느냐? 나의 백성을 보내어 나를 섬기게 하여라.'

이번에는 메뚜기가 땅의 표면(表面)을 덮어서 사람이 땅을 볼 수 없을 것이며, 메뚜기가 네게 남아있는 것들, 곧 우박을 면하여 피해(被害)를 입지 않은 것들을 모두 먹어 버릴 것이다. 또 들에서 너희를 위하여 자란 모든 나무도 먹어 버릴 것이다.

메뚜기가 온 지면을 덮어 땅이 어둡게 되었고, 우박이 남겨놓은 땅의 모든 식물과 나무의 모든 열매를 메뚜기가 먹어버렸으므로, 이집트 온 땅에 있는 나무에 푸른 것이 하나도 없고, 밭의 식물이 아무것도 남지 않았다.

바로가 모세와 아론을 급히 불러 말했다. 내가 여호와 너희 하나님과 너희에게 죄를 지었으니, 제발, 이제 "나의 죄를 이번만 용서하고 여호와 네 하나님께 간구하여 이 죽음만은 내게서 떠나게 해라."

모세가 바로에게서 나와 여호와께 간구하니, 여호와께서 아주 강한 서풍이 불게 하시고 메뚜기를 홍해로 몰아 넣으셔서, 이집트 전 지역에 메뚜기가 한 마리도 남지 않게 되었다. 그러나 여호와께서 바로의 마음을 완고하게 하셨으므로, 그가 이스라엘 자손을 보내지 않았듯이 북한 공산당과 김정일은 바로와 같이 완고하여 이번에는 연평도를 포격하는 사건을 일으킨다.

8. 연평도 포격

연평도포격(延坪島砲擊)은 2010년 11월 23일 오후 2시 30분경, 북한이 대한민국의 대연평도를 향해 포격을 가한 사건이다. 이에 대한민국 해병대 소속의 연평부대는 피격직후 대응사격을 가했으며 대한민국은 서해 5도에 진돗개 하나를 발령한 뒤에 북한의 도발(挑發)이 명확해 지자 전군으로 진돗개 하나를 확대 발령하였다.

이 사건으로 인해 대한민국의 해병대원 전사 2명(서정우 하사, 문광욱 일병), 중경상 16명, 민간인 사망 2명(김치백, 배복철), 중경상 3명의 인명피해(人命被害)가 있었고 시설 및 가옥 파괴로 막대(莫大)한 재산 피해를 입었다.

북한의 인명피해 규모에 대해서는 10~30여명 정도로 추정하고 있으나, 정확한 수는 확인되지 않았다. 북한이 '포격으로 대한민국 영토를 직접 타격(打擊)하여 민간인이 사망한 것'은 한국전쟁이후 이번이 처음이어서 국제사회의 큰 관심을 불러 모았으며, 중국을 제외한 전 세계의 각국 정부는 북한의 도발을 규탄했으나, 북한은 대한민국에 책임을 넘기며 정당한 군사적 대응이라 주장했다. 천안함(天安艦) 침몰 사건 이후 8개월 만에 벌어진 사건으로 인해 남북 간에 갈등이 더욱 심화 되었다.

같은 날 오후 2시 34분경, 훈련을 종료 후 한 시간 즈음되어 북한국은 7602mm 평사포, 122mm 대구경포, 130mm 대구경포 등을 이용해 연평도 군부대 및 인근민가를 향해 개머리 해안부근 해안포 기지로부터 포격을 시작하였다. 이에 대해 대한민국 군은 첫 타격 13분 후 K9 자주포를 무도 포진지에 50발, 개머리 포진지에 30발 총 80여발을 발사하였다.

북의 공격은 오후 3시 41분까지 계속되었으며 170여발이 발사된 것으로 파악(把握)되었다. 대한민국군은 북의 공격이 있은지, 4분 뒤인 오후 2시 38분 KF-16 2대를 긴급 출격시키고, 이후 추가로 KF-15K 4대를 출격시켰다. 그러나 그 후 도발이 계속되지 않아 실질적인 타격이 이루어지지 않았다. 한편, 백령도 부근 북한군 해안포 기지에서의 해안포 입구 개방이 확인되기도 하였으나, 공격은 계속되지 않았다.

연평도 포격으로 인해 대한민국 정부는 긴급 안보 관계 장관 회의를 소집하였다. 후속조치(後續措置)로 이명박 대통령은 25일 안보경제점검회의에서 "교전수칙(交戰守則)을 수정하여 민간인이 공격받을 시 더욱 강력한 대응방안을 강구함과 동시에 서해 5도의 군 전력을 증강하라"고 지시하면서 국방력 강화를 통해 국민보호에 만전을 기할 것을 주문하였다. 이날 경기지방경찰청과 강원지방경찰청은 을(乙)호 비상령을 내렸다.

① 피해규모

북한이 발사한 포탄 중에서는 인명살상용(人名殺傷用)으로 사용되는 방사포, 열 압력 탄은 공중에서 터지면서 작은 파편들로 퍼지기 때문에 북한군이 의도적으로 인명을 살상하기 위한 목적이 있었다는 분석이 제기되었다.

이 사건으로 대한민국은 연평도(延坪島)에서 복무하던 해병대원 2명(故 문광욱 일병, 故 서정우 하사)이 전사하고 민간인 2명이 사망하였으며, 민간인 3명과 해병대 16명이 중경상을 입었다. 이밖에도 주택 12동이 대파 되었고 25동은 불에 탔으며, 차량 3대와 컨테이너 박스도 여러 채 파괴 되었다. 연평도의 가옥 등 19채가 파손되고 불에 탔으며, 산불이 발생했다.

연평도 주민의 1/3가량은 천주교 신자다. 연평도의 유일한 천주교 성당 앞마당에는 성모상을 중심으로 앞뒤 두 발의 포탄이 떨어져, 옛 사제관이 반파되고 성당 건물과 사제관 등이 유탄으로 파손되는 피해를 입었으며, 노인 신자용 승합차가 폐차 수준으로 파괴되었다.

연평도에는 12.1 현재 주민 1700여명 중 95%가 인천 등지로 피난하고 고령자 등 30여 만명 잔류하고 있었으나, 2월 1일 20여명의 주민이 복귀(復歸)하였다. 하지만 당분간 군 통제구역으로 선포되어 주민들의 출입이 엄격히 통제되고 있다. 한편 인천광역시 교육청은 피란 나온 연평도 지역 유치원과 초.중.고등학교 학생 143명 가운데 거주지를 정한 121명을 인천과 경기 지역의 각 학교에 배치했다. 피난 온 연평도 천주교 신자들은 임시적

(臨時的)으로 인천 중구 신흥동 인스파월드 찜질방에서 미사를 봉헌하였다.

2010년 11월 27일 오전 10시 구군수도 병원에서 전사한 서정우 하사와 문광욱 일병의 장례가 해병대장(海兵隊葬)으로 치러졌다. 영결식 이후 성남 시립화장장으로 운구 돼 화장된 뒤 국립대전현충원에 안장되며 화랑무공훈장이 추서되었다.

대한민국 경제도 영향을 받았다. 포격 당일 소식이 알려진 것은 거래소 시장이 마감된 이후였기 때문에 주가가 영향을 받지는 않았지만 미국 현지에서 거래되던 환율은 40원이나 폭등(원화절하) 하기도 했다. 다음날 주가가 하락하였으나, 이는 유럽증시의 악재에 의한 이유가 더 큰 것으로, 연평도 포격 사건에 의한 주가 영향은 막대한 영향은 아닐 것으로 분석됐다. 최초 단기적(短期的)으로 충격은 피할 수 없을 것으로 분석됐으나, 북한 리스크 학습효과로 증시는 포격 이틀만인 25일 상승 마감하면서 경제적으로는 큰 타격은 없이 마무리 되었다.

② 대한민국의 주장

북한이 연평도를 공격한 것은 대한민국군의 '호국훈련'에 대한 반발(反撥)이 아닌 의도적 도발(意圖的挑發)이라고 밝혔다. 이에 대한 증거로 이용걸 국방부 차관은 민주당 지도부에 대한 비공개 보고를 통해 "군이 연평도 일대에서 실시한 훈련은 호국훈련"이 아니라 단순히 주기적으로 실시되는 '사격훈련(射擊訓練)'이라며 사격훈련 방향도 NLL 남쪽을 향한 점 등을 들었다.

③ 북한의 주장

북한 유엔 대사 박덕훈은 '남측이 먼저 우리 영해에 포탄을 발사했다'면서 '이번조치는 자위적 조치'였다고 주장했다. '북한'은 우리보고 '괴뢰(傀儡)'들의 이번 군사적 도발은, 이른바 '어선단속(漁船團束)'을 구실로 해군 함정을 우리 측 영해에 빈번히 침범 하면서 '국방한계선'을 고수해보려 했던 악랄한 기도의 연장이라고 주장하였다.

또한 조국통일 평화위원회는 "우리의 영해에 직접적으로 불질을 한 괴뢰군 포대를 정확히 명중타격"하였다며 대한민국의 선제공격을 주장하였다. 민간인 피해에 대해서도 역시 "민간인 사상자가 발생한 것이 사실이라면 지극히 유감스러운 일"이라면서 "포진지 주변에 민간인을 배치해 인간방패를 형성한 대한민국의 비인간적인 처사"에 있다고 비난했다.

④ 확전발언 논란

최초 이명박 대통령은 "단호하게 대응하되, 확전되지 않도록 지시했다"고 알려졌으나, 청와대 홍보수석은 "(이 대통령의) 확전자제(擴戰自制)와 같은 지시는 처음부터 없었다는 것이다."라며 발언이 잘못 알려졌다고 말했다.

그러나 12월 24일 오전에 국회 국방위원회에 출석한 김태영 국방부장관은 "(이 대통령이) '단호(斷乎)하지만 확전되지 않도록 하라'는 최초 지시가 있었다."라고 또다시 말을 번복하여 청와대가 거짓말을 한 것 아니냐는 논란이 일었다. 청와대측도 몇

번에 걸쳐 말을 계속 바꾼 것으로 드러났다.

김태영 국방장관은 "대통령이 확전을 막아야겠다고 말했다는 것은 들어보지 못한 것이다. 확전방지라는 이야기를 직접 듣지 못했다"라고 부인하였다.

⑤ 대한민국군의 대응논란

대한민국 국군의 대응에 대한 지적이 제기됐다. 북한이 대한민국에 대한 타격을 준비한다는 첩보(諜報)를 3개월 전부터 확보하고 있었음에도 불구하고 북이 포격을 시작한지 13분 후에 대응사격이 이루어진 것에 대해 늑장대응이라는 비판이 제기됐다.

12월 1일 열린 국회정보위에서 "지난 8월 감청을 통해 서해5도에 대한 공격계획을 확인하지 않았느냐"는 의원의 질문에 국정원은 "그런 분석을 했다"고 답변하여 사전에 도발 징후를 파악하고 있었음을 확인했다.

이에 대해 군은 감청(監聽)된 북한군의 작전계획이 비문이 아닌 평문이었기 때문에 연평도를 직접 공격하는 심각한 징후로 판단하지 않았다고 답변했다. 또 공격 당시에는 북한군이 무선이 아닌 유선을 통해 교신했기 때문에 정확한 공격징후를 파악하지 못했다고 설명했다.

당시 감청 내용은 '해안포 부대사격준비를 하라'는 정도의 내용으로, 연평도에 대한 대규모 포격을 예상할 정도는 아닌 통상적인 수준의 위협으로 판단했다는 것이다. 이와 관련, 한나라당측 이범관 의원은 "북한이 상시적으로 그런 위협적 언동을 많이

해 왔으므로 민간인 포격까지는 예상하지 못했다는 게 국정원 입장"이라고 부연했다.

그러나 민주당 간사인 최재성 의원은 "국정원이 감청 사실에 대해 청와대에 보고했다는 것은 정확한 팩트"라고 주장하였다.

⑥ 여론조사

2010년 11월 30일 이뤄진 여론조사에서 국민의 72%는 정부의 대응방식이 잘못됐다고 생각한다고 답변했다. 잘했다는 의견은 24.1%였다. 전투기가 출격했을 뻔 했다는 보도가 있었는데 이에 대한 내용도 포함됐다.

전투기로 폭격했어야 한다는 응답은 39.3%였으며, 전투가 포격을 자제한 것은 적절했다고 답변한 사람은 56.6%였다. 군사적 대응수위에 대해서는 응답자의 68.6%가 북한 연평도 포격에 대한 정부의 대응책이 '바람직하다'고 답했다.

'바람직하지 않다'는 의견은 23.9%로 조사됐다. 이번 사건의 원인에 대해서 '지난 정부의 햇볕정책 때문'이라고 답변한 사람은 39.4%였으며, 현 정부의 대북강경책 때문이었다는 답변은 51.3%였다. 젊은층, 고학력층, 진보층에서 현 정부의 책임을 묻는 답변이 많았다.

한편, 동아일보에서 실시한 여론조사에서는 향후 대북 대응 정책 기조에 대해 '강력한 대북압박' 57%, '남북정상회담이나 대북특사 등의 돌파구 마련' 38.7%로 답변하였으며, 북한의 도발원인에 대해서는 '김정일 정권의 속성 때문' 39.1%, '일방적인

대북지원정책 때문' 35.8%, '이명박 정권의 대북 강경책 때문'
15.4%로 답변하였다.

이어 대한민국내 포털사에서 누리꾼들을 상대로 한 여론조
사에서도 연평도 무력공격 이후 북한의 핵무기 개발에 대한 책
임 소재를 묻는 질문에는 71% 이상이 김대중 정부(국민의 정부)와
노무현 정부(참여정부)의 책임이라고 답변하여 여론조사 기관별로
차이가 있었다.

⑦ 하나님의 섭리

이집트에서 이스라엘이 종(從)살이에서 출애굽 시 여호와께
서 모세에게 능력을 주셔서 여덟 번의 재앙을 이집트 땅에 있게
했지만, 여호와께서 이집트의 왕 바로의 마음을 완고하게 하셔
서 모세와 이스라엘 백성을 보내주지 않았다. 그러나 여호와께
서 이제 '아홉 번째 재앙 흑암이 땅에 있다.' 바로는 이제 최후의
결전이 가까이 왔음을 느끼고 있을 것이며 "아홉 번의 재앙 후"
이집트에 "열 번째 재앙 후인" "첫 번째 태어난 것을 죽이시면
이스라엘을 이집트에서 내 보낼 것이다."라고 말씀하셨다.

모세와 아론이 이 모든 기적을 바로 앞에서 행했으나, 여호와
께서 바로의 마음을 완고하게 하여 바로가 이스라엘 자손을 그
의 땅에서 내보내지 않았다. 출애굽기 12장에 '여호와께서 이집
트 땅에서 유월절이 한해의 첫째달이 되게 하고....' "너희가 이
날을 기념하여 여호와의 절기로 삼고 너희 대대로 영원한 규례
로 지켜야 한다."고 말씀하시고 밤중에 여호와께서 이집트 땅에

있는 처음 태어난 모든 것, 곧 보좌에 앉은 바로의 장자(長子)로부터 감옥에 있는 포로의 장자까지, 그리고 짐승의 처음 태어난 모든 것을 치셨으니, 그날 밤에 바로와 그의 모든 신하들과 모든 이집트 사람들이 일어났고 이집트에 큰 통곡(痛哭)이 있었는데, 이는 그 곳에서 장자가 죽지 않은 집이 하나도 없었기 때문이었다. 그래서 바로와 이집트 사람들이 말하기를, "우리가 모두 죽게 되었다."하고 이스라엘 백성들에게 그 땅에서 급히 떠나도록 재촉하므로, 이스라엘 자손이 라암셋을 떠나 숙곳으로 향하였는데, 아이들 외에 보행하는 남자들이 육십만 가량 이었고, 그 외에 많은 혼합종족(混合種族)이 이스라엘 자손과 함께 올라갔으며, 양과 소와 아주 많은 가축이 그들과 함께 갔다.

이스라엘 자손이 이집트에 살았던 기간이 사백 삼십년이었다. 사백 삼십년이 마치는 바로 그 날, 여호와의 모든 군대가 이집트 땅에서 나왔다. 여호와께서 보살펴 주셔서 '이집트를 떠난 이스라엘은 여호와께서 구름기둥과 불기둥으로 인도하시고,' 홍해를 건너게 해 주셔서 젖과 꿀이 흐르는 가나안 땅으로 돌아오는 대 장정(大長程)에 들어서게 된다.

이제 완악(頑惡)한 공산당과 김정은의 테러는 이제 열 번 중 두 번 남은 "열 번째 테러"로 북한은 망하고 대한민국은 통일된다. 하나님께서 지켜주시고 열 번째 재앙으로 이스라엘 민족이 이집트에서의 종살이에서 벗어났듯이, 이제 우리 대한민국도 북한의 끊임없는 도발(挑發)도 한계에 와 있다. 지금껏 여덟 번의 테러 때 까지, 하나님께서 북한 공산당을 완고하게 하셨다.

이와 같이 '북한은 6.25 남침' 이후, 크고 작은 침략과 테러를 자행했다. 이제 앞으로 아홉 번째와 열 번째 테러를 자행할 때, 북한은 끝장난다. 드디어 대한민국위주로 남북통일의 기회가 온다. 북한은 남산 외인아파트가 폭삭 주저앉았듯이 하나님의 섭리(攝理)로 주저앉고 망할 것이다.

우리는 하나님의 섭리를 믿고 더욱 철통(鐵桶)같은 방어태세(防禦態勢)로 북한의 침략과 테러를 용납하지 말아야 하며 마지막 남은 두 번의 테러를 자행하여 열 번째 테러 후 이뤄 질 통일을 철저히 대비하고 전 국민이 하나가 되어 일치단결하여 이스라엘 민족같이 애국애족하며, 하나님을 믿고, 통일된 조국을 후손(後孫)에게 물려줘야 한다.

제4장

군 복무 기간의 정상화

··· 제4장 ···

군 복무 기간의 정상화

　우리는 남북으로 허리가 동강 난 세계 유일(唯一)의 분단국가 (分斷國家)다. 그런 우리가 대통령 선거철만 되면 젊은이들의 표를 의식해 단골로 등장하는 선거공약 제1호는 군 복무기간 단축인데, 그것이 어디까지 가서 0개월로 줄는지, 꾸준히 이뤄진 대선공약의 결과 군복무기간은 엄청 줄어들었다. 군 복무기간 단축공약은 군 입대연령이 된 30만 명 가까운 유권자들의 표심(票心)을 흔들 수 있다.

　더 나아가 부모들의 공감도 얻을 수 있다. 달콤한 유혹이 아닐 수 없다. 우리가 복무할 때는 정확하게 33개월 20일을 했는데... 내 앞서 군 복무를 하셨던 선배(先輩)님들은 36개월 이상도 하셨을 텐데... 안타깝다. 노무현 대통령의 '18개월 군 복무'

선거공약에 따라 24개월의 복무 기간은 단축되기 시작했다.

이명박 정부 들어 2010년 초 국방개혁 선진화추진위원회가 발족되어 이 문제의 심각성을 검토하던 중 천안 함(天安艦)이 피격되자 국가안보총괄점검회의까지 이 문제를 검토하였다. 양쪽 위원회에서 심도 깊게 검토했던 의제 중 하나가 사병 복무 기간이었다. 양 위원회 모두 24개월 복무로의 환원을 건의했지만 최종적으로 21개월로 결정하여 오늘에 이르고 있다.

사병 복무기간(服務期間)을 18개월로 줄이면 무슨 문제가 있을까? 장교들이나 전역병(轉役兵)들의 얘기를 들어보면 간단하다. 군(軍)은 1년 단위로 돌고 도는데 복무 기간이 너무 짧으면 모든 면에서 서툴다는 것이다. 훈련도 그렇고 작업도 그렇다. 무기체제는 점차 첨단화(尖端化), 고가화 되어가는 데 조금 숙달되는 가 싶으면 전역(轉役)한다.

현재 64만 명의 군 병력은 2020년이 되면 52만 명으로 줄어든다. 첨단화 과학화의 반대급부(反對給付)로 줄어드는 것만은 아니다. 입대할 인원이 없어 줄이지 않으면 안 된다. 현재의 21개월 복무를 유지해도 2020년이 지나면 52만명을 채울 장정이 모자란다.

세계 최저의 출산율로 군에 입대할 인원이 현저히 줄어들기 때문이다. 복무기간을 3개월 더 줄이면 병력은 더 모자랄 수밖에 없다. 멀리 있는 미래가 아니라, 몇년만 지나면 곧 나타날 현실이다.

북한이 119만 명의 병력을 유지할 수 있는 것은 7~10년의 복무기간 때문이다. 그 중에서 북한의 육군은 102만 명이고 특수전병력(特殊戰兵力)은 20만 명 규모로 추산된다. 북한군 병사는 한국군 중, 상사 이상의 실력을 갖춘 것으로 평가된다. 그런데 한국군은 육군(陸軍)의 경우 56만 명에서 52만 명으로 줄어들었고 다시 2020년이 되면 40만 명 선으로 감소된다.

한국군이 아무리 첨단장비(尖端裝備)로 이를 상쇄한다 하더라도 한계는 있다. 숫자 면에서 많이 부족하고 숙련도 면에서는 더 많이 부족한 것이 사실이다. 그나마 21개월을 유지해야 겨우 균형을 달성할 수 있을 정도다.

사병복무 기간 단축은 엉뚱한 데로 불이 옮겨 붙었다. "ROTC 지원율이 급감했다.""전문의(專門醫)조차 군의관 대신 사병으로 가려고 한다.""공중보건의(公衆保健醫)를 보낼 자원이 없어졌다." 이런 말들은 군이 아니라 시중에서, 대학에서, 병원에서 떠돌고 있는 것이다.

짧은 사병 복무 기간이 상대적으로 긴 장교의 복무 기간보다 자신의 미래에 이롭다고 판단하기 때문이다. 이미 서울에 있는 대학교들은 ROTC를 확보하는 데 어려움을 겪고 있다. 자질 있고 능력 있는 장교 후보생을 확보하기가 하늘의 별따기처럼 어려워졌다.

이스라엘은 남자 36개월, 여자 21개월의 군 의무복무를 한다. 주변국(周邊國)으로부터 아무런 위협이 없을 것 같은 인도네시아와 싱가포르도 24개월 복무를 한다. 한국도 통일이 되면 18개월이 아니라 12개월 복무도 가능할 것이다. 그러나 적어도 지

제4장 군 복무 기간의 정상화 ● ● ●

금의 안보 환경으로는 안 된다고 생각한다.

묵묵히 제도에 순응하면서 국가를 생각하는 젊은이들의 마음을 흔들어 복무 기간의 단축을 내세워 표를 얻어서야 어떻게 군 통수권자(軍統帥權者)가 되겠는가? 군 통수권자가 되려는 사람들이 2개월 씩 단계적(段階的)으로 줄어가려 하고 있다. 세계유일의 분단국가에서 이래서는 안 된다.

지속적으로 2개월씩 줄여가다가는 종국(終局)에는 필연 0개월? 그렇게 된다면 우리는 끝장이 아닌가? 그래서 우리는 반대로 단계적으로 늘려가서 이스라엘 수준은 되어야 하지 않을까 생각한다.

과거(過去)에는 우리나라의 여성들이 아이나 낳고 전업주부(專業主婦)로 가정을 지키는 역할에 국한되었지만 지금은 정치, 경제, 사회, 문화, 체육, 모든 대한민국 사회에서 그 역할이 남자와 거의 대등해 졌다. 이제 대통령도 여성 대통령이 되셨고, 각종 공무원 시험에서도 여자 합격자가 거의 절반(折半) 수준에 육박(肉薄)하지 않았나?

앞으로 대한민국에서는 수많은 여성 대통령이 탄생할 텐데 군복무도 않고 어떻게 군 통수권자가 되겠는가? 그래서 큰일을 해야 될 여성분들께 조심스럽게 건의(建議)드린다. 우리도 이스라엘의 여성애국자(女性愛國者)처럼 군 의무복무(軍義務服務)를 법제도화(法制度化)하면 어떻겠는가?

앞으로 여성 대통령후보자가 이와 같은 선거공약을 한다면 대한민국의 남성표(男性票)는 물론이고 나라를 걱정하는 여성 애국자(女性愛國者)의 표까지 맡아놓은 당상(堂上)이라고 예측(豫測)할 수 있을 것 같다.

앞으로 군 통수권자인 대통령이 되려는 분께서는 역발상(逆發想)으로 군복무기간 정상화를 주장하는 후보자에게 한 표를 주는 대한민국을 걱정하는 애국자가 많으리라 감(敢)히 생각하는 바이다.

북한은 6.25 도발 후 크고 작은 침략(侵略)과 테러를 수없이 감행하고 있으며 핵실험과 미사일 발사실험 등 남침야욕을 여실하(如實下)에 드러내고 있는 일촉즉발(一觸卽發)을 맞이하고 있는 이때, 우리는 모든 국력을 안보에 집중해야 북한의 침략을 사전에 봉쇄하며 그렇지 않을 시는, 또 다시 6.25와 같은 동족상잔(同族相殘)의 전쟁이 이 땅에 터져 우리의 아들, 딸들이 총칼을 들고 전선에 동원돼 처참하게 죽어갈 것이다. 그래서 우리는 첫째도 안보. 둘째도 안보 셋째도 안보를 굳건히 하여 북한의 모든 침략을 사전에 봉쇄(封鎖)해야만 된다.

그러므로 우리는 군복무 기간의 정상화가 절실히 필요한 때다. 젊은이들이여! 군복무 단축을 공약하는 군 통수권자가 되기를 원하는 어떤 후보자에게도 마음을 빼앗기지 말고, 자발적으로 나서서 군복무 정상화를 관철시키고 국방의 의무를 성실히 수행하여 이 나라 대한민국 금수강산의 주인이 되자.

주한미군 주둔의 필요성

··· 제5장 ···
주한미군 주둔의 필요성

지구상의 분단국가였던 독일, 등이 거의 통일이 된 작금에 우리나라만이 유독(惟獨) 꿈에도 그리던 통일이 이루어지지 않고 있다. 조선말 이씨왕국(李氏王國)의 무능으로 일본한테 나라를 빼앗기고 36년간 나라를 잃고 시름하다가 독립을 갈망한 수많은 열사(윤봉길, 유관순, 이준, 안중근 등...)가 아무리 몸을 던져 나라를 찾으려 애써도 되찾을 수 없는 나라를,

미 · 소를 주축으로 한 연합군이 2차 대전의 원흉(元兇) 일본을 굴복시킨 후에야 어부지리로 나라를 찾는가 싶더니 또다시 미소 강대국의 이권개입으로 3.8선이 우리나라의 허리를 자르고 불완전한 반쪽 대한민국이 1945년 8월 15일 꿈에도 그리던 광복(光復)을 맞았지만, 5년여 동안 군사력을 키운 김일성의 무력통

일 침략인 6.25남침 이후 수많은 테러, 침략, 무장공비 남파 등, 호시탐탐 우리나라를 삼키려 하고 있는 이때, 우리의 경호원이요 우리의 부족한 정보력을 95% 이상을 제공해 주고 공군전력의 경우 40%정도를 채워 주고, 이렇듯 우리의 부족한 국방을 일부 책임져 주고 있는 주한미군(駐韓美軍)을 물러가라니 이 외침은 북한 간첩이 그 물러가라는 단체에 깊숙이 침투(浸透)해 조종하고 있음이 분명하다.

현재 우리나라는 일본, 러시아, 중국이라는 초강대국(超强大國)에게 둘러싸여 있다. 국제이해 관계를 본다면 주한미군은 중국을 견제하기 위해 주둔한 것이다. 더 중요한 것은 북한이 호시탐탐 노리다가 언제 어느 때 6.25와 같은 도발을 할지 모를 이 순간에 주한미군이 있으므로 미국의 자동 참전을 가능케 한다는 것이다.

즉 상호방위조약(相互防衛條約)을 근거로 한 70만명 이상의 미군이 자동으로 지원을 온다는 뜻이다. 그러므로 북한과 종북 분자들은 그러한 자동 참전을 막으려고, 그리고 이 땅을 공산화시키려고, 주한미군을 물러가라고 외치고 있는 것이다. 지혜로운 생각은 그저 미군은 우리의 경호원(警護員)이라고 생각한다면 얼마나 든든한가.

또는 미군이 주둔하고 있는 일본이나 영국, 독일은 자국에 주둔하고 있는 미군을 종속개념(從屬概念)으로 보지 않고 국방력보강으로 보고 있는데 반해, 우리는 효선이, 미선이 사건 때 온 국민이 촛불을 들고 주한미군 철수를 주장하여 주한미군이 휴전선 경계에서 남쪽으로 내려간 적이 있지만, 주한미군이 더 남쪽으로 내려갈 경우 북한이 공격할 빌미를 제공해 주는 역할만 할뿐이다.

일본의 경우 일본이 미군에 의해 그러한 비슷한 사건이 발생한 적이 있었는데 일본은 우리처럼 보여주기 식의 행동을 하지 않고 온 국민이 미국의 물품에 대해 불매 운동을 벌였고, 이로 인해 타격(打擊)을 입은 미국계 회사들은 미국정부에 압력을 넣어 미국대통령이 직접 일본을 방문해 사죄를 할 정도로 우리나라와 일본의 의식은 이렇게 다르다.

우리는 촛불을 들고 주한미군 물러가라면서 시위를 해도 미국계 회사들의 물품에 대해 적극적(積極的)인 불매 운동을 하지 않았고 이로 인해 미국 입장은 '목마른 사람이 우물 판다는 식'이었다.

결국 아쉬운 것은 우리였다. 일본의 사례를 통해 촛불시위보다는 일본식을 택하는 게, 더 유리할 것이며 일본이 독도를 자기네 땅이라고 우기는 판에 우리나라에 일본자동차는 왜 그리 많이 굴러다니는가? 일본한테 배운 것 써먹자는 말이다. 일본 물품 불매 운동 벌이는 것이다. 독도는 자기네 땅이라고 우기는 것을 쏙 들어가게 하는 것을 넘어 일본 아베 수상이 와서 싹싹 빌게, 우리 그렇게 지혜를 발휘하자.

필리핀은 요즘 미군철수(美軍撤收)를 통해 중국이 일방적으로 '여기는 우리해역' 해버리니 필리핀으로서는 대응 수단이 없어 미군철수를 엄청 후회한다는 사실을 깊이 생각해 봐야 한다.

우리도 중국과 영토분쟁을 하고 있는 국가이다. 필리핀처럼 후회하는 우(愚)를 범해서는 안된다. 이어도(離於島)를 자국영해 라고 주장하는데, 중국이 필리핀에서 하는 식으로 나오면 우리 는 참 막막할 것 아닌가? 미군이 꼭 주둔하고 있어야 한다는 이 유다.

우리나라 국력은 육군 화력 세계3위, 공군과 해군이 10위권 안에 들었다고는 하지만, 또 군사대국으로 봐도 무관하지만, 우 리나라는 초강대국에게 뺑뺑 둘러 쌓여있다. 샌드위치와도 같 다. 미국의 일부 사병들이 어쩌다가 못난 짓을 한다고 미국정부 가 뭐 서운하게 했다고 해서 미국을 비판하지만, 당장 우리나라 의 동맹국(同盟國)을 살펴보면 미국밖에 없다.

다른 나라도 있지 않느냐? 그것은 참으로 어리석은 생각이 다. 현재 세계 최강대국은 미국이다. 미국을 주축으로 이뤄진 연 합군(聯合軍)을 동맹국으로 보는 시각은 매우 위험하다. 우리네 끼리도 힘이 센 사람의 말이 더 먹히듯이 나라도 똑같다. 또한 미국은 2위부터 13위까지의 나라들 국방비를 합친 것보다 국방 비를 더 쓰고 있으며, 해군력은 세계 53% 장악하고 있다.

그런데도 미군이 한국에 주둔(駐屯)하고 있는 것은 바로 중국 때문이다. 주한미군이 철수하면 가상 시나리오 상 중국은 대만 을 5일안에 점령할 수 있다. 이를 견제(牽制)하기 위하여 또 러 시아를 견제하기 위하여 들어와 있지만, 현재는 그 문제가 북한 에게 가려 안보일 뿐이다.

통일되면 다 된다고 생각하지만 더욱더 위험해진다. 혹시라도 북한 정권이 붕괴된다고 생각해 보라. 최악의 시나리오지만 중국은 50년대부터 북한 정권을 유지해 오게 한 장본인이다.

천안함 사건이 한국정부 조사결과 북한 소행이라고 판정이 났음에도 불구하고 유보적인 행동을 하는 것은 바로 중국은 북한이 없어지면 3.8선이 국경이던 것이 압록강 두만강이 우리와의 국경이 되니 순망치한(脣亡齒寒), 즉 이가 없으면 잇몸이 시리다는 판단아래 유보적인 행동을 취하고 있으며, 러시아도 북한이 한 행동이라고 단정할 수 없다는 것은 미국의 세력 확장을 두려워하기 때문이다.

그런데 북한 정권이 붕괴된다면 러시아와 중국은 힘을 합쳐 북한에 자신들의 괴뢰 정권을 유지시키려고 할 것이다. 최악의 경우 중국은 자국영토로 편입하려 할 것이 불을 보듯 뻔하다. 이를 견제할 수 있는 나라를 신중하게 생각해 보라. 어느 나라가 중국과 러시아를 견제해 주겠는가?

힘으로든 의리로든 견제할 수 있는 나라는 오직 미국뿐이다. 그런데 우리의 반대편에 서 있는 어느 단체는 한반도 평화와 통일을 방해하는 주한미군은 하루빨리 철수하라고 외치고 있다. 정신 나간 외침이다. 이런 단체에는 분명 간첩이 깊숙이 침투하여 사주(使嗾)하고 있음이 명백하다. 간첩을 색출 신고하여 포상을 받을려면 이런 단체가 있기는 해야겠다.

그러면 주한미군이 철수했다고 생각해보라. 당장 일본, 러시아, 중국은 쌍수를 들어 반가워 할 것이다. 마음껏 한반도를 요리하여 맛있게 먹을 수 있기 때문이다. 미국이라고 뭐 다르겠느냐고 하시는데, 미국은 자유민주주의를 확장(擴張)하고 자국의 안정을 취하는 게 목표이다.

현재 러시아와 중국이 민주화를 외치고 있지만 러시아는 독재적인 민주주의, 중국은 사회주의가 유지된 개방된 사회일 뿐 경제적인 면만 받아들인 것이다. 그렇기 때문에 그들의 국제 관계는 언제든지 변할 수 있다.

주한미군이 철수한다면 중국의 동북공정은 강화될 것이고 대만은 물론이고 북한마저 중국에 넘어갈 확률이 크다. 통일이 되었을 때를 가정해 보시자. 중국은 사회주의 국가이기 때문에 한족 억 단위도 북한에 옮기는 것, 식은 죽 먹 듯 쉬운 일이다. 6.25때 인해전술로 시체를 넘고 넘어 중공군이 밀려들어와 낙동강까지 후퇴하지 않았나?

부자들 수백만 명과 빈민(貧民) 1억 정도를 북한에 옮긴다면 민족성이 유지될 것 같은가? 절대 유지 못한다. 당장 통일이 된다고 해도 미국의 도움이 절실하다. 일본은 몰라도 중국과 러시아 입장에서는 미국의 우방국(友邦國)이 자국 영토까지 세력을 확장하는 것을 두려워하고 있다.

그러면 이들 나라는 간접적으로나 아니면 직접적으로 영향력을 행사할 것이다. 몇 해 전 중국과 러시아가 동맹을 체결하고 합동군사훈련을 한 것을 알고 있을 것이다. 누구를 경계하기 위함인가? 좋든 싫든 우리나라는 미국의 정치체제를 받아들이고 있는 국가이다.

그렇기 때문에 서해상의 한미 합동훈련(合同訓鍊)을 중국 언론이 반대하고 있는 것이다. 자기들은 러시아와 합동훈련을 하면서 말이다. 통일이 돼도 우리나라는 바람 앞에 촛불이라는 것이다. 4대 강국 러시아 중국, 일본, 미국에 뺑뺑 둘러싸여 있는 우리나라는 현재 우방은 미국뿐이라는 것을 알아야 한다.

일본국은 우리나라와 툭하면 독도 영유권을 두고 다투고 있고, 중국은 북한에 대한 막대한 자금과 투자, 동북공정을 하고 있으며, 러시아는 중국을 지지하고 있다. 그런데도 미국이 싫다고 배척(排斥)한다면 100년 전의 수모 한일 합방의 수모를 다시 겪을 뿐이다. 물론 우리나라 국력이 세계 10위권 안에 든다고 해도 중국과 전면전을 한다면 게임이나 되겠는가?

6.25때 맥아더 장군이 인천상륙작전의 성공으로 평양까지 치고 올라가 압록강 두만강 밖으로 다 몰아내기 직전 어떻게 했는지 우리는 경험하지 않았는가. 중국군이 개입하여 인해전술로 시체를 밟고 또 밟고 물밀 듯이 밀려 온 결과는 낙동강까지 쫓기지 않았는가. 러시아는 어떻게 했나, 조선이 망하며 러시아군이 주둔하여 호시탐탐(虎視耽耽) 자기네 나라의 영향력에 두려고 한 것 왜 기억 못하는가?

그런데도 맥아더 동상을 철거하라니... 이거 간첩일당 소행 아닌가? 당시 맥아더 장군 동상 철거하라던 분들 속에 있는 간첩들을 모두 소탕(掃蕩)하는데 앞장서야 합니다. 일본! 현재 전쟁은 경제력이다.

돈으로 무기를 현대화 하는 것은 시간문제다! 일본도 무서운 나라다! 열강들의 조선쟁탈전에서 최종 승리자가 되어 우리나라를 일본국에 합방(合邦)시켜 속국으로 만들고 36년간 나라를 잃게 만든 장본인(張本人)이다. 조국의 광복을 위해 수많은 분들이 희생되고, 갖은 수모를 다 당하지 않았는가? 위안부를 생각해보라. 힘없는 민족이 당하는 수치는 너무 많다.

결국은 우리는 유동적이며 활발한 외교활동과 미국과의 유대를 공고히 함은 물론, 주한 미군이 주둔해서 주변국들의 행패를 단절시켜야 하며 미국과의 우호관계는 더욱 더 강화해야 한다는 뜻이다. 현재 천안함 사건 지지하는 나라 모두는 미국 때문에 연합군이 지지하는 것이다.

러시아와 중국은 나 몰라라 한 것을 보면 모르겠는가? 과거 영국 군함 침몰(沈沒)했을 때 기뢰조각하나 나온 것으로 승소했다. 국제사법재판소에서 말이다. 그런데 우리나라는 어뢰가 통째로 나와도 미국과 그의 우방들만이 지지해준다. 그러한 미국을 배척하다니 정말 끔찍하다.

그렇게 되면 우리는 국제사회에서 외톨이가 되고, 지금처럼 많은 나라들이 지지해 주지 않는다. 중국과 북한은 혈맹이다. 미국과 한국은 그저 우방이다. 미국은 상호 이해관계에 의하여 주둔하고 있는데, 우리나라가 미군 물러가라고 시위를 계속한다면 언제든지 우리나라를 버리고 떠날 수 있다.

우리나라 젊은 세대들 거의 대부분이 잘못된 역사교육으로 불순분자들의 침투로 그들의 말에 현혹돼 잘못된 사리판단으로 미국을 싫어하는데 미국이라고 우리를 마냥 좋다고 하겠는가?

국제 이해관계 때문에 또 동맹국이니까 지지하는 것이다. 그런 관계가 아니어서 지지하지 않는다면 국제사회에서도 우리는 외톨이가 되어, 북한에게 매번 침략을 당하고도 우리가 침략했다고 하는 판에, 국제여론에 우리가 밀려 되려 침략한 것으로 적반하장이 된다는 것이다. 냉철(冷徹)하고 현명한 판단을 내려야 한다.

예를 들자면 우리의 국토가 지금의 50여배 되는 대국이요, 석유를 위시한 지하자원이 무진장으로 묻혀있고 열강이 이웃해 있지 않은 그런 나라로, 어느 나라의 간섭도 없이 1인당 GNP 50,000달러가 된다고 가정해 보자. 얼마나 좋겠는가? 그래도 불평하는 자는 항상 있지만...

우리는 현실은 그렇지 않다. 그렇기 때문에 우리가 힘을 길러 부강한 나라가 되어야 하며 그때까지는 지혜와 슬기를 발휘하여 부화뇌동(附和雷同)에 넘어가지 말고 자기의 중심을 잘 지켜 사상을 건전하게 갖고 100년 앞을 내다보고 큰 꿈을 가지고 나라를 사랑하는 지혜(智慧)롭고 슬기로운 사람이 되어야한다. 그런 사람이 앞으로 우리나라를 짊어지고 나갈 수 있는 사람이 될 것이다.

그러므로 아무리 미국을 싫어해도 미국을 이길 국가는 지구상 그 어디에도 없다. 물론 미국과 러시아가 핵전쟁을 하면 모르겠지만 순수한 군사력으로 미국을 이길 나라가 없고 미국은 100년 앞을 보고 러시아와 중국을 견제하는 것이다.

그런데 북한이 핵개발(核開發)을 해도 중국과 러시아는 반대한다고 말하지만 속으로는 도와주고 말로만 잠깐 유감이라고 말한다. 어떤 단호한 조치 한번 내린 적 있는가? 사실상 북한은 중국의 속국이나 마찬가지 아닌가?

미군이 철수하면 러시아와 중국은 엄청 좋아하며 '룰~루'하고 노래를 부를 것이다. 중국은 대만(臺灣)을 언제든지 마음만 먹으면 5일안에 정복하고 북한에 대한 영향력을 강화하여 휴전선이 중국과 우리의 국경선이 된 다음 우리도 향후 머지않아 중국의 영향력 안에 들어갈 것이다.

이를 견제할 수 있는 나라는 과연 어디일까? 스스로 판단해보라. 국제관계는 이해관계에 따라 움직이고 감정적으로 부화뇌동하며 움직여서는 절대 안된다. 우리나라는 미국 없이는 안보가 지켜질 수 없고 전 세계 어느 나라도 우리에게 동맹국은 없다. 단 한나라 미국밖에 없다.

영국, 프랑스, 독일, 이탈리아, 호주, 일본 등 세계에 내놓으라하는 선진국은 거의 모두 미국의 동맹국이다. 어느 국가에서나 안전보장(安全保障)을 최우선 국가의 과제로 삼는다. 그리고 우리나라는 전시작전권환수는 자주권이라고 좋아하는데 어떤 나라가 자국군대를 남의 나라 전쟁에 피 흘리며 투입하겠는가? 환수(還收)되면 미국은 한국에 전쟁이 발발해도 군대를 파견하기 위해서는 의회의 동의를 얻어야 한다.

머리에 총 맞지 않으려고 그들의 거의 대부분 반대할 것이다. 결국 우리나라 혼자 싸워 지켜야 한다. 6.25 전쟁과 그 이후 국토방위 임무 수행에서 한미 군사동맹은 가장 중요한 안보요소(安保要所)였으며, 미국에게도 동북아 안보정책의 핵심요소였다.

주한미군은 병력이 현재 약 2만 8,500여명이며 그들이 보유한 장비 가치가 17~30여 조원으로 추정되고 있는데 이 전력을 우리가 대체하기 위해서는 23~38조원이 추가 소요될 것으로 예상되며 전쟁을 억제시키는 전쟁억지력은 120조원 이상으로 추정되었다.

평시에도 주한미군은 운영비 지출을 통해 10억 달러 이상의 물품을 구매하고 1만 2,000여명의 한국인 근로자를 고용하며, 출장비용 지출 등으로 한국경제에 기여하고 있다.

그런 능력을 과소평가할 수 없는 것이고 무엇보다 우리 군이 대북감시체제나 영상정보(映像情報) 대부분(95%이상)을 주한미군에 의존하고 있는 정보 감시체제이다.

주한 미군 철수 이후 달리 보강은 하겠지만 그래도 대북감시체계는 거의 장님 수준이다. 이러한 안전한 안보적 장치 덕분에 우리나라는 한강의 기적을 이룰 수 있었던 것이다. 미군 철수로 그 빈 공간을 메꾸기 위해 국방비를 지출한다면 경제, 사회, 문화, 복지 등에서 예산을 늘릴 여력 없다. 다시 후진국으로 가야 한다.

국방비를 천문학적(天文學的)으로 절감시켜 경제발전에 투자하고 아울러 주한미군이 있으므로 무디스 같은 세계 신용회사에서 신용등급이 올라가고 다른 나라에서의 외자유치가 용이해져 투자 자본을 더욱 증대시켜 우리는 GNP 1인당 23,000달러라는 선진국 문턱에 올라서 있는 것이다.

천안함 폭침 등 우리나라의 안보가 불안해지면 외국에서 투자를 꺼리고 증시가 급격히 떨어지는 것 모르는가? 미국이 우리나라의 안보를 일부 보충(補充)해 주는 그것을 왜 싫다고 하느냐는 것이다.

다음은 미국신문기사다.

🚐 … 한국, 미국, 일본의 정보력
　－ (북미사일 발사계기로 본, USA TODAY 8/5/2006)1면 기사

2006년 7월 4일 북한의 미사일 발사 실험 전후로 한반도 상공에서 한국, 미국, 일본의 정보력을 시험하는 소리 없는 공중첩보전(空中諜報戰)이 전개되었다. 미국과 일본의 정찰 위성과 해상의 이지스함 주한미군, 주일미군의 정찰기가 총동원 된 정보전은 북한의 함경북도 화대군 무수단리와 강원도 안변군 깃대령 미사일 발사기지 주변 미사일 발사 움직임부터 발사순간과 동해상에 탄착(彈着)할 때까지 장면을 실시간으로 잡아냈다.

이 과정에서 한국군의 정보력은 미국, 일본이 경제력과 군사기술력만큼 큰 격차가 드러났다. 정찰위성이 없는 한국군은 일본 자위대에 비해 절대적으로 정보데이터가 부족한 만큼 분석능력 등에서 엄청난 한계가 노출되었다.

① 한국군 정보력

북한의 통신 감청수단 이외 신호정보와 영상정보를 수집하는 백두 금강 정찰기를 활용(活用)하여 대북정보를 입수하고 있으나, 신뢰도에 상당히 빈약(貧弱)한 것으로 미국 측은 판단하며

특히 이번 미사일 발사 사태에 미국과 일본 측에 절대적으로 정보를 의지하는 처지였다. 한국군은 전략정보의 70%를 주한미군으로부터 제공받고 있고 대북 신호정보와 영상정보의 대미 의존도는 90%이상에 이른다.

미국이 대북정보를 선별적으로 제공하거나 제공하지 않을 경우 한국군의 대북 정보망은 제대로 기능을 발휘할 수 없다. 미국의 조기 경보 기능에 과도하게 의존하는 상황이 지속되는 이 시점에 전시 작전 통제권 환수는 현실적으로 공염불(空念佛)에 지나지 않는다.

② 또 다른 기사

　- 한반도 상공(韓半島上空)은 우주전쟁의 각축장(2007.3.5/U.S. NEWS)

한반도 상공에 첩보 위성 등 통신위성 목적으로 고 궤도 정지위성은, 미국13개, 일본21개, 중국18개, 러시아 15개가 한반도 상공에서 일거수일투족을 관측(觀測)하고 있다고 천문 연구팀에 의해 발표되었다. 위 기사처럼 한반도 상공에만 66개의 위성이 떠있다.

지구궤도에 위성은 현재 12,000개의 궤도유성(軌道流星)과 정지궤도에는 1,147개가 있으며 미군사위성인 고궤도 위성은 8,000여개를 운용하고 있다. 아래 기사처럼 모니터할 수 있는 것만 12,000개이고 모니터할 수 없는 것 또한 1만 여개에 달한다. 즉 30,000여개의 위성이 지구 주변을 맴돌고 있으며 이중 20,000개가 미국이 운용하고 있다.

우리는 나로호 하나 발사하는데 이렇게 힘든데 그들은 66개를 우리 상공에 띄워 놓고 우리를 감시하고 있다. 우리는 벌거벗은 채로 저들에게 노출되어 있다.

정부 말대로라면 천안함은 적의 연어급 잠수정(潛水艇)이 침투하여 피격하고 돌아가는 것 일체를 감지하지 못했다는 것인데 이것이 말이 되는 정보감시체제(情報監視體制)인지 21세기 한국 해군 능력인지 알 수는 없지만, 우리 감시체계는 허술하기 짝이 없다.

최근 천안함 사건 이후 주한미군철수 작전권 반환 반대 등 여론이 나왔다. 2년 전의 여론만 하더라도 주한미군 주둔 반대 논리가 주류였는데, 과연 이런 참상을 보고도 안보수준이 이 정도인 우리가 그들의 우산(雨傘)을 저버릴 수 있겠는가.

우리는 주한미군 자체를 대미 종속개념(從屬槪念)으로 보고 있다. 그러나 일본이나 영국 독일은 주둔 미군을 종속개념으로 보지 않고 국방력 보강으로 보고 있는 큰 차이점을 갖고 있다. 주한미군의 철수는 기정사실로 받아들여지고 있는 이 때에, 한국이 요구한다고 해서 더 있고 안 있고 하는 문제가 아니다.

미국이 대북교섭(對北交涉)을 중요시하는 문제도 북한을 달래놓고 한반도 문제를 안정시킨 이후 주한미군을 중동으로 재배치한다는 논리인데, 우리는 이런 안보상황이라고 주한미군 계속 주둔요청.... 미국이 받아들이지 않는 것을 뻔히 알면서 정치적 제스처를 쓰고 있다. 사실상 미국은 한국에서 주한미군 문제와 반미 문제를 함께 걸고 정치 쟁점화 (爭點化)하는데 무척 곤혹스럽게 생각했다.

미국에서는 노무현 정부 들어와서 전시작전권이 반미감정의 불씨가 될 만큼 '애물단지'로 전락한 마당에 미국은 하루빨리 불편한 동맹의 족쇄(足鎖)에서 벗어나길 원하고 있다고 말했다. 럼즈펠드 장관의 서신은 6.25 전쟁 때 전사한 미군 5만 4,000여 명의 희생으로 맺어진 혈맹(血盟)에 대한 '특별대우'는 끝났다는 통보와 한국의 자주국방론을 알아서 하라는 말이었다.

이 당시 한국사회에서 맥아더장군동상 철거 문제가 쟁점화 되었는데 이때 미국사회에서 여론은, '한국은 더 이상 아니구나' 였다. 맥아더 동상을 미국재향군인회가 철수시켜 가져가겠다고 모금운동을 하였는데 4시간 만에 우리 돈으로 무려 45억 원이 답지(遝至)했다할 정도로 한국은 미국 여론에 밀렸다.

속담에 가랑비에 옷 젖는다고 이런 자그마한 여론 하나가 우리에게 큰 영향을 미치는 것이다. 지난 60여 년간 한미 군사동맹관계(軍事同盟關係)는 여러 차례 큰 변화를 겪었다. 1970년대 초 미 7사단의 철수하는 등 대규모 주한미군 감축이 이루어졌고, 1970년대 말 카터 미 대통령은 주한미군 철수 선거공약을 내세워 당선된 후 이를 실행하고자 하였으나,

그 군사적 중요성으로 인해 철수하지 않았으며, 유일한 재선 대통령이 되지 못하고 재선에 실패했다. 앞서 언급한 바와 같이 주한미군 문제는 감성적인 판단보다는 객관적인 자료와 분석을 통한 균형적인 접근이 필요한 것이다.

③ '싸이'의 경험담

한국가수인 싸이(본명 박재상. 35세)가 미국 뉴욕에서 마이애미 행 비행기를 타기 위해 공항으로 가고 있을 때 자신과 미국 내 매니지먼트 계약(契約)을 맺은 스쿠터 브라운이 전화를 걸어와 "당신 과거에 미국을 욕한 적이 있느냐"고 물어보더라는 것입니다. 싸이는 가슴이 덜컹하는 문제에도 스스로 담대한 편이라고 생각했지만, "마음이 너무 아팠다."고 말했다.

싸이는 2002년 장갑차 사고로 인한 여중생 사망사고와 관련해 수년 전 미군과 그 가족을 살해하자는 내용의 노래를 부르고 퍼포먼스를 벌인 사실이 미국언론에 보도돼 논란이 일자 2012년 12월 8일 공식 사과했다.

당시 백악관 사이트에는 '버락 오바마 대통령이 참석하는 연말 행사에 싸이를 초대하지 말아야 한다'는 청원이 올라왔지만, 백악관은 해당 청원을 삭제하고 싸이를 초대했다. 싸이는 "우리나라 같았으면 어땠을까. 초청(招請)이 취소될 줄 알았는데..." 라고 했습니다. '아마 한국이라면 반한(反韓) 노래 용서하지 않았을 것이라 했는데 아마 그랬을 것이다.'고 했다.

④ 사건의 경위

그 당시 사건은 2002년 6월 13일 10시 45분 경기도 양주군 광적면 효촌리 56번 지방도에서 가해자인 미군 운전병 워커 마크 병장, 관제병 페르난도 니노 병장 등 경기도 파주시 캠프하우즈미 2사단 44공병대대가 신효순, 심미선(당시 14세, 조양중학교 2학년 재학중) 사건유형= 공무 사고.

도로는 인도도 따로 없는 편도 1차선의 좁은 도로로, 주민들은 평소 갓길을 인도삼아 통행해 왔다. 그런데 유족들은 당시 사고 차량의 너비가 도로 폭 보다 넓은 데다 마주오던 차량과 무리하게 교행을 시도했다는 점에서 이번 사고는 '이미 예견 된 살인 행위'였다고 주장했다.

그 후 11월 18일부터 23일까지 동두천 캠프 케이시내, 미 군사법정에서 열린 군사 재판에서 배심원단(陪審員團)은 기소 된 미군 2명 모두에게 무죄 평결을 내렸다. 재판장에서부터 배심원까지 모두 현역 미군으로 구성 된데다 사건이 진상조차 정확히 밝혀지지 않은 가운데 진행된 재판 결과란 어차피 뻔한 것이었다.

이들 미군은 무죄 평결(評決)이 있은 후 5일 만인 11월 27일, 짤막한 사죄 성명을 발표한 뒤 유유히 한국을 떠나갔다. 이는 곧 수많은 한국 국민들의 저항을 불러왔다. 너무도 비상식적인 재판 결과에 그동안 이 사건에 관심이 없던 사람들까지 항의 대열(隊列)에 합류하면서 전국적인 반미 열풍을 불러왔다.

이에 위기를 느낀 미군당국은 11월 27일 주한 미 대사를 통해 부시 대통령의 간접적인 사과를 전하고, 12월 13일에도 부시 미 대통령이 김대중 대통령과의 전화 통화에서 다시 한번 유감을 표한 것으로 알려졌다. 한미 당국 간 SOFA개선 방침에도 합의했다.

하지만 국민들의 분노(憤怒)를 가라앉히는 데는 역부족이었다. 미군당국은 이번 사고와 관련해 무죄 평결 직전 사고차량 소속 중대장, 중대 선임하사, 소대장, 소대 선임하사 등 훈련지휘관(訓練指揮官) 4명에게 견책의 징계를 한 사실이 뒤늦게 알려지기도 했다.

한편 유족들은 국가배상을 신청해 2002년 9월, 각각 1억 9천여만원 상당의 배상금을 수령했다. 미국은 우리의 우방이고 6.25사변 때는 유엔 참전국 중 가장 많은 병력을 파견하고 우리의 조국을 지켜줬고, 휴전 후에도 남아 우리의 국방을 지켜주고 있는 우방임을 감안하면, 고의적으로 귀한 생명을 빼앗지는 않았을 터이고, 전후 사정을 살펴본다면 좁은 길에서 부주의로 사고를 냈지 않았는가? 추측(推測)이 되는 사고이나 처음부터 진지하게 진심어린 사과를 하고 애도를 표했다면 일이 그렇게 커지지 않았을까 싶다.

모두가 서로를 이해하고 과잉반응(過剩反應)을 삼가 하는 것이 후일에 싸이 처럼 가슴이 덜컹거리지 않았을까? 미국국민들의 이해와 '버락 오바마 대통령'이 참석하는 연말행사에 싸이를 초청해 준데 대해 대한민국 국민의 한사람으로 감사하게 생각한다.

⑤ 중국의 시각

중국도 중국의 이익을 침해하지 않는다고 판단하는 한에서는 복잡한 내부문제를 안고 있어 한국에 위협을 가하거나 한반도 정세에 적극적으로 간섭(干涉)할 여력(餘力)은 없지만 영토 문제 등을 놓고 갈등이 불거지면 언제든 군사적으로 국지도발을 감행(敢行)해 올 수 있다고 생각한다.

여기에 대응하기 위해서는 한, 미 동맹을 중심에 놓을 수 밖에 없음에도 주한미군철수(駐韓美軍撤收)니, 미국 물러가라느니 하는 종북좌파(從北左派)는 참으로 문제다. 중국이 한국을 무서워하지 않으면서도 무시할 수 없는 이유는 바로 주한미군 때문임을 왜 모른다는 말인가?

우리는 중국과 최대한 적(敵)을 만들지 않으면서 한편으로는 미국과의 연합을 굳건히 유지하는 길만이 안보면 에서나 경제면에서나 살길임을 깊이 인식해야 한다. 미군 철수를 주장하지 말고 우리의 안보에 일부를 책임지고 있는 경호원으로 생각하면 물러가라는 구호가 필요 없다.

제6장
음주와 흡연(吸煙)

··· 제6장 ···

음주와 흡연(吸煙)

1. 고향에 대한 추억(追憶)

나는 고향에서 살 때 희망(希望)없는 나날을 보낸 적이 있다.
봄이 오면 아버지와 동생과 나는 논밭에 나가 씨를 뿌리고 여름
에는 가꾸고 가을에는 거둬들이는 반복된 농사일로 항상 곤죽이
되어 있었다. 절망(絶望) 속에서 술독에 빠져 살았다. 이 책을 읽
는 젊은이들이여!

잠언 23장 교훈을 배워 술로 허송세월(虛送歲月)하지 않기를
간절히 바란다. '술에 취한 자에게는 재앙과 근심과 분쟁과 원망
과 까닭 없는 창상과 함께 눈은 붉게 충혈 된다.' 술 취하는 자는
이 같은 괴로움을 당하여도 끊기가 어렵다. '술잔속의 포도주가

붉게 빛나고 순하게 내려갈 지라도 너는 포도주(wine)를 보지도 마라.'

결국 그것이 뱀같이 물것이고, 독사(毒蛇)같이 쏠 것이며, 네 눈이 이상(異常)한 것을 보게 될 것이고 네 마음은 허튼 소리를 하게 될 것이며 술을 마시는 사람은 마침내 뱀에게 물리고 독사에게 쏘인 것 같이 고통(苦痛)이 오고 정신이 얼떨떨해진다.

'술 취한 자'에게는 '음녀와 방탕(放蕩)한 것들이 보이며 술 취하면 정욕(情慾)을 억제하지 못하여 자유 방종(放縱)하며 정욕대로 나가게 되어 죄를 짓게 된다.'는 뜻이다.

"너는 마치 바다 한 가운데 누운 것 같으며 네가 말하기를 때려도 아프지 않고 나를 쳐도 감각(感覺)이 없으니 내가 언제나 깨어날까? 깨면 또 술을 찾아야지."라고 할 것이다. 술 취한 자는 바다 가운데 누운 자 같고 돛대 위에 누운 자같이 위태하고 자칫하면 죽게 된다는 것이다.

그러나 그는 그것을 깨닫지 못하고 무관심과 무지한 상태에 있게 된다는 것이다. 또 술 취(醉)한 사람은 육체적으로나 정신적으로나 아무 감각이 없는 상태에서 매를 맞고 많은 상처를 받아도 깨닫지 못한다.

위에 말한 것은 성경말씀 잠언(箴言)은, B.C 10세기 경 기록된 것으로 밝혀지고 있으며, 이스라엘의 지혜의 왕 솔로몬이 지은 것으로, 잠언의 목적은 지혜롭게 하고, 의롭게 하고, 공평하고 정직하게 만드는 교훈서의 보고(寶庫)로 어리석은 자로 슬기

선택의
갈림길
◉ ◉ ◉

174

롭게 하며, 젊은 자들에게 근신을 준다.

솔로몬이 지은 3,000의 격언 중 잠언 23장 '술에 대한 이야기'를 해보고저 한다. 필자는 충남 예산군 신양면에서 출생하여 신양초등학교 6년을 가까스로(가까스로 졸업이라는 표현은 당시는 집안 사정이 어려운 친구는 초등학교를 졸업하지 못하고 중퇴도 했기 때문에) 졸업하고 군 입대 전인 1974년까지 이곳에서 농사를 지으며 보릿고개를 넘기기 힘든 험난(險難)한 어린 시절과 청년 시절을 보냈다.

나의 어린 시절의 이야기는 그 시대를 살아간 우리 모두의 이야기인지라 술과 관련된 어린 시절의 이야기를 이 책에 담고자 한다. 당시에는 우리나라가 농업국가로 술 문화는 막걸리 문화였다. 면소재지에는 신양 양조장(新陽釀造場)이 있었는데 주로 농번기(農繁期)때는 양조장이 술을 빚기 바빴으며 그곳에는 나보다 네 살 적은 동네 이웃 동생 벌 되는 안동김씨 00씨가 양조장에서 자전거로 막걸리를 배달하고 있는 것을 보고 1974년 6월 25일 군에 입대했다.

무더운 여름철 신병훈련소에서 6주의 훈련을 마치고 자대에 배치되어 7~8개월 군복무후(軍服務後) 첫 휴가를 나와 고향에 가보니 그가 보이지 않아 동생한테 물어보니 그가 술을 많이 마시고 경운기에 막걸리 통을 가득 싣고 배달하러 가다가 전봇대를 들이받고 사고가 나서 죽었다는 것이다.

그의 나이 18세였으니 그 당시 부모가 얼마나 충격을 받았겠는가! 지금은 그 부모가 다 돌아가시고 없지만 말이다. 살았다면 그는 지금 55세(歲)일 텐데…, 지금도 그의 얼굴이 가끔 떠오르곤 하는데 영영(永永) 볼 수가 없다. 이 이야기 속에서 술로 인(因)한 사망자(死亡者) 1호다.

술이라고 하는 것이 당시에는 농번기(農繁期) 때 참(점심 전과 점심과 저녁 사이의 때)으로 꼭 막걸리를 마셨다. 나도 당시 막걸리를 참 많이 마셨다. 소주(燒酒)와 맥주(麥酒)는 비싸기도 했지만 농촌에서는 어울리지 않는 술이었다. 논과 밭에서 농사일을 하다가 배도 고프고 목이 마를 때 목을 축여주던 한 대접의 막걸리, 그 막걸리 맛을 지금도 잊을 수가 없다.

무더위가 기승을 부리던 어느 날밤, 개울가 둑 위에서 막걸리를 한통 사다가 세 친구가 술을 마시다가 술에 취해 한 친구와 경미(輕微)한 싸움을 하고 헤어졌는데, 그 이튿날 그 친구의 형이 서울 객지생활 하다가 시골집을 다니러 왔다가, 다툰 당사자와는 밥도 사주고 달래서 화해하고 헤어진 나를, 신양지서에 폭행으로 고소해 가해자가 되어 당시 신양지서에서 양경장이라는 경찰관한테 조사를 받으며 따귀와 발로 채이며 온갖 폭행(暴行)을 당하고 지서 뒤뜰에 이틀간 갇혀 깜깜한 밤에 모기에 뜯기고 무더운데 세수도 못하고 참으로 심한 고통을 당하고 수모(受侮)를 겪었다. 지금 같으면 맞고소로 간단히 마무리됐을 것을 참으로 뭘 몰라도 한참 몰라 억울하게 당했다.

잘못도 없이 지금으로서는 상상도 할 수 없는 인권유린(人權蹂躪)을 당하고 얻어맞았다. 아버지가 어떻게 아셨는지 이틀 만에 찾아오셔서 아버지께서 고소한 친구 형에게 합의금을 주고서야 풀려 나온 적이 있다. 이때 결심한 것이 늦게라도 공부해서 계급 높은 경찰관이 되어 O경장에게 복수하고 폭행을 하지 않는 경찰관이 되어야겠다고 다짐한 것이 후일 뜻을 이뤄 경찰관이 되었지만, 오래 근무하지 않아 계급(階級)이 높은 경찰관의 목표는 이루지 못했으며 양경장이 시골 어느 경찰관서에서 비간부로 근무하고 있다는 소식은 들었으나 찾아보지는 않았다. 원수라도 이제 잊고 사랑해야지... 어려서 원수로 이를 갈고 복수심에 경찰관은 되었지만 세월이 모든 상처를 아물게 해 준 것이다.

그리고 당시 나를 고소했던 그 친구는 한참 후 고향을 떠나 서울로 와서 결혼식을 올리지 않고 여자와 동거(同居)하다가 술을 잔득 마시고 여자와 싸우다가 자기 성질에 못 이겨 자기 몸에 석유를 끼얹고 분신자살 했다는 소식을 들었을 뿐 보지 못했다.

아까운 인생을 술에 만취되어 분을 참지 못해 젊은 20대 혈기(血氣)에 세상을 하직했다니 태어나지 않은 것이 더 좋을 뻔했지 않은가? 그리고 나를 고소해 억울하게 얻어맞게 한 그의 형은 그의 부인과 이혼하고 혼자 살고 있다고 들었다. 남에게 억울하게 한 뒤끝이 좋을 리가 없다.

2. 과음으로 인한 사고들

① 친목회원의 고향 친구 분의 과음으로 인한 사망

친목회원(親睦會員) 중에 서해 바닷가인 경기도 화성시 서신면이 고향인 회원분이 계셔서 오래 전 제부도로 친목회원과 야유회(野遊會)를 갔었다. 오던 길에 그곳이 고향인 회원님의 고향 지인인 남양홍00씨의 집을 방문했다. 당시 그분은 춘추(春秋)가 67~8세 정도셨다. 집에서 담근 동동주가 우리 회원들의 입과 기분을 즐겁게 했다.

고향 집에서 재래식으로 담근 밀주의 맛은 고향의 맛 같았다. 맛있게 참 많이 마셨다. 기분이 몽롱(朦朧)하고 하늘을 나는 듯한 기분이 참으로 좋았다. 당시는 회사 대표로 사업이 잘되던 때였고 어렵지 않은 때였으므로, 오던 길에 회원 중 한분이 운영하는 강서구 목동의 선술집 비슷한 식당에 들려서 또 마셔대니까 간(肝)이 부었는지 먹고 마시고 한 술값, 지금 기억에 500,000원을 필자 기업카드로 기분 좋게 계산하고 내가 내 차 카니발 9인승을 음주운전하고 우리 집 근처인 00전철역에 와서 회원님들을 내려드리고 헤어진 적이 있는데, 이렇듯 과음(過飮)은 정신까지 흐리게 하여 카드를 남발하게 하는 마귀역할(魔鬼役割)도 때에 따라 참 잘한다.

몇 년이 지나서 그 곳이 고향인 회원님의 고향에 그 회원님과 그 동내(洞內)에 갈 기회가 있어서 가서 남양 홍00씨의 소식을 물어보니 과음으로 인한 간암(肝癌)으로 사망했다는 말을 들었다. 그리고 그 후로는 그분을 아주 영원히 볼 수가 없었다.

그 동네에 갈 때마다 그곳에 사시는 분들의 집을 그 선배님(先輩님)과 같이 방문했는데 집집마다 소주가 박스로 있었으며 아침부터 얼굴이 알코올 기운으로 벌겋게 달아올라 있었고 나도 그곳에 갈 때마다 만취(滿醉)가 되지 않고는 올 수가 없었다.

바닷가 공기 좋은 곳에서 절주(節酒)하며 건강관리를 잘 하면 이 좋은 세상에 100수는 하실 터인데 절제를 못해 알코올에 중독(中毒)되어 퍼마시며 단명(短命)하시는 것을 보고 과음의 폐해의 심각성을 고취시켜 귀한 목숨 단축을 방지하는 역할을 하고 싶어 이렇게 기억을 더듬어 써내려가고 있으니 사랑하는 독자여러분 끝까지 잘 읽고 마음에 새겨서 일생의 교훈으로 삼아 주시기 바란다.

② 과음사 월남전사자(越南戰死者)보다 많다

술로 인해 사망하는 숫자가 월남전에서 전사한 군인보다 많다는 기독교 방송의 방송을 듣고 귀 기울여 들은 내용은 음주운전으로 사망하는 사람, 과음으로 인한 질병 사, 대개는 간암으로 사망한다는데 그 폐해가 참 심하다 한다.

지방간원인(脂肪肝原因)은 술이며 기름진 식사는 더 위험한데 건강한 간의 경우 지방이 차지하는 비율은 약5%란다. 지방간은 이보다 많은 양의 지방이 간에 축적된 상태를 말한다. 지방간은 크게 술이 원인이 돼 발생하는 알코올성 지방간으로 나뉜다.

알코올성 지방간은 술을 많이 마셔 간에서 지방 합성이 촉진되고 정상적인 에너지 대사가 이뤄지지 않아 발생한다. 반면 비 알코올성 지방간은 비만(肥滿)이나 당뇨병, 고지혈증 등의 질환이나 약물 등이 원인이 된다. 최근에는 식습관이 서구화 되면서 동물성 지방의 섭취가 늘고 이로 인해 과체중이나 비만해진 사람이 많아지면서 비 알코올성 지방간 또한 증가 추세다.

지방간은 드러나는 증상(症狀)을 통해 파악하기가 쉽지 않아 더욱 주의가 필요하다. 대부분의 지방간 환자가 외관상으로는 별다른 이상을 보이지 않는다. 이렇게 아무런 증상이 없는 경우부터 만성적인 피로감을 호소하는 경우, 오른 쪽 상복부의 통증을 호소하는 경우까지 증상은 다양하다.

비 알코올성 지방간은 방치할 경우 지방간염이 발생할 수 있고 심할 경우 간 경변(肝硬變)으로 이어질 수 있어 체중감량과 식이요법 등 적극적인 생활습관 개선과 관리가 필요하다. 지방간염이 5~10년 사이에 간 경변으로 발전할 가능성은 20%정도에 이른다. 간 질환 외에 다른 질환으로 이어질 가능성도 높다.

최근 발생한 성범죄(性犯罪)도 술을 마시고 어린 여자아이를 납치(拉致)한 후 범죄를 저질렀다. 술을 마시고 저지르는 범죄가 대부분이다.

③ 과음(過飮)으로 인한 사건

백학지서에서 겨울을 나고 읍내 연천경찰서 직할파출소로 전근(轉勤)되어 근무할 때인데, 읍내에 사는 건달하나가 자주 나타나 친해지게 되어 밥도 사주고 술도 사주며 자주 만나며 지내는 사이가 됐는데, 어느 날 그가 사는 동네에서 살인사건(殺人事件) 신고가 들어왔다.

동료직원과 오토바이를 타고 출동해 보니 그 건달네 집인데 내용인즉슨, 아버지가 OO청장까지 지낸 전직 고관 댁인데 퇴직해서 고향으로 낙향하여 별장(別莊)같은 좋은 저택에 살고 여생을 보내고 있는데, 이 건달 아들이 술을 너무 좋아해서 주정뱅이가 되어 도시에서 이혼(離婚)하고 부모 집으로 와서 부모에게 얹혀살면서,

허구 헌 날 술을 마시고 부모에게 돈을 뜯어내 술을 마셔대다가 OO청장을 지낸 아버지와 자주 다투다가 아버지를 칼로 찔러 죽이고 자기도 자살(自殺)했다는 것이다. 피비린내가 집에서 진동하는데 참으로 끔찍한 사고를 수습했다. 그 때 느낀 것이 '술이 살인자구나'였다. 그러나 그런 술을 끊지를 못하고 꽤 오랫동안 마셔댔다.

지금 생각하면 그 때 끊었어야 했다. 이 세상에서 가장 강한 사람이 누구냐? 내가 나하고 싸워 나 자신을 이기는 사람이다. 남과 싸워 이기기는 쉽다. 그러나 내가 나를 이기기는 가장 어려운 일이다. 인간의 마음은 선과 악의 싸움터다. 러시아의 문호 도스토예프스키는 인간의 마음을 신(神)과 악마(惡魔)의 싸움터라고 했다.

내 마음속에서는 선과 악의 싸움, 근면과 나태(懶怠)함의 싸

움, 용감(勇敢)함과 비겁(卑怯)함의 싸움, 현명과 우매(愚昧)함의 자기가 끊임없이 싸운다. 어느 쪽이 이기느냐에 따라서 그의 인격과 가치가 결정된다. 나 자신과의 싸움은 일생동안 계속된다. 이때, 좋은 쪽인 정의(正義)가 승리하려면 신의 도움이 필요하다.

로마서 13장, '밤이 깊었고, 낮이 가까웠으니, 그러므로 우리가 어두움의 행위를 벗어버리고, 빛의 갑옷을 입자. 낮에 행동하듯이 단정히 행하고, 방탕(放蕩)과 술 취함과 음란과 호색과, 다툼과 시기를 멀리하고, 오직 주 예수 그리스도로 옷 입고, 정욕(情慾)을 위하여 육신의 일을 도모하지 마라.'

하나님의 말씀을 힘입어 '술'을 멀리해야 위와 같은 살인사건을 미연에 방지할 수 있다.

④ 오늘날 자주 겪는 정신질환은

최근 우리나라 사람들이 자주 겪는 정신질환은 무엇인가? 흔히 우울증이나 조울증으로 생각할 수 있으나, 실제로는 남성은 알코올 중독, 여성은 불안증이 가장 많은 것으로 조사됐다.

보건복지부의 2011년 정신질환실태 역학조사에서 남성 5명 중 1명(유병율 20.7%)은 평생 1번 이상 병적 음주를 겪었고, 8명 중 1명(12.7%)은 병적 흡연 장애(吸煙障碍)를 겪었다. 특히 자살을 생각한 남성이 37%가 알코올 중독을 경험한 경우가 많아 '사람이 술을 먹는 것이 아니라 술이 사람을 먹는다.'는 말이 단순히 우스갯소리로만 그치지는 않는다는 것을 보여준다.

또 성인 여성은 사회공포, 공황장애(恐慌障碍) 등 불안장애를 겪은 사람이 8명 중 1명 꼴(12%)로 가장 많다. 우울증 등 기분장애도 여성 10명 중 1명(10%)이 겪은 것으로 조사됐다. 남녀 통틀어 우리나라 사람들이 겪는 가장 흔한 정신질환(精神疾患)은 알코올 중독이다. 최근 들어 감소하고 있는 추세에 있지만 전체 성인의 13.4%가 평상 한번 이상 알코올 중독을 겪은 바 있어 여전히 높은 수준이다.

알코올과 니코틴 중독을 빼면 우울증(憂鬱症) 조울증, 불안증 등 기분불안장애(氣分不安障碍)가 뚜렷이 증가하는 모습(2006년 8.3%에서 2011년 10.2%)을 보이고 있어 스트레스 등으로 인한 정신질환이 지속적으로 증가하고 있다는 것을 보여준다.

"우리나라 남성들은 주로 알코올, 니코틴 중독이 많고, 여성들은 우울증 등 기분불안장애를 겪는 사람들이 많다."며 유전적인 요인과 함께 각박(刻薄)해지는 사회 환경이 현대인의 정신질환을 더욱 부추기고 있다. 경쟁 중심의 한국사회가 사람들을 정신질환으로 내몰고 있다는 것이다.

10~20대는 학업에 대한 스트레스로, 30~50대는 직장 내 경쟁, 가정주부들은 가족관계 및 가사부담 등으로 병원을 찾는다는 설명이다. 최근에 알코올 마약 등 물질적 중독 이외에 인터넷, 게임, 도박 중독 등 행위 중독이 늘어나고 있다. 기존 중독과 마찬가지로 뇌신경에 영향을 주는, 화학적인 영향을 주는 신종 질병이다.

그동안 우리나라는 경제성장에 치중한 채 사람들의 정신건강 문제는 외면해 왔다. 중독은 정신질환 중 심각한 증세인데, 특히

나 술과 도박(賭博) 중독은 범죄와 연계된 만큼 사회적 문제로
이어질 수 있다. 최근 발생한 성범죄도 술을 마시고 어린 여자아
이를 납치한 후 범죄를 저질렀다.

술을 마시고 저지르는 범죄가 대부분이다. 청소년은 이 나라
를 짊어지고 나갈 미래의 주인공이다. 그런 어린아이, 자라나는
꽃 봉우리를 꺾는 행위는 술만이 아니라 그 사람의 마음에도 신
의 도움으로 개과천선(改過遷善)해야 한다.

솔로몬의 잠언 23장에 술은 보지도 말라고 했다. '내 아들아,
너는 듣고 지혜롭게 되어 네 마음을 바른 길로 인도하여라. 술을
많이 마시는 자들이나 고기를 탐하는 자들과 어울리지 마라. 주
정꾼과 탐식자(貪食者)는 가난해질 것이며, 잠자기를 좋아하는
자는 누더기를 걸칠 것이다.'

재앙이 누구에게 있는가?
슬픔이 누구에게 있는가?
다툼이 누구에게 있는가?
불평이 누구에게 있는가?
누가 까닭 없이 상처를 입는가?
충혈 된 눈이 누구에게 있는가?

술에 잠긴 자들에게 있고 혼합주를 찾아다니는 자들에게 있
다. 술잔 속의 포도주가 붉게 빛나고 순하게 내려갈 지라도 너는
포도주를 보지도 마라. 결국 '그것이 뱀같이 물것'이고, '독사같

이 쏠 것'이며, 네 눈이 '이상한 것을 보게 되고,' '네 마음은 허튼 소리를 하게 되며,' 너는 마치 '바다 한가운데 누운 것 같고' 돛대 위에 누운 것 같으며, 네가 말하기를 "나를 때려도 아프지 않고 나를 쳐도 감각이 없으니, 내가 언제나 깨어날까? 깨면 또 술을 찾아야지."라고 할 것이다.

3. 흡연도 문제다.

성경말씀에 목숨이 천하보다 귀하다고 했다. 마태복음 5장에 '만일 네 오른쪽 눈이 너를 걸려 넘어지게 하거든, 그것을 빼내어 던져버려라.' '네 지체중의 하나를 잃고 네 몸 전체가 지옥에 던져지지 않는 것이 더 낫다.'

'만일 네 오른손이 너를 걸려 넘어지게 하거든, 그것을 잘라 내어 던져 버려라.' '네 지체 중의 하나를 잃고, 네 몸 전체가 지옥에 떨어지지 않는 것이 더 낫다.'고 했다.

흡연으로 인해 그 귀한 목숨을 잃게 된다는 것을 왜 모를까? 귀한 목숨이 중하니 중한 목숨을 지키려거든 지체를 떼어내 버리라고 해석한다면 '답'은 귀한 목숨을 지키기 위해 입을 봉해 담배를 피우지 말자로 확대 해석할 수 있겠다.

그러나 그럴 수 없느니라, 담배를 끊기 위해 입을 봉한다면 밥도 먹을 수 없고 오히려 밥을 먹지 못해 담배를 피우며 폐암에 걸려 천천히 죽는 것보다 목숨을 더 빨리 단축하는 결과가 될 것이기 때문이다.

그 유명한 코미디언이었으며, 코미디언이라는 인기의 여세를 몰아 코미디언에서 지역구 국회의원이 되어 일약 대한민국국회까지 진출한 이주일씨는 재산도 수백 억원을 가진 부자였으며 부와 명예를 한 몸에 가진 인기인이었으나 무절제한 줄담배로 인해 폐암을 걸려 병원에서 투병생활 중 제발 담배를 끊으라는 유언을 하시고 가셨다.

필자는 건축물관리 사업을 운영하며 겪은 일인데 매일 새벽 출근 전 건물의 화장실을 청소하고, 담배 재 털이를 화장실마다 비치하고 치우는 문화에서 담배의 폐해가 심각해 미국에서 흡연자가 폐암에 걸려 담배회사를 상대로 손해배상청구소송을 하는가 하면 흡연의 피해가 지구촌에 알려지며 매스컴에 오르내리며, 우리나라에서도 흡연으로 인한 폐해의 심각성을 인지하고 건물 안에서 흡연 시는 과태료를 물리는 등 금연문화가 확산되며 담배 재 털이를 모두 치우게 된 후 흡연 장소가 건물 한 구석에 지정되다가 이제는 건물 안에서는 흡연이 금지되고 옥외에서 흡연 할 수 있도록 흡연자들의 흡연구역이 설 자리를 잃어가고 있다.

나는 그저 좋은 게 좋다고, 강력한 제재를 하지 않아 화장실을 청소하고 치우면 언제 버렸는지 세면기며 소변기며 담배꽁초가 쌓여 있고 바닥에도 꽁초가 즐비하고 고약한 니코틴 냄새가 진동한다. 참으로 역겹다. 지하 주차장으로 내려가면 놀랍게도 참으로 고운 얼굴을 한 앳된 위층에 입주한 사무실에서 근무하는 아가씨들 3~4명이 담배를 피우고 있다.

입술에는 루즈를 발라 사과 빛에 참으로 곱고 아름다운 입을 가진 아름다운 여성분들이 담배를 피우고 있다. 어린 여학생으로 보이는 그 아름다운 여학생이 담배를 빨아대고 담배꽁초를 함부로 버리는 것을 보면 화도 난다. 이제는 건물 안에서는 흡연하지 못하게 강력한 조치를 취할 참이다. 그러나 입주자의 편의를 최대한 보장하고 개인의 자유를 침범하고 싶지 않아서 아직은 아무 말도 하지 않았다. 그러나 아무렇게나 버리는 담배꽁초를 치우려면 은근히 화가 나기도 한다.

고린도후서 6장에 "하나님의 성전과 우상이 어찌 일치가 되리요, 우리는 살아계신 하나님의 성전이라." 7장에 "하나님을 두려워하는 가운데서, 거룩함을 온전히 이루어 육과 영의 온갖 더러운 것에서 자신을 깨끗하게 하자." 성경의 이 말씀을 보더라도 거룩함과 더러운 우상이 어찌 공존할 수 있으랴!

🚐 ⋯ 성경 구약의 스물두째 권

솔로몬의 신부를 대상으로 쓴 아가서(雅歌書)에 있는 말씀을 조금씩 바꿨다.

"아름다운 소녀의 입술에서는 꿀방울이 떨어지고 달콤한 쟈스민 향기보다 더 향기롭구나. 네 혀 밑에는 꿀과 젖이 있고 네 의복의 향기는 라일락 향기 같구나."

"내 누이 내 신부는 잠근 동산이요 덮은 우물이요 봉한 샘이로구나, 네게서 나는 것은 석류나무와 각종 아름다운 과수와 고벨화와 나도풀과 나도와 번홍화와 창포와 계수와 각종 유향목과

몰약과 침향과 모든 귀한 향품이요, 너는 동산의 샘이요, 생수의 우물이요, 레바논에서 흐르는 시내로구나."

"머리는 순금 같고 머리털은 구불구불하고 까마귀같이 검구나. 눈은 시냇가의 비둘기 같은데 우유로 씻은 듯하고 아름답게도 박혔구나."

"뺨은 향기로운 꽃밭 같고 향기로운 풀 언덕과도 같고, 입술은 백합화 같고 몰약의 즙이 뚝뚝 떨어지는구나."

"손은 황옥을 물린 황금 노리개 같고 몸은 아로새긴 상아에 청옥을 입힌 듯하구나."

"다리는 순금 받침에 세운 화반석 기둥 같고 생김새는 레바논 같으며 백향목처럼, 보기 좋고. 입은 심히 달콤하니 그 전체가 사랑스럽구나. 예루살렘 딸들아 이는 내 사랑하는 자요 나의 친구로다."

"네 입술은 홍색 실 같고 네 입은 어여쁘고 너울속의 네 뺨은 석류 한쪽 같구나."

"내 비둘기, 내 완전한 자는 하나뿐이로구나 아침 빛 같이 뚜렷하고 복된 자라, 푸른 초목을 보려고 포도나무가 순이 났는가? 석류나무가 꽃이 피었는가?"

"귀한 자의 딸아 신을 신은 네 발이 어찌 어찌 그리 아름다운가? 네 넓적다리는 둥글어서 숙련공의 손이 만든 구슬 꿰미 같구나."

"배꼽은 섞은 포도주를 가득히 부은 둥근 잔 같고 허리는 백합화로 두른 밀단 같구나."

"두 유방은 암사슴의 쌍태 새끼 같고, 목은 상아 망대 같구나

눈은 경복궁 연못 같고 코는 망대 같구나."

"사랑아 네가 어찌 그리 아름다운지, 어찌 그리 아름다운지, 어찌 그리 화창한지 즐겁게 하는구나."

"네 키는 종려나무 같고 네 유방은 그 열매송이 같구나, 내가 말하기를 종려나무에 올라가서 그 가지를 잡으리라 하였나니 네 유방은 포도송이 같고 네 콧김은 사과 냄새 같고 네 입은 좋은 포도주 같을 것이니라. 이 포도주는 내 사랑하는 자를 위하여 미끄럽게 흘러내려서 자는 자의 입을 움직이게 하느니라."

"나는 내 사랑하는 자에게 속하였도다. 그가 나를 사모하는구나."

"우리가 일찍이 일어나서 포도원으로 가서 포도 움이 돋았는지, 꽃술이 퍼졌는지, 석류꽃이 피었는지 보자. 거기에서 내가 내 사랑을 네게 주리라."

"달 같이 아름답고 해 같이 맑고 깃발을 세운 군대같이 당당한 여자가 누구인가? 꽃술이 퍼졌는지, 석류꽃이 피었는지 보자. 거기에서 내가 내 사랑을 네게 주리라."

솔로몬왕이 술람미 여인의 사랑을 노래한 책, 아가서에서 여성들의 아름다운 사랑 노래처럼 아름다운 몸과 마음에 왜 니코틴을 뱃속으로 빨아들이는가? 이 책을 보시는 독자 여러분! 아름다운 소녀여! 쟈스민 향에 구역질나는 담배 냄새를 혼합시키지 마시기 바란다.

제6장 음주와 흡연(吸煙)

담배의 해악은 이미 알면서도 끊지 못해 피우고 있을 것이다. 그런 담배를 끊지 못하고 피우는 것은 담배의 매력이 있긴 있나 보다. 그러나 대부분의 여자분 들은 항상 다이어트를 생각하고 있듯이 피우긴 피워도 항상 금연은 생각하고 있을 것이다.

내가 담배를 입에 대게 된 것은 4~5세 어린 나이에 입에 댄 것으로 기억되며 본격적으로 담배를 피운 것은 시골에서 농업에 종사할 때, 초등학교를 갓 졸업하고 만 14세부터 담배를 피웠다. 왜 그렇게 일찍부터 담배를 피웠는가 하면, 시골 농촌에서 자라 환경이 청결치 못한 환경 때문이었고 담배의 폐해에 대하여 누구하나 알려준 사람이 없었다.

어린 시절 나뿐 아니라 그 시대 우리 세대는 많은 분들이 그랬을 것이다. 횟배를 앓아 배가 자주 아팠다. 그래서 어렸을 때 갑자기 배가 아프면 약국도 없는 시골이었기에 횟배를 앓아서 종종 배앓이를 하면 엄마가 담배를 피우게 하여 배탈 약 상비약(常備藥)으로 사용하여 일찍부터 담배를 피우게 되었다.

초등학교에 입학하기 전에 5~6살로 기억하는데 외갓집이 같은 면에 있는 약 4키로 떨어진 동네네 있었다. 외사촌형의 결혼식에 엄마와 같이 손잡고 걸어가서 결혼잔치에 갔는데 그 동네 사람들이 어린 나에게 술을 먹여놓고 내가 술에 취해 비틀거리며 이리 쓰러지고 저리 쓰러지는 것을 보고 박수를 치며 그렇게 재미있어 하던 것을 지금도 그 모습이 눈에 선하며 잊을 수가 없다.

더욱 기가 막힌 것은 어린 배속에 술이 들어가니까 배 속이 놀랬는지 아프고 메슥거려 토하게 되었는데 그때 회충도 놀랬는지 입을 통해 세, 네 마리가 입을 통해 토하는 음식물과 같이 나온 것이다. 그 때 생각을 하면 지금도 먹던 밥을 토할 일이다. 배가 아프다고 하면, 엄마가 담배에 불을 붙여 입에 물려주는 것이다.

지금으로서는 도저히 상상을 할 수 없는 일이다. 담배를 피우게 하고 어린 몸에 독한 담배를 피우니 어지러워 비틀거리며 이리 쓰러지고 저리 쓰러지고 하는 꼴이 그 사람들에게는 참으로 재미있는 일이기에 어린아이 장래는 생각지 않고 박장대소(拍掌大笑)하는 것이다.

그렇게 일찍부터 담배를 가까이 하며 성장했다. 그 후 군에 입대해서는 특히 보초를 설 때 고향생각을 하면서 쭉 빨아들이며 마냥 피우곤 했고 제대 후에는 양담배도 자유롭게 피울 수 있는 시절이 돼서 양담배도 많이 피웠다. 그 맛을 표현하자면 구수하다고 할까? 또 술을 마시면 담배 맛은 더욱 좋아서 마시고 피우고 또 마시고 피우고를 반복했다.

군에서 전역 때, 상사가 가르쳐 주시기를 담배를 피우되 담배꽁초는 여하한 일이 있어도 길에 버리지 말라는 훈시를 마음깊이 새기고 길거리에 담배꽁초를 버리려고 하다가도 전역 때 훈시한 그 상사를 늘 생각하며 담배를 분해해서 담뱃재는 땅에 버리되 필터는 호주머니에 넣어 두었다가 쓰레기통에 꼭 버리곤 했다. 그만큼 교훈은 필요한 것이다.

그것이 작은 애국이라고 나는 확신했기 때문에 그것을 지켰고 또 아이를 키우며 아이가 있는 방에서는 절대 담배를 피우지 않았다. 담배는 끊었다고 단정할 수 있는 게 아니다. 다만 평생을 참을 뿐이라고 말하고 싶다. 그런 의미에서 금연에 성공한 게 아니라 10여 년째 참고 안 피우는 사람이라고 말하고 싶다.

우리나라에서 1년 이상 금연에 성공한 사람들의 횟수는 4~5회라고 한다. 두어 번 정도는 금연에 다 실패한다는 말이다. 보건소에서 운영하는 금연클리닉에 참여하면 비교적 금연 성공률이 높다고 한다.

2010년 통계에 따르면 금연 클리닉 등록자 절반에 가까운 49.2%가 금연에 성공했다고 한다. 우스개 비슷한 것 중에 "담배를 끊을 정도로 독한 사람은 상종을 말아야 한다."는 말이 있다. 사실 점점 흡연자가 설 곳 없는 이 마당에도 담배를 피우는 사람이 더 독한 사람인 것 같다.

그 시절 이웃집 할아버지는 갓 쓰고 긴 담뱃대에 연초를 넣어 피우셨고, 말 안 듣는 손자는 그 담배 대의 끝으로 꿀밤을 때리곤 하셨다. 풍년초라는 것을 종이에 말아 피우고 담배 밭에서 담배를 다 따내고 다시 싹이 나서 자란 것을 말려 종이에 말아 피웠다.

담배를 만드는 기구를 사용해 말아 피우기도 했다. 현재야 고급 담배가 넘치고 외국산 담배도 자유롭게 피울 수 있으니 더 피울 수 있는 환경이지만 나는 오래 전에 담배를 끊었다. 그래서 지금은 어떤 담배가 나오는지 잘 모른다.

① 담배가격 인상

담배의 질도 고급화 되었겠다. 금연을 유도하기 위해서는 담뱃값을 대폭 올리는 것도 한 방편이라고 생각한다. "한국 담배가격"은 매우 낮다. 담배 소비를 줄이기 위해 가격을 올려야 한다. "마거릿 COS 세계보건기구(WHO) 사무총장"은 담배 규제기본협약(FCTC) 제5차 총회를 하루 앞둔 지난 11일 서울 삼성동 코엑스에서 기자간담회를 갖고 담배가격 인상을 강력 권고했다.

그는 "담배 한 갑 가격"이 호주는 17달러(1,109.71원×17달러=18,865원), 캐나다는 10달러(1,058.78원×10달러=10,587원) 이지만 한국은 2달러(1,088원×2=2,176원)에 불과하다며 "담배에 붙는 세금을 올릴 여지가 충분(充分)하다"고 말했다.

담배 가격을 인상하면 물가가 오를 것이라는 지적에 대해서는 "WHO 연구 결과를 보면 담배 관련 세금을 올려도 소비자물가 전체에 미치는 영향은 미미한 것으로 나타났다"며 "일부 국가는 한 번에 60~70% 올리기도 했다"고 반박했다. 물가에 미치는 작은 영행 때문에 국민건강을 보호하는 정책을 기피해서는 안 된다고 지적했다.

챈 총장은 담배의 위험성에 대해 "담배로 인해 1년에 600만 명 정도가 사망한다"며 "에이즈, 결핵, 말라리아로 죽는 사람을 다 합쳐도 이것보다 적다"고 말했다. 각종 규제를 반대하는 담배업계와의 역사적 전쟁이란 표현을 써가며 업계를 강도 높게 비판했다. COS 총장은 "담배업계는 흡연율을 낮추려는 각국 정부의 노력을 방해하는 데 모든 역량을 기울이고 있다"며 "건강보호 정책을 막기 위해 어떤 일이라도 할 만큼 무자비하다"고 비난했다.

담배 경작자 피해 문제에 대해서는 "담배 대신 대나무 등 대체 작물을 길러 경작자가 이전보다 더 높은 소득을 올리기도 한다"며 우간다, 케냐, 멕시코 사례를 제시했다.

미국은 어떤가? 10대의 흡연율 감소는 연방 담뱃세 인상과 광고 캠페인, 식품의약국(FDA) 규제 등에 따른 것이라고 현지 보건당국은 분석했다. 특히 미 행정부는 2009년 담뱃세를 2.5배 이상 올렸고, 이어 20여개 주 정부도 추가로 1~2달러씩 세금을 올려 일부 주에서는 담뱃값을 한 번에 최대 3달러(1,091원×3달러=3,273원) 가까이 올랐다.

이에 비해 한국은 2004년 12월 500원을 인상한 이래로 8년간 담뱃세를 인상하지 않고 있다. 하락하던 흡연율은 2007년부터 남녀 모두 상승추세로 반전됐다. 한국의 청소년 흡연율은 2010년 기준 12.1%다. - 최근 신문기사에서 발췌

② 청소년의 흡연율

2011년 우리나라 청소년 흡연율은 12.1%, 청소년 8명 중 한 명이 담배를 피우고 있다. 이처럼 청소년 흡연율이 높은 것은 담배를 쉽고 싸게 접할 수 있기 때문이다.

질병관리본부가 지난해 우리나라 중1~고3 청소년을 대상으로 조사한 결과, 흡연 경험이 있는 청소년의 절반가량인 50.4%가 "내가 직접 담배를 산다"고 답했고, 이 다섯 명 중 네 명(81%)이 "담배를 직접 사는 일이 어렵지 않다"고 응답했다. 청소년 흡연은 한번 시작하면 끊기 어렵다. 흡연은 일찍 시작할수

록 니코틴 중독이 더 심각해지기 때문이다.

나는 오랫동안 담배를 끊고 피우기를 반복하다가 금연을 실행에 옮긴 것은 성경말씀을 읽다가 "고린도전서 3장에서 너희가 하나님의 성전인 것과 하나님의 성령께서 너희 안에 계시는 것을 알지 못하느냐? 누구든지 하나님의 성전을 더럽히면 하나님께서 그 사람을 멸하실 것이다. 하나님의 성전은 거룩하며, 너희는 그 성전이다."

그렇다. "나의 안에 성령님이 계시고, 나의 안에는 하나님의 거룩한 성전이 들어있다." '성전을 더럽혀서는 안 된다'라고 굳게 다짐하고 일주일 간 기도원에 가서 기도를 하고 친구는 물론 세상을 잊고 기도에 전념하고 난 후의 어느 날 밤, 꿈에 친구들과 어울려 술을 마시던 중 친구가 권하는 담배를 받아 입에 무는 순간… 안 된다. 피우면 안 돼! 하고 놀라 깨어보니 꿈이었다. 천만다행한 일이었고 그 이후로는 담배를 입에 대어 본 일이 없다. 한 대라도 피우게 되면 금연은 물거품이 되고 다시 시작하는 것이다. 죽을 때까지 금연은 지킬 각오다.

③ 흡연과 금연의 반복

내가 일찍 어린나이에 담배를 피운 얘기를 해 보겠다. 14세에 초등학교를 졸업하고 본격적으로 하루 평균 한 갑씩을 피웠다. 이웃집에서 번 하루 일당은 지금 돈으로 대략 5~6만 원쯤 될 것이다. 이른 봄 겨우내 땔감에서 나온 재를 잿간에 모아 놓은 것을 삼태기에 담아 지게에 옮겨 담아 지고 그 이웃집 보리밭에다가 그것을 뿌리는 작업이다.

모아놓은 재에는 인분(人糞)도 버리고 오줌도 버려 재와 함께 섞어 놓은 것이다. 담을 때는 괭이나 삽으로 삼태기에 담아 지게에 옮겨 담아야 하는데, 그땐 장갑 한 켤레 사다주지 않아 맨손에 물컹 누런 똥이 손에 잡히기 일쑤다.

생각해 보라. 내가 누운 똥도 그 독한 구린 냄새에 더럽기 그지없는데 남의 잿간에서 나온 똥을 주무른다 생각해 보라. 그것도 나이가 만 14세 때. 이해가 가는가? 이렇게 어린 나이에 어른처럼 일했다.

더럽고 힘든 일을 하다 보니, 참마다 막걸리 한잔 마시고 담배를 안 피울 수가 없었다. 잠시 쉴 참에 막걸리와 한모금 빠는 그 담배 맛이 왜 그렇게 구수했는지. 그 맛을 어떻게 멀리할 수가 있었겠는가?

지금 생각하면 다 욕심인 것을. 탐심이었다. 30여년을 피우다가 백해무익(百害無益)이라는 매스컴에서의 보도와 호주머니 사정을 좋지 않게 만들고 그러나 열심히 피우다가도, 매년 연말의 새해 계획에는 금연 계획이 매번 포함되곤 했다. 그러나 작심삼일(作心三日)이라고 쉽게 끊어지지 않았다. 그래서 좀 자제하고자 횟수를 줄여서 피우면, 머리가 핑 돌며 어지럽고 돈은 돈대로 들어가고... 끊고 피우기를 반복하면서 끊다가 차라리 몇 해 흡연을 중단했다.

2000년 즈음에 내가 용역 관리하던 건설회사 본사사옥 건물의 중견건설회사의 회장님 동생이신 사장님께서 사옥(社屋)으로 들어오라는 호출이 왔다. 찾아뵙자 하시는 말씀을 듣는데 내용은, 우리 회사 소속 경비근무자가 싸락눈이 내리던 구정 무렵에 경비 대기실에서 잠을 자며 경비근무를 소홀히 하고 이튿날 퇴근했는데 그 건물 내막을 아는 자의 소행인지, 지하 주차장을 통해 도둑이 건물내부로 침입하여 그 이튿날 급료를 지불하려고 금고에 두었던 현금 8,000만원, 자기앞 수표 5,000만원 약속어음 1억 원 등을 3개 층의 금고에 분산하여 두었다는데 금고를 엿가락처럼 만들고 그 안에 둔 금품을 모두 훔쳐갔다는 것인데, 경비근무자는 그것도 모르고 이튿날 아침에 퇴근했다는 것이다.

그곳 건물을 관리하는 경비회사의 대표로서 나보고 변상책임을 지라는 것이다. 머리가 띵했다. 경비원 2명이 맞교대 근무를 하였고, 주차원 1명, 미화원 2명, 총인원 5명을 배치하고 월수입은 고작 수십만 원인데, 2억 3천만 원을 변상하라니 기가 막힌 노릇이었다.

회장님의 아드님이 전무님으로 계셨는데, 이번에는 전무님께 또 불려가서 도난당한 금품변상을 통보받는 자리에서 상대방이 담배를 피우면서 말씀하시기에 하도 속이 타서 담배 한 개피를 나도 달래서 연거푸 2~3개를 피웠다. 그 일로 인해 3~4년 안 피우고 중단했던 담배를 다시 피우게 되었다. 사건 해결은 재벌회사이니 전담 변호사가 있어 법적으로 알아보고 변상 조치한다며 으름장을 놓길래, 법대로 하셔서 그 판결대로 배상하겠다고 하고 나와 그날 경비근무자였던 우리 직원을 불러 자초지종(自

初至終)을 설명해 주고 회사와 협력하여 공동책임지고 갑사 담당자에게 자주 찾아가서 사정해 최소의 금액을 변상할 수 있도록 협조하자고 부탁하고 보냈는데 그 경비근무자가 놀랬는지 그 이튿날부터 출근하지 않고 연락은 두절되고 소식이 끊겼다.

나 혼자 '갑'회사에 수시로 불려 다니며 경비협회에서 가입한 보험으로 해결하려 알아봤지만 조사결과 보험혜택이 될 수 없는 것이 현금을 금융기관에 맡겨야지 현장에 금품을 둔 것 까지도 이해할 수 있지만 경비근무자나 경비회사에 금품을 보관한 내용을 통보하지 않아 보험혜택이 안 된다는 것이다.

3개월 가까이 불려 다니며, 괴롭힘을 당하고 종국에 가서는 도의적인 책임을 지고 600만원을 변상하라는 것이다. 전담 변호사의 종국 결론인가 보다. 연락이 안 되는 경비원에게 매일 연락을 취한 결과 가까스로 연결이 되어 1차적으로 나와 같이 '갑사'에 찾아가 통사정을 하여 변상 금액을 더 조정하고 상호 최선을 다하여 나와 같이 노사가 협의하여 변상하는데 합의점을 찾아보자고 요청했지만, 시골에 있어서 올 수 없다는 답변만 돌아와 할 수 없이 그 경비원이 서울보증보험에 입사할 때 가입한 500만원으로 변상을 하는 수밖에 없다는 결론을 내리고 00보증보험에 강제집행 해줄 것을 의뢰했다. 그리고 '갑' 회사와는 최종합의에 의해 550만원을 조기 변상 조치했다.

00보증보험에서 그 경비원에게 500만원을 변상 조치한다고 통보한 모양이다. 그 때에야 그 경비원은 코가 빠져 찾아왔다. 그러나 이미 때는 늦었다. 모든 일은 시와 때가 있다. 나는 이제 보증보험에 넘겼으니 보증보험사와 알아서 해결할 수밖에 없음을 통보할 때에서야 그는 후회했다.

그 경비원이 나와 같이 서로 힘을 합해 '갑' 회사에 찾아가서 사정하여 최소한도의 금액을 변상하도록 노력하고 같이 노력했다면 나와 경비원 60:40정도로 최종변상하려 했는데 그 경비원의 비협조로 회사가 50만원을 책임지고 500만원은 그 경비원이 책임지고 그 사건은 마무리 되었다.

4. 자살의 심각성

요즘 나약한 청소년들은 도전정신(挑戰精神)은 고사하고 자살 문제가 사회적인 문제로 대두되고 있다. 죽음의 개념이 불명확한 10세 이전의 자살은 주로 사고일 가능성이 높고, 청소년기에 들어서 비로소 자살은 급증하게 되는데, 자살 시도가 가장 많이 이루어지는 시기는 청소년기인데 청소년기는 인지적으로 미성숙(未成熟)하고 정서적 충동성이 가장 높은 시기이기 때문에 우울(憂鬱)하거나 절망적인 상황이 아니어도 자살시도가 이루어지게 된다.

다시 말해 청소년기는 자기 자각이 급증하는데 비해 자아강도가 약해서 성인들보다 좌절경험이나 감정, 자존심을 위협하는 생각과 같은 부정적 심리를 견디지 못해 즉각적으로 벗어나고자

하는 욕구가 강렬하여 자살시도가 많다.

　나약한 젊은이들은 성적(成績)이 떨어졌다고 아파트 옥상 꼭
대기에 올라가 투신자살하는 모습 등 생명의 소중함을 모른 채,
고생을 해보지 않아 삶의 현장에서 부딪치는 사소한 일에도 과
민반응(過敏反應)을 보여 목숨을 버리는 일을 흔히 본다.

　이 땅의 젊은이들이여 나는 말한다. 어렸을 때의 그 험난한
길을 다 참고 살아왔고, 요즈음의 젊은이들에게 인내를 기르라
는 메시지(message)를 담아 전달하고자하는 뜻에서 나는 부끄
러운 과거를 홀딱 벗기듯 가감(加減) 없이 진솔하게 이 책에 담
고 있는 것이다.

　우리는 천상천하(天上天下)의 오직 하나뿐인 목숨을 가지고
오직 한번뿐인 인생을 산다. 우리는 목숨을 둘 가질 수도 없고
인생을 두 번 살 수도 없다. 목숨은 하나님의 살라는 명령이고
우리는 이 명령을 거역해서는 안 된다. 나는 천하의 유일자(唯一
者)다. 나의 생명에는 내 부모의 뼈와 살과 피와 혼(魂)이 숨 쉬
고 있다.

　내 존재 속에는 나의 할아버지와 할머니의 영혼(靈魂)이 호
흡하고 있다. 내 목숨 안에는 조상(祖上)의 피가 흐르고 있고, 내
선조의 정신이 살아있고 내조상의 기(氣)와 맥(脈)이 뛰고 있다.
나의 목숨은 내 목숨인 동시에 부모의 목숨이요, 내 조상의 목숨
이요, 내 민족(民族)의 목숨이다.

　나는 누구냐? 내 부모를 대표하고 내 조상을 대표한다. 나는
내 부모의 희망이고 내 집안의 자랑이고 내 조상의 얼굴이다. 나

의 부모는 나를 낳아 키우기 위해 얼마나 정성을 쏟고 얼마나 고생을 하였는가? 네 생명의 소중(所重)함을 깨달아라. 내가 잘 되고 내가 장차 큰일을 하라고 나를 위하여 밤낮으로 기도해 주시는 고마운 분들이 있지 않은가?

나는 그들의 기대에 어긋나지 않고 실망시키지 않게 살기 위하여 노력해야 한다. 우리는 미물(微物)이나 짐승으로 태어나지 않고 사람으로 태어난 것을 하나님께 감사하고 또 북한 공산치하에서 태어나 목숨을 걸고 탈북(脫北)하는 인생으로 태어나지 않게 해 주신 것을 늘 감사하며 어떠한 고통이 따르더라도 성장하여 어른이 될 때까지 부단히 노력하며 꿋꿋하게 살아가야 한다.

그래서 성경말씀 마16:26에 '사람이 만일 온 천하를 얻고도 제 목숨을 잃으면 무엇이 유익하리요 사람이 무엇을 주고 제 목숨과 바꾸겠느냐'고 예수님께서 말씀하심은 천하보다도 영(靈)적인 생명은 귀하다는 이 말씀을 깊이 명심하고 어떤 고난이 닥쳐도 인내하여 극복해 내야 한다.

어려움을 맛보고 고생해야, 후일에 100배 60배 30배의 결실을 얻게 해주십니다. 내 목숨이 아닌데 어떻게 목숨을 내가 맘대로 할 수 있다고 버리는가? 그것은 아주 큰 죄를 짓는 것이다. 그래서 예수님은 마태복음 18장에서 '만일 네 손이나 네 발이 너를 범죄(犯罪)하게 하거든 찍어내 버리라, 장애인이나 다리 저는 자로 영생에 들어가는 것이 두 손과 두 발을 가지고 영원한 불에 던져지는 보다 나으니라.'

만일 네 눈이 범죄하게 하거든 빼어 내 버리라. '한 눈으로 영생에 들어가는 것이 두 눈을 가지고 지옥 불에 던져지는 것보다 나으니라'고 했다.

이 땅의 자살하고 싶은 젊은이들이여 간구하노니 자살사이트나 자살 블로그(blog)를 절대 들여다보지 말고 정히 자살하고 이 세상 하직(下直)하고 싶거든 우선 나 혼자의 목숨이 아닌 공동의 목숨이니 예수님 말씀처럼 우선 '왼쪽발 하나를 자르라!' 다음에도 또 자살하고 싶거든 이번에는 '오른쪽 발을 자르라!' 그래도 또 자살하고 싶거든 '눈을 하나씩 빼 버리라,' 그래도 자살(自殺)하고 싶거든 팔을 차례대로 자를지어다. 그것이 하나밖에 없는 목숨을 버리는 것보다 나으니라.

오래 전 일인데, 어느 여름날 찜통더위를 피해 우리 가족 4명은 더위를 피하러 팔당대교 밑 강가로 갔다. 휠체어를 탄 어떤 장애인을 보았는데, 얼굴과 몸통만 있는 사람을 어떤 한 사람이 휠체어를 밀어주고 강바람을 맞고 있는 것을 보고 생명의 소중(所重)함을 느꼈다. 몸통만 남은 괴물 같은 모습에 밥은 어떻게 먹을까? 화장실은 어떻게 가며?

참으로 생명이 소중하니 저 몸으로 살겠지 하고 죄를 짓고 팔 하나씩 자르고 다리마저 하나씩 하나하나 자르고 몸통만 남은 것은 아닌지? 그렇다면 판단 잘한 것이 아닌가? 물어볼 수는 없었지만, 그 몸통만 남은 그 장애인을 보고 생명의 소중함을 깊이 느꼈다.

국민 10명 중 한명이 지난 1년간 자살충동(自殺衝動)을 느낀 것으로 조사됐다. 통계청(統計廳)은 20일 '2012 사회조사' 자료를 통해 "13세 이상 인구 가운데 지난 1년 동안 한 번이라도 자살하고 싶다는 생각을 해 본 적 있는 사람이 9.1%로 나타났다"고 밝혔다.

이는 통계청이 전국 1만 7424가구의 3만 7000명을 대상으로 설문조사(設問調査)한 결과로, 2년 전 같은 조사의 7.7%보다 많이 올라간 수치이다. 연령별로 10대(12.1%), 20대(9.3%), 50대(9.3%)가 평균보다 높았다. 통계청 관계자는 "입시, 취업, 퇴직 등 스트레스가 자살충동(自殺衝動)으로 이어지는 것 같다"고 설명했다.

자살 충동을 느낀 이유는 경제적 어려움, 가정불화, 외로움 순이었다. 이번 조사에서 응답자의 69.6%가 일상생활에서 스트레스를 받고 있다고 답했다. 직장인의 74.1%, 학생의 55.9%가 스트레스를 호소했다.

우리나라 자살률은 인구 10만 명당 31.2명으로, OECD 평균 12.8명의 2배를 훌쩍 넘는다.

어린 시절 나는 고난이 닥쳐도 꿋꿋하게 이겨내고 커서 어른이 되면 나는 엄청 훌륭한 사람이 되어 성공한 인생을 꼭 살리라 하는 희망을 가지고 중학교도 가지 못하고 농사짓는 신세지만 항상 희망(希望)을 잃지 않고 좌절하지 않고 운명적으로 주어진 삶을 포기하지 않았으며 아예 그런 생각조차도 해 본적이 없다. 나의 생명 나의 맘대로 버릴 생각을 꿈에서조차 하지 않았다. 그렇다고 내가 어른이 되어 훌륭하게 되었는가? 그렇게도 안 됐지만...

그 어린나이에 살을 에는 듯한 엄동설한(嚴冬雪寒)에 개울에서 온 가족의 빨래를 해서 지게에 지고 집으로 와서 빨래 줄에 널던 그 시절 보다는, 성공한 삶이고 그때와 같은 최악의 상태는 아니다. 어떻게 그보다도 못한 삶을 산단 말인가? 그래서 어떤 어려움이 닥쳐도 그 시절을 상기하며 삶을 포기한다거나 죽고 싶다는 생각이 들어도 그때를 생각하고 감사하며 지금도 분발(奮發)하고 있다.

그런데 요즘은 어떤가? 젊은이들의 자살률도 문제지만 기성세대들도 예외는 아니어서, 불황에 따른 사업부진으로, 신변비관, 폭력(暴力), 우울증으로 한국 자살률은 2003년 이후 10년째 세계 1위란다. 2010년 기준으로 한국 자살률은 인구 10만 명당 33.5명으로 경제협력기구(OECD) 평균 자살율(12.8명)의 두 배가 넘는다. 미국(12명) 독일(10.8명)의 3배 수준이고 영국(6.7명)의 5배에 달한다.

네이버, 구글(Google) 등 주요 포털사이트(portal site)에서 '자살'이라는 단어를 검색하면 '자살하는 법'이나 '자살자 모집' 등과 같은 그런 블로그(blog)나 카페(cafe) 등에 게재돼있는 것을 쉽게 볼 수 있는데 자살을 손쉽게 접(接)할 수 있는 환경도 자살에 일조했다고 하는데, 할 일 없이 왜 자살 사이트에 들어가 그런 것을 보고 자살 충동을 느끼는가? 그런 시간이 있으면, 위인전기나 전문서적(專門書籍)이나 그것도 아니면, 지혜와 진리가 다 들어있는 하나님의 말씀 성경책을 열심히 읽어라.

책도 무조건 닥치는 대로 읽어서는 아니 되며 불온 불량서적을 읽으면 안 된다. 예를 들어 공산당과 관련된 책에 심취하다 보면 그 책속의 마력(魔力)에 이끌려 공산당원이 되거나 종북 분자가 되고 음란한 책을 보면 음탕한 생각에 사로잡히게 된다.

제가 겪은 경험인데 어려서 15~6세 때에 시골 고향마을 초등학교 동창 K와는 친한 친구로 하루에 꼭 한번은 만나서 우정을 나누었다. 그러던 어느 날 그 친구 집에서 반쯤은 떨어져 닳아진 제목도 모르는 헌 책이 있어서 빌려 달라하여 보는데 음란 소설책(小說册)이었다.

내용은 대략 이런 것인데 바람기가 많은 유부녀가 집을 수리하게 되었는데 수리하는 일꾼이 자기 남편보다 힘이 좋게 생겼으니 침실(寢室)로 불러들여 음욕(淫慾)을 채우는 장면이 나오는데, 섹스장면을 적나라하게 묘사(描寫)하여 어린 나를 이상한 나라로 끌어들여 흥분의 도가니로 몰고 갔는데 그 음녀는 끊임없이 남자를 끌어들여 음욕(淫慾)을 채우는 내용으로 책의 장마다 채워져 있는데 그 때 사춘기 때 잘못하면 바람이 나고 사고를 저지르고 앞길이 막히게 될 수도 있는데, 그런 책은 보면 볼수록 흥미(興味)있게 이야기를 전개시켜 끝까지 안보고는 배길 수가 없었다.

그 때 밤마다 책 속의 여자가 나타나 꿈에서 섹스를 하게 되었는데 그 때 몽정을 경험하고 심심하고 마음이 울적하면 그 책을 보고 손장난을 했던 기억이 지금도 새롭다. 잠시 열심(熱心)히 읽던 그 책을 며칠 후에는 불구덩이에 처넣어 태우고 그 이후로는 그런 책은 일체 읽지 않았다. 양서를 택해서 유익한 책만을 골라 읽어야 하며, 유해한 책이나 불온서적은, 절대 읽지 말아야 한다.

기업 경영기(經營期)

··· 제7장 ···

기업 경영기(經營期)

1. 첫 번째 도전한 사업 주택건설업

나는 인생을 참으로 힘들게 생(生)과 사(死)의 갈림길을 헤쳐 가며, 참으로 힘들게 살아가고 있는 사람 중의 한사람일 것이다. 그러나 하나님께 감사해야 할 것은, 어린 시절 어머니가 무당 신을 받들지 않아 일생을 정신이상자같이 지내시게 되셔서, 내가 밥 짓고 가족(家族)의 빨래도 하고 농사일을 해가면서 봄에는 8키로나 떨어진 먼 산에 가서 먼산나무를 다니면서, 땔감을 마련하느라고 다져진 건강(健康)과 정신력(精神力)으로 지금도 세상을 힘차게 하나님께 감사하며 살아가고 있다.

왜냐하면 친구 중에는 중도에 자살한 친구도 있고, 교통사고로 죽고, 사업에 실패해서 노숙자가 되고, 생계형 범법자(生計型 犯法者)가 되어 감옥에서 보내고 있는 동료 및 친구 친지도 있기 때문이다.

어려서는 절에도 다녔고 불공도 드려보고 푸닥거리도 해보고 또 우리의 토속신앙인 무당을 이해할 수 있는 안목도 주셨고 참으로 다사다난(多事多難)한 인생을 살아가는 나에게는 항상 신의 도움으로 여기까지 왔다.

결혼(結婚)해서 아내를 얻고 두 아들을 두었고 또 부모로부터 혜택 받은 것은 낳아주시고 어린 시절 젖 먹여 키워주고 초등학교까지 보내주신 것인데... 초등학교 시절에도 나는 밤늦은 12까지는 잠을 잔 적이 없다. 아버지가 가마니를 짜서서 공판장(共販場)에 내다 파셔서 그 돈으로 옷도 사 입히시고 생선도 사 먹이시고 하셨는데, 나는 타고난 손재주가 있어선지 내가 새끼를 곱게 많이 꽈서 초등학교 6학년 겨울방학 때는 새끼를 많이 꽈서 아버지를 도와 준 공로(功勞)로 우리 5형제 중 나에게만 따스한 외투 잠바를 특별히 사주신 일도 있으셨다.

이렇게 나는 어려서도 부모님께 밥값을 해 드렸다. 이렇게 단련된 나는 지금까지 치아문제 아니고는 병원신세를 져본 일이 없고 당뇨도 정상이고 혈압도 정상이고 특별히 건강은 어려서부터 잘 단련되어 이상이 없다.

나는 내 힘으로 중고등학교는 검정고시로 마치고 대학과 대학원도 야간으로 마치고 순전히 내 자력(自力)으로 여기까지 왔으며 후회 없이 감사하며 살아가고 있다. 지금도 야간에 신학을 공부하러 다니고 있다.

　죽을 때까지 배워도 다 배우지 못한다는 선인들의 말을 상기하며 지금도 배운다는 기대는, 나를 항상 신바람 나게 하고, 생명력을 안겨 주고 있다. 결혼 후 경찰공무원이 되어 안정된 가정을 이루고 아들 둘을 두고 대출을 끼고 집을 산 것이 부담이 되어, 생활고에, 아내의 불평에 민원인을 상대하지는 않았지만 상급관청에 있다 보니 하급관청을 통해 압력(壓力)을 넣어 부당한 이득을 취하는 일이 늘어가며, 그렇게 공직생활을 하는 것은 정도(正道)가 아님을 느껴 조기에 퇴직하고 신께서도 나를 공무원에서 사업자의 길로 가게 만들었다.

　주위의 가족들의 만류에도 불구하고 퇴직원(退職願)을 제출하고 퇴직한 후 처음 시작한 사업은 건축업(建築業)이었다. 인천에서 점포주택 한 채를 지어 팔아 6개월여 만에 당시 1,500만원의 마진(margin)이 생겼다. 공무원 월 급료가 당시 2~30만 원쯤 되었으니 돈으로 따지자면 6년 연봉쯤 되는 돈을 단 6개월여 만에 번 것이다. 단숨에 6년 연봉이라니 세상이 모두 내 손안에 잡힐 것 같았다.

　이제 참으로 편안한 일생을 보낼 것 같았다. 많은 동료들이 찾아오고 동생들은 내 주위에 포진하고 바로 아래 동생은 농촌에서 불러 올려 커튼 집을 운영하도록 도와주었고 둘째 동생은 군복무 후 대기업에 입사해 인천에 배치 받아 내 집에 기거하다가 여성 경찰공무원과 선을 보고 결혼을 하고도 내 집 주위에 같이 살게 되었다.

3형제가 인천에 모여 살면서 어머니 환갑은 내 집에서 내 주관으로 해 드렸고 4촌까지만 모두 초대하여 강화도로 봉고차를 대절해 관광을 해드렸다.

여세를 몰아 2차 사업으로 지하 1층 지상 4층짜리 빌딩도 짓고, 당시 택지 개발지구인 인천에서 토지 300여 평을 구입하여 분할해 4채의 단독주택을 지어 팔았다. 사업규모가 점점 확대되며 부채도 외형에 따라 증가하게 되었다.

월 3부의 고리 이자를 지불하며 억대의 부채를 지고 사업을 점차 확대해 갔다. 단독주택을 팔아가며 3차 사업으로 부천으로 사업장을 확대시켜 다세대 주택을 짓고 급기야 허가만 득하고 사업을 하지 않던 모 주택건설업체(住宅建設業體)를 인수해 아파트 건설업에 뛰어들었다.

5층 아파트 100여 세대를 허가에서 준공(竣工)까지 무사히 마쳤으나 처의 4촌 이모부께서 지분 참여 하신 것을 그 아들인 처 이종사촌이 원금을 모두 회수해 가고 아파트 부지(敷地)에 압류를 하여 많은 고초를 당하며 원수가 되다시피 하여 퇴근하는 그를 차로 위장 차 사고를 내어 치어 죽이고자 그의 직장인 학교 앞에서 많이도 기다렸지만,

그 때마다 기회가 오지 않고 약간의 이자를 갚지 못하고 채권자들의 횡포(橫暴)와 고향 선배의 사기로 어렵사리 지탱하던 주택건설업체를 부도내고 말았다. 지금 생각하면 참으로 다행한 일이 그 때 살인을 저질렀다면 지금의 나는 없을 것이다. 지금에서야 알게 됐지만, 그 당시 하나님을 믿었다면 빚을 무서워했을

것이고 과도(過度)한 욕심을 자제하여 대기업으로 성장했을지도 모를 일이다. 모름지기 사람은 배워야 하고 신의 도움이 있어야 된다는 사실을 깨달았다.

기업(企業)을 함에 있어 주인(master)은 기업을 설립(設立)함에 있어서 성공할지 실패할지 모르는 위험을 무릅쓰고 있는 돈 없는 돈을 투자해서 힘들게 기업을 세운다. 만약 사업이 잘 되어 돈을 많이 번다면 그보다 더 즐거운 일은 없을 것이다.

그러나 그 반대의 경우라면 지옥(地獄)과 같은 고통만이 있을 것이다. 불행하게도 반대의 경우가 발생하여 그 후 지옥과 같은 고통이 장장 6년간 계속된다. 주인은 어차피 사업세계에 발을 들여 놓은 이상 반드시 성공하여야 하겠기에 밤잠을 못자 가면서 세운 기업을 성공시키기 위해 고민(苦悶)하고 걱정 속에서 밤잠을 설친다.

주인에 반대되는 것은 종(servent)이라 해본다면, 현실에 불려지는 오너와 직원을 바꿔 이야기해 보기로 한다. 직원은 오너가 시키는 일만하면 된다. 요즘은 세상이 거꾸로 되어 주인이 종(從)을 받들어 모셔야하는 시대가 되었다.

주인(主人)은 기업(企業)을 창업해 직원을 고용하고 직원에게 월급을 주고 기술을 개발하고 직원을 관리감독하고 회사를 운영하여 흑자를 내고 발전시켜 나가야 하는 책임이 있다. 그러자면, 그런 일들을 해나갈 수 있는 건강이 뒷받침되어야 하고, 가정이 편안해야 되고, 직원들이 회사를 내 회사처럼 아끼고 사랑하고 발전시켜 나가야만 가능하고 그 회사가 장구(長久)하게 갈수가 있다.

그렇게 하기위한 중요한 조건을 말하라면 내가 겪은 기업 실패의 경험을 통해 얻은 주택건설사업의 성공과 실패의 실전을 통한 역사를 돌이켜 보건대, 다음의 열 가지 조건들이 지켜져야 한다고 본다.

☕ ··· 첫째 오너의 심신 건강

건강은 행복을 위한 첫 번째 조건이다. 건강한 육체로 건강한 정신만 가지면 사람은 누구든지 자신이 소원하는 대로 이룰 수 있다. 마음이 지옥이면 그보다 더 큰 불행은 없다. 마음을 담백하게 하고 품 넓게 가지고 남을 배려하며 사는 그러한 심령을 가진, 그런 오너의 마음과 몸, 그 건강한 육체로, 자기가 뜻한 바의 업무를 '유지자사경성(有志者事竟成)'이라는 말같이 어떤 어려운 일에 봉착해도 자신이 마음먹은 일을 결단코 성취하고 만다는 일념으로, 끝까지 포기하거나 좌절하지 않고 주의 깊고 차분하게 호흡을 조절하면서 그리고 경사도와 속도를 맞춰서 끝까지 성취하고 만다는 굽힐 줄 모르는 그러한 불굴의 힘, 즉 심신의 건강을 첫째로 꼽는다.

☕ ··· 둘째 목표설정

허황되지 않은 이룰 수 있는 목표를 설정하고, 매일매일 목표의 달성 여부를 체크하며 치밀하게 목표를 달성해 나가는 중단없는 전진만이 사업의 승패를 좌우한다고 감히 말하고 싶다.

☕ ··· 셋째 **자금력 조달**

사업의 3요소는 자본, 기술, 사람이라고 하는 게 경영학의 원리인바, 급할 때는 자금력을 조달할 수 있는 자금력 조달 창구가 있어야 한다. 어차피 빈손으로 기업을 시작한 입장에서 보면 자금력 조달의 창구는 참으로 중요하다.

사업을 잘 일으켜 돈 많이 벌어 후일 갚는 한이 있어도 급전이라도 급할 때는 융통할 수 있는 창구가 있어야 한다. 그 후에는 빚을 청산하고 빚을 지지 않으면 될 일이기 때문이다. 그래서 사업진행 중이라도 항상 급전 융통을 위해 주변에 많은 금전을 융통할 수 있는 지인이 있어야 한다.

☕ ··· 넷째 **인재의 올바른 선발과 관리감독**

기업은 인간을 위한 인간의 단체이다. 경영에서 가장 중요한 부분은 자본, 기술, 경영방침, 경영자의 사고방식 등 여러 가지가 있을 수 있으나, 경영의 한 요소로 작용하는 한, 가장 중요한 사항은 인재라 그 인재가 자금도 관리하고 창출하고, 관리하며, 기술력도 인재의 힘에서 나오기 때문이다. 군자불기(君子不器) 같은 인재를 선발해야 기업이 산다.

경영은 자본을 바탕으로 인적 자원을 활용하여 사람에게 상품을 판매, 그 수익을 올리는 것으로 정점에 이른다. 인적자원을 어떻게 선발하고 능력을 살리고 관리해 주느냐에 따라 실적에서 엄청난 차이가 발생할 수 있기 때문이다.

인성을 중시하여 인력을 선발하고, 일단 뽑았으면 일을 맡길 때, 세세한 부분까지 지시할 필요는 없으며 70%만 지시하고 30%는 재량권을 주는 게 좋다고 생각하며, 잠시라도 관리감독을 소홀히 해서는 안 되며, 관리감독 소홀 등, 더 많은 재량권을 줬다가는 담당자에게 회사를 빼앗길 수 있다.

☕ … 다섯째 **성실하고 근면한 생활 유지**

사람은 부지런하고 검약해야 한다. 돈을 많이 받은 유산보다 하면 된다는 도전의식과 근검절약의 유산을 물려받은 우리 대한민국은 이제 선진국 진입을 눈앞에 두고 있다. 근검절약을 하지 않고 큰 뜻을 이룬 사람은 없다.

게으르고 방탕하고 노력을 하지 않는 사람은 운 탓만 하다가 실패하고 좌절 속에 허우적거리다가 일생을 보낸다. 사업은 총칼 없는 전쟁이다. 언제 경쟁회사와 싸우다가 사업장을 빼앗길지 모른다.

사업의 성공은 잠시도 방심하지 않고 근면하고 성실하게 일찍 자고 일찍 일어나고 열심히 업무와 관련 된 일에 모든 정열을 바쳐 일하는 그런 자의 몫이다.

☕ … 여섯째 **호랑이에게 물려가도 정신을 차려라**

일단 시작한 사업은 부도를 내면 안 된다. 힘들게 어렵사리 시작한 사업은 끝까지 힘들고 괴로운 길을 갈 수 밖에 없다. 정치권의 교체, 세계기업환경의 변화 등, 본의 아니게 주변의 사업환경의 변화가 뜻밖에 찾아와 사업 환경을 어렵게 할 수도 있다.

잠시 지나가는 비라 생각하고 동요 없이 끝까지 흔들리지 않는 강한 마음을 항상 유지하여야 한다. 산도 오르막길이 있고, 내리막길이 있듯이 매사가 뜻대로 잘 안되고 힘들고, 다 때려 치고 싶을 때도 많이 있지만, 끝까지 사업장은 목숨을 걸고 지켜나가야 한다.

그 어떤 어려움도 담담이 극복하는 끈기가 있어야 한다.

인정이 많은 사람은 연약하고 인정 없는 사람이 강한 것은 경쟁사회의 철칙이다. 인정 없다고 해도 좋고 독한 종자라고 해도 좋다. 일단 사업을 시작한 바에야 꼭 성공하고, 사업장을 지키기 위해서 독종이 되라.

☕ … 일곱째 현금관리

오너는 현금흐름을 항상 파악하고 회사가 흑자인지 적자인지, 수입과 지출은 얼마인지, 항상 유리알처럼 파악하고 있어야 한다. 현금은 군인이 전쟁터에서 무기를 사용할 때 쓰는 탄알이다.

탄알이 몇 개인지 모르고 어떻게 적과 대치한 상태에서 적을 향해 거기에 맞는 사격을 가할 수 있나? 매일매일 현금이 흘러가는 방향과 현금의 흐름을 파악하고 있어야 한다.

☕ … 여덟째 영업은 기업의 생명이다

경영자의 전략 책정에 직결되는 내외의 정보 수집분석, 가공을 통해 미개척지에 대한 개발 도전의 전략적 창조력을 가진 영업사원을 키워 활력 넘치는 교육과 실전 경험을 통해 지속적으로 야전 전투에서 승리할 수 있도록 훈련하고 독려해야하며, 훌륭한 영업사원을 영입하여 보유하고 키워야 한다.

영업의 기본은 '인간의 마음이다' 자사의 상품과 서비스를 통하여 '소비자의 마음을 사로잡을 수 있도록 새로운 시장 환경아래 새로운 발상과 전략으로 영업 경쟁에서 지혜롭게 대응할 수 있도록 도와주고 항상 연구하고 강력한 영업조직을 유지시켜야 한다.

☕ ⋯ 아홉째 긍정적인 사람으로 인재를 키워야 한다.

'긍정적인 사고에는 실패가 없다.' 전 사원은 매사를, 하면 된다는 긍정적인 마인드를 갖도록 교육하고 정신을 무장시켜야 한다. 자기에게 주어진 임무를 주위의 기대에 어긋나지 않게 전심전력으로 완수해서 긍정적으로 사고하고, 향상된 미래를 꿈꾸는, 항상 일이 즐거운 노사가 힘을 합할 수 있는 환경을 유지시키고, 신바람 나는 일터가 되도록 회사 분위기를 밝게 유지시킬 수 있는 그런 사람이 되도록 인재를 키워야 한다.

부정적인 사람은 여름은 더워서 싫고 겨울은 춰서 싫고 다 싫다는 식이다. 긍정적 사고방식을 외면하는 직원은 보내라. 모든 일은 가능하다고 생각하는 사람만이 해낼 수 있는 것이다."

☕ ⋯ 열째 신상필벌을 명확히 해야 한다.

회사를 위하여 회사에 공을 세운 직원은, 크게 칭찬하고 상을 줘야 하며, 회사에 해를 가하고, 조직을 와해시키는 언어와 행동을 하는 직원은 가차 없이 해고해야 하며, 두 번의 기회도 주어서는 안 된다.

해를 끼치는 직원은 끝까지 독이 된다. 직원을 관리함에 명확하게 상줄 자와 벌줄 자를 가려 정확한 신상필벌을 해야 한다.

☕ … 열한째 철저한 현장 관리

오너는 책상에 앉아 있으면 안 된다. 직원에 맡겨서는 현장이 남아나지 않는다. 부정한 검은돈을 받고 타 회사와 결탁해 현장을 팔아먹은 믿지 못할 직원을 수없이 많이 봤다. 오너는 현장관리를 직접 발로 뛰며 관리해야 한다.

세상에는 믿을 사람은 없다. 오직 하나님만 믿을 수 있다고 생각하라.

2. 사업의 실패

그 후 참담한 고난의 길이 시작되었다. 채권자와 경찰에게 사기죄(詐欺罪)를 뒤집어쓰고 갈 곳 없이 쫓기던 우리 가족은 인천에서 딸 둘을 키우며 연립주택을 마련하여 단란하게 살던 막내 남동생 집에 하루 신세를 지러 찾아갔지만 밥 한끼 먹여 주지 않고 박대를 당하고 심한 상처를 당하고 원망을 하며 그 집을 나와 네 가족이 갈 곳 없어 헤매다가 여관신세를 진적이 있다.

후에 내가 쓴 책 1집인 성경안의 지혜와 교훈 잠언 27장 말씀에 "네 친구나 네 아비의 친구를 버리지 마라. 네 역경(逆境)의 날에 네 형제의 집에 찾아가지 말 것이니, 가까운 이웃이 멀리 있는 형제보다 낫다."라는 말씀이 있다. 당해보지 않은 사람은 이 참뜻이 즉시 마음에 와 닿지 않을 것이다.

고난의 날에 형제의 집에 찾아 가면 폐를 끼치게 되고 의를 상하게 된다. 아무리 형제라고 해도 환난 날에 집에 찾아가서 폐를 끼치지 말고 하나님만 의지하며 스스로 해결해 나가야 하는 참 진리를 모르고 환난(患難) 날에 동생 집에 찾아가 큰 상처를 당한 것이다.

나는 참으로 일생동안 동생을 사랑하고 헌신적(獻身的)으로 잘했다. 어려서는 엄마를 대신해 밥을 해 먹이고 빨래를 해 줬고 성장하는데 엄마의 역할을 해 줬으며 동생이 고등학교를 졸업하고 대학에 응시해 낙방하여 내가 자취방에서 데리고 있으며 검찰공무원으로 합격시키기 위해 내가 벌어 학원비를 댔다.

그러나 낙방하고 신혼 때는 한방에 데리고 있으며 신혼생활을 망쳐서 일생을 두고 아내한테 원망을 듣고 있다. 그 뿐인가? 군복무를 마치고는 회사에 입사해 우리 집에 또 찾아와서 방 두 칸 아파트에서 살 때는 한 칸의 방을 또 내주고 동생을 기거하게 해줬다.

내 아내와 결혼할 때는 패물을 금반지 석돈짜리를 해주고, 동생이 결혼할 때는 제수(弟嫂)에게 아내 모르게 다이아 반지를 해주어, 후에 아내가 알아 지금도 원망을 듣고 있다. 그런 형이 쫓길 때 하루를 거하게 해 주지 않았다. 지금까지 그 동생 집에서 하루 밤도 거해 본적이 없다.

두고두고 원망의 대상이었지만 나는 절대 그 동생을 미워하거나 원망하지 않는다. 그런 동생이 있기에 나는 이 이야기를 쓸 수 있지 않은가? 착하고 나를 잘 받들어 준 형제만 있다면 무엇을 느끼고 배울까? 이야기 거리가 없다.

인생은 연극 무대라고 누가 표현했던가! 1막 2막 3막 전개되는 그 무대의 스토리가 어떻게 전개되는가? 등장인물이 있어야 전개되지 않는가? 그 등장인물은 악인도 선인도 부자도 가난한 자도 다 필요하다 그래야 얘기가 된다.

그러므로 그런 형제도 있어서 내 생의 얘깃거리가 있어 이렇게 글을 써 내려가고 있는 것이라 생각한다. 그 때 있었던 일을 까맣게 잊고 살며 폐를 끼치러 간 것을 후회하고 있다. 이렇듯 성경안의 진리의 말씀을 늘 깨닫고 있다. 당시에는 나는 나만 믿고 사는 무신론자(無神論者)였다. 매일 매일을 술로 살았다.

사업에 실패(失敗)하고 좌절(挫折)하며 수원으로 우리가족은 피신하여 살았고 나는 사촌형님이 잘 아시는 당진의 어느 인쇄소에 내려가 새벽 5시부터 밤 11시까지 공사장 시방서 등 작업계획서 등을 만드는 글씨를 썼고 인쇄소 일을 하며 생활비를 조달했다.

근 2년여 동안 당진에서 일을 하며 시간을 보내다가 다시 역삼동 단간 방으로 아내가 거처를 옮기고 나는 도망(逃亡)을 다니며 막일을 하며 생활을 꾸려가며 힘겨운 생활을 감당하며 버텼고 아내는 보험회사 외판원으로 생활을 도왔다.

다시 생활은 궁핍해지고 면목동 지하의 월세방(月貰房)으로 거처를 옮겨 사는데 지명수배가 된 나는 일주일에 한번정도 몰래 집에 들렀다. 직장(職場)도 잡을 수 없어 아내가 금성전자 대리점 외판원을 하며 생활을 꾸려갔으며, 그런 와중에도 아들 형제는 무럭무럭 자라갔다. 초등학교 학생으로 공부도 잘했다.

사업 실패 후 내 주위에는 형제(兄弟), 가족(家族), 친구(親舊), 지인(知人), 모두 떠났고 나는 이제 집에도 못 들어가고 빈 집을 찾아 스티로폴을 덮고 잠을 자가며 노숙인(路宿人) 생활을 해야만 했다. 아내가 전자제품 외판원으로 번 돈을 가지고 당시 오리털 잠바가 유행했는데, 그것을 아내가 사줘 추운 겨울에는 그 옷을 입고 얼어 죽지 않고 겨울을 무사히 날 수가 있었다.

20년이 넘은 생명의 은인인 그 옷을 나는 지금도 곱게 간직하고 추운 겨울 그 때의 일을 생각하며 귀(貴)하게 아껴가면서 입고 있다. 온 가족이 구정 명절에 고향에도 가지 못하는 신세가 되어 설악산에 갔다. 동해안 속초 낙산해수욕장 근처에서 숙박업소를 구하려 하는데 5만원하던 숙박요금이 점점 오르더니 15만원까지 하는 게 아닌가? 돈이 아까워 할 수 없이 우리 가족은 2만원짜리 여인숙에서 자고,

그 이튿날 눈이 소복히 쌓인 설악산에서 케이블카를 타고 권금성(權金城) 관광하고 오다가 홍천 검문소에서 검문에 걸려 잡혀 홍천경찰서 유치장에서 하루를 보내고 인천지검으로 송치되어 처 이종사촌에게 이자 돈 조로 갚지 못한 것을 갚겠다고 합의보고 아내의 보증으로 나와, 그 처 이종사촌에게 면목동에 사는

집 월세 보증금을 다 빼주고, 다시 우리는 더 열악(劣惡)한 지하 월세 방 두 곳을 전전하며 아내가 누구인지의 전도로 모 교회에 다니며 나를 전도해 그 교회에 멋도 모르고 예수님을 믿는 신앙 생활이 시작되었는데, 나는 영광스럽게 1년 6개월 정도 다니던 그 교회에서 1991년 연말 크리스마스 때에 아내와 함께 집사 직분을 받았다.

하나님에 대해 너무도 알지 못하고 성경말씀도 이해하지 못한 채, 단지 십일조생활(十一條生活)과 안식일(安息日)은 꼭 지켰다. 지금 생각하면 자격 없는 과분한 집사직분이었다. 그러나 생활은 더욱 어려워져 상계동 달동네로 보증금 500만원/월 10만원짜리 단칸방으로 이사해 아내는 동생이 얻은 일식당에서 일을 하고, 나는 사업 실패 후 5년 만에 정식으로 직장생활을 하게 된다.

나는 직업소개소를 통해 월 80만원을 받는 파지 운반 트럭 기사로 취업하게 되었다. 그리고 상계동에서 망우리까지 교회에도 열심히 다녔다. 사업실패 후 정처 없이 떠돌며 고향도 갈 수 없는 신세가 되고, 5년이 지나갈 무렵에 얻은 직장에서 파지 운반 차량 운전 중 매일 장갑 한 켤레가 지급되었다. 나는 하루 일과를 마친 후 한번 사용한 멀쩡한 내 장갑을 버릴 수가 없었다.

누구의 것이 됐든 왜 또 쓸 수 있는 멀쩡한 장갑을 버린단 말인가? 그러나 다른 차를 운전하는 팀의 기사, 조수, 또 내 상사이며 사장님의 인척이고 나와 한 파트가 되어 내 조수역할(助手

役割)을 하던 상사 분, 네 켤레의 장갑이 매일 지급되었는데 다른 세분은 하루 쓰고는 아무 곳에 다 버렸다. 그분들이 버려줘서 나한테는 참 고마웠다. 왜냐하면 그 세 사람이 장갑을 버렸기에 나는 더 빛이 났기 때문이다.

그분들이 버리는 장갑을 아무 뜻 없이 주워 모았다. 일주일이면 4×6=24켤레인데 반만 주워 모아도 일주일에 12켤레의 장갑(掌匣)이 모이는 것이다. 고무다라에 넣고 목욕하면서 비누칠을 해 서 발로 질겅질겅 밟아 빨아서 빨래 줄을 매어놓고 널었다. 그리고 마르면 우리 운반 팀 대기실(待機室)에 갖다 놓았다.

나는 아무 뜻 없이 습관적으로 그 일을 계속했다. 빨아 놓자 마른 장갑은 새것과 다름없었다. 재활용(再活用)이 되었다. 3차 재활용되는 장갑도 있고 점점 많은 장갑을 빨아 널었다. 어려서 이불빨래 전 가족의 빨래를 한 나이기에 빨래하는 것은 도가 터 있었다. 지금도 집안에서 빨래와 밥 짓기 반찬 만들기와 설거지 는 모두 내 몫이다.

그렇게 매일 장갑을 빨아 너는 모습을, 2층 사장님 사무실에 서 사장님께서 보신 것 같다. 몇 개월 일한 후, 매스컴에 서울시 에서 건축물 폐자재 수집 운반 업자에게 조건을 갖추면 허가를 내준다는 기사가 실린 것을 보고 무슨 사업이든 사업성 있는 것 을 찾아 발굴(發掘)해 다시 사업을 시작하여 돈을 벌고 싶은 욕 심에 사표를 제출하게 되었는데, 사장님께서 고향과 전직을 물 어보시더니 사표를 반려하시며 서울 요지 곳곳에 사장님께서 사 놓으신 땅이 많아 그 땅을 활용해 예식장도 짓고 빌딩도 지으실 텐데 그 업무를 맡길만한 적임자(適任者)가 당신이니 나가지 말고 운전기사도 이제 그만하고 건축하는 일을 맡아 재산을 관리해 달라고 부탁(付託)하시는 것이다. 그렇게 봐주신 것은 참으로 고마웠다.

원인을 말씀하지 않으셨지만, 아마도 장갑을 빨아 널고 재활용할 수 있게 하고 하찮은 재산이지만 아끼는 것을 보시고 재산관리를 맡기시고 측근에 두고 일을 시키고 싶으셨던 것이다. 그러나 난 잘 보이려고 한 일도 아니고 또 사업을 일으켜 부채도 갚고 뭔가 큰일을 하고 싶은 욕망에 내가 처한 환경을 말씀드리고 정중하게 뱀의 머리가 될지언정 용의 꼬리로는 살 수 없어 말리셔도 부득이 떠날 수밖에 없다고 말씀드렸더니 그러면 형제 중에서 천거를 해 달라는 것이다.

나의 형제는 4형제인데 형은 산림공무원으로 있고, 동생하나는 커튼상회를 하고 있고, 또 한 동생은 대기업에서 근무하고 있으므로 올만한 형제가 없다고 말씀드렸더니 그러면 친구라도 좋으니 천거(薦擧)하고 나가라는 것이다. 친구도 천거할 만한 사람이 없었다.

그 사장님은 나를 보고 내가 천거하는 사람이라면 믿고 신뢰할 수 있는 사람으로 믿을 수 있으셨던 것이다. 그렇다. 요즘 젊은이들이 일자리가 없어 취업하기가 힘들다는데 우선 중소기업이라도 들어가 신뢰(信賴)를 쌓고 또 열심히 일해서 자기가 속한 회사를 대기업(大企業)으로 키우면 되지 않을까?

이명박 대한민국 제17대 대통령께서 현대건설에 입사할 당시 현대건설은 대기업이 아닌 중소 건설 업체였다. 입사 후 열심히 최선을 다해 주인 정신을 가지고 힘써 노력한 결과 대기업으로 발전시키고, 오너의 눈에 들으셔서 회장님으로 진급하시고 승승장구(乘勝長驅)하여 대통령까지 오르시지 않았는가? 사장님께서 그렇게 봐 주신 것만으로도 참으로 고마운 뜻이었다.

  그 얼마 후 내 후임으로 들어오는 후임자한테 일주일간 현장을 같이 다니며 완벽하게 인수인계 한 후, 아쉬운 퇴사를 했다. 상계동에 이주 후, 당고개 지하철역이 상계역에서 연장되어 생기고, 주변 하천의 지저분하던 모습도 복개가 되고, 쾌적한 환경으로 바뀌어 가고 살기도 좋아졌다.

  이제 6년여의 암흑이 걷히고, 무언가 이뤄질 것 같은 기대가 생기기 시작했다. 면목동에서 다니던 망우리에 있는 교회에 열심히 다니며 철야기도도 다니고, 속회에도 빠짐없이 참석하였다. 속회 식구들이 평안히 거(居)할 장막(帳幕)과 사업체와 물질을 풍족히 부어주시고 풍성한 은혜를 구하는 기도를 열심히 해 주신 덕분에 사업 실패 후,

  6년여 만에 건축물 폐기물 수집운반업을 하려고 노력했지만 폐기물 집하장소인 대지 500평을 서울시내에서는 구할 수가 없어 사업을 시작하지 못하고 꿩 대신 닭이라고 건축물관리 용역회사를 운영하게 하나님께서 역사하여 주셨다. 그래서 20년간 운영하게 되는 서울 강남구에 있는 건축물관리 용역회사를 인수하게 되었다.

3. 다시 얻은 기업

1993년 10월 소형 건물 5개 건물, 전 직원 16명 규모의 건물관리 용역회사를 하나님의 도우심에, 형이 제공해 준 담보로 5,000만원의 고리 사채(월 3%)를 빌려 적자 회사를 인수하여 나는 대표이사 사장이 되었다. 주택건설회사의 사장 직분을 잃은 지 6년 동안 광야를 헤매다가 6년여 만에 건물관리 용역회사의 사장으로 취임한 것이다. 그 빚은 각고의 노력으로 2년 여 만에 모두 갚았다.

전 직원과 인사를 나눈 후 업무가 시작됐다. 전기기사 1명 기관기사 1명 경비원(警備員) 8명, 미화원(美化員) 5명, 경리사원 1명, 전기기사와 기관기사 경리사원 3명이 사무실에서 근무하고 나머지 경비원과 미화원은 5개 건물에 배치되어 근무하고 있었다.

후에 5개 건물에는 경비원 7명으로 1명을 줄여서 운영이 가능했고 미화원은 4명으로 1명을 줄이고 전기기사 1명을 줄여 총 인원(總人員) 16명에서 3명을 줄인 13명으로 운영이 충분했다.

취임 일주일 후 전기기사와 기관기사 경리사원 3명이 맛있는 빵과 음료수를 사다놓고 나를 초대해 같이 먹자하여 영문을 모르고 같이 맛있게 먹었다. 먹고 난후 창문 유리가 깨져 유리 공사비 영수증을 제출했다. 일단 결재해 주고 다음날 현장을 점검해 보니 화장실 변기 중 3분의 1이 고장이라고 써 붙이고 사용을 하지 않고 있었다.

전기기사와 기관기사를 불러서, 어디가 고장이냐고 물으니 지하층 천정위에 부착 된 신주로 된 배관이 막혀 그 배관을 떼어 내고 뚫어줘야 된다는 것이다. 그러면 최대한 빨리 뚫어 화장실 소변기 및 대변기를 정상적으로 사용할 수 있게 수리(修理)하라고 지시했다.

업자를 불러 견적서를 받았다며 견적서를 제출했는데 70만원 견적이 나왔다. 돈 들어 갈 곳이 한두 군데가 아니었다. 그다음 날도 빵과 음료수 파티는 이어졌다. 그럭저럭 분주한 일주일이 또 흘렀다. 매일 이어지는 빵 파티와 늘어가는 시설물들의 하자들... 그러나 직원들은 어디에서 무엇을 하는지 찾아도 눈에 띄지 않았다.

우선 내 경험상 과거 동절기에 배관이 얼어 하수도가 막혀 소통이 안 되었을 때, 막힌 하수도 뚫는 기구를 직접 사다가 뚫어본 경험을 살려 화장실(化粧室) 막힌 배관을 뚫어볼 양으로 우선 철물점을 찾았다. 자세한 설명을 한 후 하수도 배관을 뚫는 기계를 사려고 장비 가격을 물어보니, 10만원이란다.

다른 방법을 찾아보자. 막힌 변기 배관을 어떻게 뚫는 것이 효과적인지 철물점 사장님한테 물어보았다. 그 사장님 하시는 말씀이 우선 염산성분으로 만들어진 '뚫어뻥'이라는 약품이 있는데 그것을 일단 사다가 한번 막힌 변기에 부어 보라는 것이다. 한 병 5,000원 주고 사다가 사용설명서를 읽어보니 변기를 사용하지 않는 야간에 '뚫어뻥' 염산성분이 있는 약품을 붓고 그 이튿날 아침에 끓는 물을 부으라고 쓰여 있었다.

5,000원을 주고 한 병 구입해서 경비 근무자에게 야간에 막힌 변기에 붓고, 이튿날 아침에 입주 사 들의 출근 전에 물을 뜨겁게 데워 한 양동이의 끓는 물을 부어보라고 지시했다. 그 이튿날 출근하여 확인해 보니 꽉 막혀 있던 변기의 물이 조금씩 내려갔다. 다시 고장(故障)이라고 써 붙인 표지를 다시 부착하고 한 병 더 사다가 야간에 붓고 그 이튿날 뜨거운 물을 부어보라고 또 경비근무자에게 지시했다.

그리고 그 다음날 확인해 보니 신기하게도 막힌 변기가 뻥 뚫렸다. 약품 이름과 똑같이 뻥 뚫렸다. 바로 이것이다. 힘센 장사보다 지혜 있는 자가 이긴다고 했으니 그 말씀이 실감나는 순간이다. 그렇게 해서 관리 기사들의 말대로 했으면 수십만 원 들여 수리해야 할 것을 단돈 20,000원에 여러개의 막힌 화장실을 모두 뚫어 소통(疏通)케 하였고 지금까지 막히지 않고 소통이 잘되고 있으며, 고장이라고 써 붙인 변기도 한 개 없는 남자 화장실 소변기가 되었다. 그리고 오늘에 이르고 있다..

이젠 매일 이어지는 빵 파티의 의문을 풀 차례다. 갈아 끼운 유리 값을 지불한 영수증을 가지고 유리가게에 가서 영수증 발부 사실을 확인해 보니 30,000원짜리 영수증을 발부해 준 사실이 없고 5,000원짜리 유리 한 장 사가면서 영수증은 금액을 기입치 않은 용지만 줬다는 것이다.

이제 답은 나왔다. 25,000원을 부풀려 영수증에 금액을 기재하고 나한테 결재하게 하여 경리사원 에게 돈을 타다가 25,000원주고 빵을 사먹은 것이다. 이런 식의 회사운영이 제대로 될 리가 없어 전 사주가 적자(赤子)에 허덕이다가 나에게 넘긴 것이다. 답이 나왔다.

비리를 문책 후 전기기사와 기관기사를 모두 퇴사시키고 다시 새로운 직원을 뽑아 교체했다. 지금까지 동일한 분량의 일을 한 사람의 기사가 두 사람이 하던 일을 별 무리 없이 혼자서 잘 처리하고 있다. 또 지시에 잘 따르지 않는 경비원 1명을 교체했다. 바로 그날 한 개의 빌딩에서 1개 층마다 비치된 소화기가 모두 없어졌다.

퇴사한 직원들의 주소지를 찾아 야간에 몰래 들어가 훔쳐간 소화기를 찾아보았지만 어디에 숨겨 두었는지 찾지 못했다. 다음은 경리사원이 지시에 따르지 않고 반항적으로 대해 1개월 후 교체하고 3개월간 적자가 500만원으로 4개월 째 되던 구정 무렵에 급료를 지불하기가 힘들게 되어 월 10%의 사채를 빌려 급료를 지불하고 적자를 해소하기 위해 야간에 대리운전을 하고 새벽에 회사에 나와 일을 하던 중, 회사 발전의 발판을 마련하는 계기가 분당신도시에서 이뤄졌다.

야탑역 앞에 짓던 빌딩이 마무리 단계에 있어 담당자를 밤낮으로 찾아가 수주(受注)에 정성을 다한 결과 건물 시설관리 기사, 경비, 청소, 주차원 33명을 배치하며 20년간 지속되는 건축물 관리업의 발판을 구축하여 인원은 기하급수(幾何級數)로 늘어가고 매출액은 수십억 원으로 증가한다.

아침에 출근할 때 기도문이다. '분을 내지 말라'하신 잠언 12

장에 '미련한자는 당장 분노를 나타내거니와, 슬기로운 자는 수욕(受辱)을 참느니라.'고 하셨고, 18절, '칼로 찌름같이 함부로 말하려는 자가 있거니와 지혜로운 자의 혀는 양약과 같으니라' 했사오니, 주여! 회사생활을 함에 있어 발주사의 어떠한 서운한 일 이 있더라도 화내지 않고 분내지 않게 도와주옵소서! 내 간(肝)과 쓸개를 냉장고에 떼어 넣고, 간도 쓸개도 없는 무덤덤한 인간으로 오늘을 참고 인내하는 직장에서의 생활이 되게 하여 주옵소서!

"혀를 잘못 놀려 상대방을 노엽게 하지 않게 도와주시고 천천히 말하고 한번 더 생각하여 말하고 남의 말을 끝까지 경청하는 많이 듣는 사람이 되게 하여 주옵소서! 겸손하게 나를 최대한 낮추고 예수님을 닮아가는 저 되게 하여 주시옵소서! 그리하여 어떠한 다툼도 없는 선한 인간관계가 이뤄지도록 나를 죽이게 하여 주시옵소서"

'한 알의 밀알이 땅에 떨어져 죽어서 썩지 않으면 많은 열매가 맺지 못하듯이, 죽어서 썩어져 많은 열매를 맺는 하나님의 신실한 백성 되게 하여 주옵소서' 하고 눈물로 회개하며 기도하니 '모든 세상이 새롭게 보이는 것이었다.' 그렇게 기도하고 매일 출근한다.

10년 이상 인력을 파견하여 경비용역인원 2인과 미화원 1인을 배치한 후 전문경영자가 경영하다가 건물주인 회사가 입주하여 말도 많고 탈이 많더니 급기야 경비원의 근무 소홀로 회사를 교체한다는 통보가 와서 10년 이상 수행한 용역 업무를 종료한다.

종료되게 된 동기는 경비근무자가 격일제 근무인데 근무중인 직원이 최저임금적용 지급받는 곳인데, 감시적근무(監視的勤務)라는게 있어서 24시간 근무하는 격일제이니 하루 12시간 근무하는 꼴이라 최저임금 4,580원×12시간×30일=1,648,800원인데, 발주사(發注社)로부터 받는 용역비(用役費)가 120~30만원이니 휴게시간을 줘서 금액을 못 맞춰 105만 원 정도를 준다.

휴게시간은 식사시간을 빼고 심야에는 취침시간을 줘서 취침시간을 보장해 줘야하는데 취침시간에 문열어주는 것을 불평한다하여 현장이 떨어졌다. 완전한 파리목숨 아닌가? 인근 아파트 단지에서 아파트 경비원이 휴게시간에 잠을 자다가 입주민이 근무를 소홀히 한다면서 잠을 잔다고 해고한 일이 있어 자살 시위로 이어져, 신문에 보도된 적이 있는데 이는 양쪽 모두 문제가 있다고 본다.

사용자(使用者)인 아파트 입주자는 근무의 개념을 몰랐을 확률이 높고 경비근무자는 자살소동(刺殺騷動)까지 일으키는 것은 무언가 문제가 있다고 생각한다. 좀 더 깊이 생각하고 근무 개념을 이해시키고 상호 소통을 해서 문제를 야기 시키지 않음이 지혜 있는 행동이라고 생각한다.

내가 닥친 여러 가지 환경을 보면 요즘 거론되고 있는 경제민주화는 꼭 이뤄져야 한다고 보지만, 나보다 대국적인 차원에서 볼 때는 경제민주화는 '한국 헌법 119조'엔 이미 경제민주화 조항이 담겨있으므로 나에게는 불만이 없다.

독점과 담합금지(談合禁止)도 현행법에 규정돼있고 그걸 철저히 지키면 '경제민주화'는 자연스럽게 되는데 왜 법과 규정을 따지지 않고, 재벌개혁이라는 정치적 구호로 정치권이 앞 다퉈 재벌 때리기에 나서는지 참으로 적을 이롭게 하는 행위라고 생각한다.

경제민주화를 부르짖으며 투자를 위축시키고 기업가정신(企業家精神)을 흐리게 하려 하는지를 잘 검토하시기 바란다. 한, 미 자유무역협정(FTA)는 이미 발효(發效)된 것이고 한국의 대미 수출이 17%나 늘어 그 효과로 우리는 참으로 많은 효과를 얻고 있는데, 또 다른 나라들은 미국과 FTA를 맺은 걸 부러워하는데도 불구하고, 그걸 우리 손으로 먼저 깨자고 하는 세력이 있으니 참으로 통탄할 일이 아닌가?

국익을 위해서는 미국과의 관계를 안정적으로 가져가야 하고 경제적 교류가 급속히 늘고 있는 중국과의 관계는 물론 모든 나라와의 관계도 원만히 가져야 한다고 생각한다. 일부 근거 없는 반미 감정은 안 된다고 생각하며, 나에게 주어진 일을 열심히 할 뿐이며, 나는 건강한 몸을 유지시키며 활발한 영업활동을 전개하여 더 많은 고용인원을 창출해 노사가 함께 작지만 강한, 그런 회사로 키우기 위해 열심을 내어 오늘도 노력하고 있는 것이다.

제8장
신의 섭리

··· 제8장 ···
신의 섭리

1. 나의 신앙관(信仰觀)

　나는 어려서 어머니의 영향으로 토속신앙인 무당신의 영향을 받아가며 성장했다. 모계혈족 중 외당숙은 박수무당(博數巫堂)이었다. 환자를 앉혀놓고 주문을 외우며 꽹가리를 두들기고 춤을 추는 모습은 지금도 눈에 선하다. 유불선(儒佛仙)을 나는 다 접하고 의지하고 믿었다.

　나약한 인간이 신이라도 의지하여 이 험난(險難)한 세상을 살아가려고 종교를 가지게 되는 것 아닌가 생각하며 타 종교인을 부정적인 시각을 가지고 모욕하고 내 신(神)만이 유일하고 나와 종교가 다른 사람은 상종을 하지 않는 그런 사람이 아니다.

'일본은 한국을 침략했고 섹스에 미쳤다'고 그러면 "불자들은 일본이 무슨 불교국가냐? 잡신(雜神)을 섬기는 국가지" 그리고 '불교국가는 못 산다' 그러면 "일본은 불교국가인데 왜 잘 사냐?" 이런다는 것이다. 나는 천국을 체험하지 못했다. 하나님을 보지 못했다. 석가여래불상과 성모마리아 상은 절(寺)과 성당에서 봤을 뿐이다.

현재 LA 동부장로교회에서 시무(視務)하시고, 계약신학 대학원대학교(契約神學大學院大學校) 교수님으로 계신 이용규 목사님 저(著) 설교집 33권, 장차 올 영구한 도성에서 "성경 말씀 외에 주님의 음성을 직접 들었다고 하는 것은 인정할 수 없습니다"

'믿음은 들음에서 나며, 들음은 그리스도의 말씀으로 말미암기 때문'에 성경말씀을 들을 때에 하나님이 계신 것이 믿어집니다.(로마서 10장), '어느 어리석은 장로는 기도하다가 들은 음성을 따라 본처 외에 첩을 얻었기 때문'에 종말이 비참해졌습니다. 우리는 성경 말씀만 따라가야 합니다.

루터는 베드로 성당을 올라갈 때에 "의인은 믿음으로 살리라"(로마서 1장)는, 하나님의 세미한 음성을 듣고 종교 개혁을 하였습니다. 세미(細微)한 음성을 들었다는 하나님의 말씀은 성경 로마서 1장 17절 말씀이라는 것이지, 하나님이 성경(聖經)에 없는 말씀을 세미하게 들려주시지 않으셨다는 겁니다.

또 '어거스틴'은 마니교 이단사상(異端思想)에 빠지고 방탕한 생활을 하였으나, 어느 날 심령(心靈)을 강하게 때리는 하나님의 말씀을 들었습니다. 즉, "밤이 깊고 낮이 가까웠으니 그러므로 우리가 어두움의 일을 벗고, 빛의 갑옷을 입자. 낮에와 같이 단정히 행하고 방탕과 술 취하지 말며 음란과 호색(好色)하지 말며 쟁투와 시기하지 말고 오직 우리 주 예수 그리스도로 옷 입고 정욕을 위하여 육신의 일을 도모하지 말라"는 말씀입니다(로마서13장)

그 때, '어거스틴'이 깊이 회개하고 하나님께로 돌이켰습니다. 이와 같이 하나님의 세미한 음성은 성경 말씀이고 그 다음에는 양심의 소리입니다. 그러므로 우리가 어려운 일을 당했을 때에 고요한 자리에 나가서 성경 말씀을 가지고 하나님 앞에 기도해야 합니다. 기독교는 자기 혼자 은혜 받고 황홀한 지경에 빠지는 엑스터시(Ecstasy)가 아닙니다.

"하나님을 봤다. 지옥에 갔다 왔다. 천당에 갔다 왔다. 내가 예수고 하나님은 없다는 등 성경을 자기가 지어 만드는 사람"의 말은 믿으면 안 됩니다. 특히 이단(異端)들이 잘 하는 말인데 믿을 수가 없는 거짓말입니다. 절대 이단에 현혹되어 일생을 망치는 어리석은 우(愚)를 범하면 안 되고 종교를 믿을 때는 부모님이나 스승님께 상의하신 후 신중히 정(定)하여 단 한번뿐인 인생을 후회(後悔)하지 않고 사시기 바랍니다.

나는 나의 성장과정을 통해서 신의 섭리를 잘 안다. 무당신(巫當神)에 잡혀 나의 하나밖에 없는 누이동생은 지금도 정신병원에 갇혀있다. 야속한 신의 장난이 아니고 무엇인가? 일본은 믿는 신이 자그마치 20,000가지나 된다고 한다. 그런 나라에 우리가 36년간 지배를 받았다.

의당 우리가 일본을 지배(支配)함이 마땅하거늘 격동의 한말 우리 선조들이 쇄국정책(鎖國政策)으로 문을 막아 많은 서양문물을 받아드리지 못하고 일본은 받아들여 그런 기현상(奇現象)이 발생한 것이 아닌가 생각한다.

🚍 ⋯ 성철스님의 열반송(涅槃誦)

일생동안 남녀의 무리 속여서
하늘 넘치는 죄업은 수미산을 지나친다.
산 채로 무간 지옥에 떨어져서
그 한이 만갈래나 되는데
둥근 한 수레바퀴 붉음을 내뿜으며
푸른산에 걸렸도다.

성철스님이 열반전(涅槃前)에 썼다는 열반송이다. 인터넷상에 개신교부흥사들이 지옥에 갈 것을 고백한 '성철스님의 유언'이라고 올린 글이 수없이 돌고 있다며 원택 스님(69)은 "반어적인 긍정"이 선(禪)적 표현의 묘미(妙味)인데, 그의 유언(遺言)에 내 죄는 산보다 높고 바다보다 깊은데 내 어찌 감당하랴. 내가 80년 동안 포효(咆哮)한 것은 헛 것이로다. 우리는 구원이 없다. 죄 값을 해결할 자가 없기 때문이다.

〈자기를 바로 봅시다〉 책속의 1986년 1월 성철스님의 신년
법어(新年法語)가 눈에 뜨이는데, - 딸 필히와 54년을 단절하고 〈자기
를 바로 봅시다〉 (장경각 펴냄)

석가와 예수 발을 맞추어
뒷동산과, 앞뜰에서 태평가를 합창하니,
성인, 악마 사라지고 천당. 지옥 흔적조차 없습니다.
장엄한 법당에는, 아멘소리 요란하고.
화려한 교회에는, 염불소리 요란하니,
검다, 희다, 시비, 싸움, 꿈속의 일입니다.

이 글을 보노라면 성철스님은 '도인'이었음이 입증(立證)되
는 대목이며 도를 통했기에 종정(宗正)까지 올랐고 해인사의 큰
스님으로 지내셨고…, 원택 스님의 3000배를 시키는 이유에 대
해서 말한 것을 보면 당시에는 성철스님의 3000배(拜)를 시키는
이유를 몰랐는데 작금에 생각해 보면 명백해진다고 했는데, "스
님은 산중에 머물렀지만 절친한 도반(道伴)들이 종정과 총무원
장을 했기에 종단 정치판과 브로커(broker)들의 장난질에 큰 스
님들이 망가지는 모습을 보고 잘 알았다"며 "권력(權力)과 돈으
로부터 거리를 유지하기 위해 3천배라는 만리장성을 쌓았다"고
말했다.

고(故) 박정희 전 대통령의 경우, 1978년 구마고속도로 개통
(開通)때 해인사를 찾았지만, 성철 스님이 "세상에선 대통령이

어른이지만 절에 오면 방장(方丈)이 어른이므로 3천배를 안할 바에야 만나지 않는 게 낫다"고 큰 절을 내려오지 않아 만남이 무산(霧散)되었었고, 성철스님은 훗날 금융사기사건으로 구속된 '큰손'인 장영자, 이철희씨 부부를 만나주기만 하면 그들이 한국 불교 불사를 다 책임져 줄 것이라는 일부 스님들의 권유에도 만나주지 않았다고 한다. 3천배를 안했기 때문이다.

원택 스님은 "부산지역(釜山地域)의 최고 재벌이 노인이어서 그에게는 3천배를 하지 않아도 만나주었는데, 결국 좋지 않게 끝났다"고 회고(回顧)했다. 성철스님은 그이에게 '죽을 때 돈을 짊어지고 가는 게 아니니 지금부터 종업들에게 주식을 나눠주고 베풀며 살아가라'고 하자, 그 재벌 노인 왈(曰) '스님이 회사 일에 대해 뭘 안다고 나를 가르치려 드느냐'며 언성(言聲)을 높이더라는 것인데, 성철스님의 초파일 법문에 '사탄(Satan)이여 당신도 부처입니다.' '당신을 존경하고 예배(禮拜)드립니다.' '어서 오세요'라고 말한 적이 있는데,

그걸 가지고 사탄을 숭배하느니 하는 말이 있었다는데, 부처님은 모든 중생이 본래 부처임으로 존경하고, 예배드린다고 했고 예수님도 존경하고 예배한다고 했다. 그래서 사탄마저도 불교의 입장에서 보면 하나의 생명이고 중생(衆生)이라서 당연히 불성을 가진 본래의 부처이므로 존경하고 예배드린다고 했다. 악마, 사탄, 그리고 다른 종교인을 보는 스님의 시각, 불교인의 시각이 잘 나타나 있다.

악마(惡魔)마저도 하나의 생명으로, 그리고 그 본성은 부처

로 보고 대하는 것이 스님이나 불교인의 입장이라고 한다. 타종교라도 비난하지 말고 조금이라도 먼저 이해를 하려고 노력하고 그 종교인(宗敎人)들에게 그 뜻이 무엇인지 먼저 물어보고 평가하는 것이 예의(禮儀)이고 현명한 행동이라고 생각하며, 타종교도 존경(尊敬)하며 대하는 태도야말로 예수님께서 마태복음 5:44~48에 "나는 너희에게 이르노니 너희 원수를 사랑하며 너희를 박해(迫害)하는 자를 위하여 기도하라. 이같이 한즉 하늘에 계신 너희 아버지의 아들의 도리니, 이는 하나님이 그 해를 악인과 선인에게 비추시며 비를 의로운 자와 불의한 자에게 내려주시느니라."

"너희가 너희를 사랑하는 자를 사랑하면 무슨 상(賞)이 있으리요. 세리(稅吏)도 이같이 아니하느냐? 또 너희가 너희 형제에게만 문안(問安)하면 남보다 더하는 것이 무엇이냐? 그러므로 하늘에 계신 너희 아버지의 온전하심과 같이 너희도 온전(穩全)하라."

이와 같이 로마서 12:19에 원수 갚는 것은 하나님께 있다고 하였으니, 자기 자신이 갚으려고 하지 말고 하나님께 맡기고 원수(怨讐)를 사랑해야 한다. 예수님은 십자가에 못 박히셨을 때도 못 박은 무리들을 위하여 저들이 알지 못하여 그러하오니 저들의 죄를 용서하여 달라고 기도하였다. 스데반도 예수님을 전도(傳道)하다가 돌에 맞아 죽으면서도 하나님께 저들의 죄를 용서해 달라고 기도하였다.

하나님은 악인과 선인을 차별(差別)하지 아니하시고 해를 비춰 주시고 의로운 자와 불의한 자를 차별하지 않고 비를 내려 주신다. 모든 사람에게 차별 없이 햇빛과 비를 주시는 넓으신 하나님의 사랑을 배우고 깨달아 지키는 것이 기독교 정신(基督敎情神)이다. 남을 비판(批判)하거나 자기의 잣대로 판단해 타종교를 비판해도 안 될 일이다.

부처님의 가르침도 역시 자비(慈悲)인 사랑이기 때문이다. 자기를 사랑하는 자만 사랑하고 자기의 형제에게만 문안하면 세상 사람과 다를 것이 무엔가? 성령과 중생(重生)한 영을 따라 사는 사람은 모든 사람을 사랑하게 된다. 하나님의 온전함과 같이 온전하게 되라는 것이 주의 명령이다. 하나님의 온전을 닮아진 만큼 인격(人格)도 크고 영광도 크다는 것을 우리는 알아야 한다.

내 동생은 지금도 충남 아산(牙山)에 있는 어느 정신병원에 있다. 그 누이동생을 생각하면 내 마음은 참으로 아프다. 불쌍하다. 이미 그 병원에서 10년쯤 갇혀 지냈으니 세상을 잊고 살아선지 어린아이가 되어있었다.

그래서 2000년도에 그 동생 나이 40되어 내 집에 한 달쯤, 데려다 놨다. 귀신 들려 자기 정신(精神)이 아니니, 멀쩡하게 있다가도 알아듣지도 못할 이상한 귀신 소리를 하고, 아파트에서 두 아들은 학생이고 아내는 회사에 나가고 집에 혼자 있게 하고, 지속적으로 약도 먹게 해보았지만 감당할 길이 없어 파주에 있는 장모님 댁에 데려다가 놓고 중풍으로 몸이 불편하신 장모(丈母)님을 도와 드렸으면 좋겠다싶어 데려다 놨는데 장모님께서 아내에게 전화가 와 빨리 와서 시누이를 데려가라는 것이다.

장모님께 욕하고 폭력을 행사하고 있단다. 놀래서 아내와 함께 쫓아가서 진정(鎭靜)시키고, 한방에서 잠을 자게 됐는데 잠을 자다가 벌떡 일어나 웃고 울고 중얼거리고 귀신소리를 해 대는 것이다. 내 딴에는 그 속에 귀신이 들어있어 그러는가 싶어 귀신을 나오라고 소리치며 몇 대 때렸다.

그랬더니 좀 조용해지며 과거에 있었던 일을 얘기하는데 너무나 또렷한 기억력에 오빠인 나로서는 그 정확한 기억력에 귀신의 장난인가? 아니면 기억력이 좋은 것일까? 정말 헷갈렸다.

그러면서 하는 말이 형님 처남이 총각 때, 사돈댁에 자주 와서 지냈다. 대전에서 오래 살았는데, 그 사돈이 누이(妹兄)댁인 대전에서 기거하였는데, 그 사돈이 누이동생이 있는 고향 집에 왔을 때, 좋아하고 사랑한다면서 덮쳐 섹스를 하게 됐다는 것이다.

그런데 그 사람은 지금 어디에 사는지 보고 싶다는 것이다. 믿어야 하는 건지, 허무맹랑한 소리라고 나무래야 하는 건지 참으로 헷갈리는 순간이었다. 그럴 리 없지 귀신의 소리겠지 하고 말을 돌렸지만, 어쨌든 딸을 둔 부모들은 항상 마음을 놓고 살 일이 아님을 그 때 참으로 뼈저리게 느꼈다.

그러면 아버지는 아시는 눈치였느냐고 물으니 아버지는 모르셨다고 태연(泰然)히 말한다. 생각하기도 싫은 이상한 말을 듣고 나는 내 동생에게 음탕(淫蕩)한 귀신(鬼神)이 들어와 음탕한 소리를 귀신이 하고 있구나하고 단정할 수밖에 없었다.

나는 종교인으로서 가르침과 말씀과 책을 통해서 존경하는 스승님이 생겼다. 대한예수교 장로회 증경총회장 이병규 목사(牧師)님이다. 또 타종교 지도자로 계시던 김수환 추기경님과 법정스님이었다. 김수환 추기경님은 종교 지도자로 국가의 원로이셨고 법정스님은 무소유의 저자이신데 인생을 사는데 정신적인 깨우침을 많이 주신 분이시기 때문이다.

법정스님이 쓰신 무소유 책에 이런 말씀이 있다. 이교도(異教徒)라면 무조건 적대시(敵對視)하려 드는 배타적인 감정에 이유가 있을 것이다. 자기가 믿는 종교만이 유일(唯一)한 것이고 그 밖의 다른 종교는 일고의 가치조차 없는 미신으로 착각하고 있는 맹목에서일 것이다. 이렇듯 독선적(獨善的)이고 배타적(排他的)인 선민의식이 마치 자기의 신심을 두텁게 하는 일인양 알고 있기 때문에 스스로의 시야(視野)를 가리게 되는 것이다.

이전까지 '기독교와 불교도'사이에 바람직한 대화의 길이 트이지 못한 그 원인을 찾는다면 상호간에 독선적인 아집으로 인한 오해에 있을 것이다. 그리고 요한의 첫째 편지를 즐겨 읽고 계시는데 오늘날 "만약 예수님과 부처님이 자리를 같이 한다면 어떻게 될까? 그릇된 고정관념(固定觀念)에 사로잡혀 으르렁대는 사이비(似而非) 신자들과는 그 촌수(寸數)가 다를 것이다. 모르긴 해도 의기가 상통한 그들은 구태여 입을 벌려 수인사를 나눌 것도 없이 서로가 잔잔한 미소로서 대할 것만 같다. 그들의 시야는 영원(永遠)에 닿아 있기 때문에, 그들의 마음은 하나로 맺어져 있을 것이기 때문이다."라고 쓰셨다.

얼마나 아량이 넓으신 큰 스님이신가? 법정스님을 나는 그래서 존경하고 사랑한다. 또 표현하시는 순서로도 불교도와 기독교도라 표현하지 않고 기독교도와 불교도로, 기독교를 먼저 말씀하심은 상대방을 먼저 위치에 놓는 그 마음은 상대방을 배려(配慮)하고 존경(尊敬)하는 마음에서이기 때문에 아량이 넓고 큰 스님이신 것이라고 나는 생각했다.

군(軍)이 정권을 장악했을 당시인 5공화국 때는 매스컴에서 군관민(軍官民)이란 말을 우리는 귀에 익숙하게 들어봤을 것이다. 그런데 지금은 어떻게 바뀌었나? 민관군(民官軍)으로 순서가 거꾸로 바뀌었다. 군부가 정권을 좌지우지했을 당시에는 군인이 주인(主人)이었으며, 지금은 백성(民)이 주인이며 이 나라는 백성(民)이 좌지우지(左之右之)한다는 뜻으로 이해할 수 있지 않은가?

나보다 상대방을 존경하고 배려한다면 그게 사랑의 시발점(始發點)이라고 나는 생각한다. 지금은 글로벌시대, 세계는 하나다. 이웃을 내 몸과 같이 사랑하며 협조(協助)하면서 더불어 살라가야 하는 지구촌 시대다. 독불장군(獨不將軍)은 없다. 이기주의(利己主義)도 안 된다. 그런 사람은 죄짓고 세상과 격리(隔離)되어 살아 갈 수밖에 없다, 탐심(貪心)을 버릴 때 더불어 살아갈 수 있다. 모든 죄악(罪惡)은 탐심에서 온다.

석가모니나 예수님이나 사랑을 최우선으로 가르치셨고 탐심을 멀리 하라는 가르침은 불교나 기독교나 같다. 이교도라 할지라도 존경하는 법정스님처럼 상대방을 이해하고 먼저자리에 언급하며 배려하고 존경할 때 대한민국은 더욱 발전하고 밝은 사회가 될 것이다.

나는 그래서 법정스님의 큰 아량(雅量)을 가진 그런 분들을 좋아하고 사랑한다. 코드가 맞는다. 성철스님께서 앉아서 잠을 자며 고행하시고 불도를 닦으시며 다비식을 하고 사리(舍利)가 나왔다고 매스컴에 보도됐을 때, 나는 집사직분을 가지고 유명한 목사님으로부터 설교 말씀을 듣는데 삼겹살에 들어있는 오도독뼈 몇 개 나온 것을 가지고 무슨 호들갑이냐고 설교 말씀하실 때, 나는 뭐라 표현은 하지 않았지만 좀 식상해 있었다.

우리나라 역사에 이교도로서는 역사가 제일 깊은 종교는 불교가 아닌가? 삼국시대 때 원각사(圓覺寺)가 인도로부터 도입하여 수 천년동안 정신적 통일을 주지 않았는가? 삼국시대부터 고려 때에는 국교였고, 호국불교가 아니었나? 그래도 우리나라는 토속신인 무당신이 제일 힘이 센 것 같다.

무당이 '굿'을 하는데 작두 위에서 춤추는 것도 보았다. 보통 인간이면 시퍼렇게 날선 작두위에 발을 올려놓는 순간 발이 두 동강이가 나고 피가 솟구쳐야 정상(正常)인데 작두타고 사뿐사뿐 춤을 추는데 발끝 하나 상하지 않는 것을 목도(目睹)했다.

하나님은 보여주지 않으시지만 그 보이지 않는 하나님을 믿는 것이 복을 받는다 했는데, 무당이 작두 위에서 춤추는 것을 보고 어떻게 무당 신을 안 믿으랴! 그래서 우리 민족은 무당신(巫堂神)을 뫼시는 무당을 수양어머니(收養母) 삼고 몸이 아프면 굿판을 벌려 병마귀(病魔鬼) 쫓는 굿을 하면서, 수양어머니를 의지하고 산적도 있다.

오래 전에 본 TV문학관을 본 스토리(story)를 어렴풋이 기억을 떠올려 소개하고자 한다. 여성인 한 주미한국동포(駐美韓國同胞)가 미국에서 하버드대학을 나와 멋진 남자와 사랑을 나누다가 결혼을 했다. 축복받은 인생으로 막 첫발을 내딛는 순간 갑자기 머리가 아파온다. 잠이 오지 않는다. 밤중에 시골로 가서 온 산과 들판을 헤맨다.

갑자기 미친 여자가 된 것이다. 내 여동생과 똑같은 증상(症狀)이었다. 병원에 가서 진찰을 받았으나 '병명불상' 도대체 건강에는 아무 이상이 없는데 머리가 아프다고 호소하는 것이다. 그래서 결혼은 깨지고 고국인 한국으로 귀국(歸國)하게 된다. 그리고 대기업 회장님이신 아버지께 왜 아픈지 알 길이 없는 답답한 심정을 얘기하며...,

스토리는 아버지인 대기업 회장님의 고향 산골마을로 TV화면 배경이 옮겨진다. 아버지인 대기업회장님은 어려서 시골 산골마을 출신이다. 병이나 몸이 아플라치면 무당(巫堂)을 불러 서낭당에 촛불 켜놓고 떡 해놓고 꽹가리를 두드리며 굿판이 벌어진다.

사람이 죽으면 무당을 불러 자리곳이라는 것을 하면 무당이 죽은 사람과 똑같이 말하고 시늉하고 천국가고 지옥 간 흉내(함남의 방언)를 낸다. 그런 무당(巫堂)과 이 드라마 속의 회장님이 젊어서 물방앗간에서 사랑을 나누게 된다.

그리고 서울로 오게 된다. 남의 집 고용(雇用)살이로 들어가 시작한 서울 생활에서, 그 후 기업을 일으켜 크게 성공하여 고향

땅을 밟게 되었고, 그 무당이 그 회장님의 딸을 낳아 기르고 있었는데, 회장님의 피붙이니 서울로 데려다가 회장님 호적에 입적시켜 공부를 시키고, 돈이 많은 부자이니 딸을 미국에 유학을 보내고 공부를 많이 시키고 결혼까지 하게 된 것이다. 이 딸의 출생의 비밀을 알게 되니 수수께끼가 풀렸다.

그 여자의 엄마가 무당이었던 것이다. 대물림인지 그 딸은 내림굿을 받고 무당이 되어 춤을 춘다. 그것이 청록파 시인 조지훈의 승무(僧舞)가 아닌가?

얇은 사(紗) 하이얀 고깔은 고이 접어서 나빌레라
파르라니 깎은 머리 박사(薄紗) 고깔에 감추오고
두 볼에 흐르는 빛이 정작으로 고와서 서러워라.

빈 대(臺)에 황촉(黃燭)불이 말없이 녹는 밤에
오동(梧桐)잎 잎새마다 달이 지는데,
소매는 길어서 하늘은 넓고
돌아설 듯 날아가며 사뿐히 접어 올린 외씨보선이여!

까만 눈동자 살포시 들어
먼 하늘 한 개 별빛이 모두오고,
복사꽃 고운 뺨에 아롱질 듯 두 방울이야
세사(世事)에 시달려도 번뇌(煩惱)는 별빛이라.

휘어져 감기우고 다시 접어 뻗는 손이
깊은 마음 속 거룩한 합장(合掌)인 양하고
이 밤사 귀또리도 지새우는 삼경(三更)인데
얇은 사(紗) 하이얀 고깔은 고이 접어서 나빌레라.

나는 외할머니를 뵙지는 못했지만 주변 어른들 말씀이 당신 막내딸 집인 우리 집에 자주 오셔서 꽹가리 두드리며 굿을 하셨다는 소릴 들었고 이모님 세분 중 큰 이모님 한분은 무당이셨고, 둘째, 셋째 이모는 내림굿을 해 주지 않아 무당 흉내를 내며 정신이상자처럼 일생(一生)을 살다 가셨다.

어머니 증상도 둘째, 셋째 이모님과 똑같은 현상으로 일생을 정신이상자처럼 살다가 가셨다. 그리고 우리 계열에서 셋째이모님 딸 중 둘째 이종사촌 누이동생이 똑같은 증상으로 매제 되는 분이 애들한테 일생을 엄마노릇 아빠노릇을 해가며 고생하고 있다.

또 내 하나밖에 없는 막내 여동생이 결혼하여 신혼 중 그런 똑같은 증상으로 이혼(離婚)당하고 지금은 정신병원에서 일생의 절반을 보내고 있는 중이다. 이렇게 인간은 나약하다. 신의 지배(支配)를 받는다. 신은 있다. 그래서 나는 그 TV문학관 그 드라마를 나의 일을 보듯 보면서 느끼기를 신은 살아 역사하시며 신을 거역(巨役)해 가며 인간은 살 수 없다는 것을 알았으며 인간은 신 앞에 한없이 나약한 존재(存在)라는 것을 깊이 깨달았다.

그래서 나는 무당신인 토속신(土俗神)이 가정을 파괴시키는 것을 눈으로 목도(目睹)하며 경험했기에 제일 센 신은 무당신(巫

堂神)인줄로 안다. 우리 형님은 그런 남다른 가족력(家族歷)으로 인해 미친 여자가 둘이 있는 창피스런 가문에서 손가락질 받고 멸시(蔑視)를 받고 살아 몸가짐을 바로하고 정신 바짝 차리고 흐트러지지 않은 몸가짐으로 꿋꿋하게 살겠다며, 어려서부터 술, 담배 일체 입에 대지 않고 우등생으로 서울에 있는 인덕실업고등학교를 졸업하고, 산림직공무원으로 오랫동안 봉직(奉職)하시다가 퇴직하시고 지금은 고향인근 천안의 모 감리교회(監理教會)에서 장로님으로 신앙생활(信仰生活)을 모범적으로 하고 계시다. 신을 거스리고 살아갈 수 없는 우리네 인생인 것 같다.

그래서 내가 내린 나 자신만의 결론은,

첫째, 신은 위대하며 신의 섭리(攝理)를 떠나서는 살 수 없다. 신만이 우리의 일생을 주관한다.

둘째, 돈이 많아 인간이 교만하여 바벨탑(Babel塔)을 아무리 높이 쌓아도 신은 하루아침에 그것을 무너뜨린다.

셋째, 인생은 일장춘몽(日丈春夢)이다. 신의 섭리로 태어나는 날부터 죽음 신이 계신 곳을 향해 날마다 나는 가고 있다.

넷째, 낙타가 바늘귀로 들어가는 것이 부자가 천당(天當)가는 것보다 쉽다.

다섯째, 살아있을 때 선(善)을 행하라. 저승에서는 아무 일도 할 수 없다.

여섯째, 탐심(貪心)을 버리고 도(道)를 닦아라.

'인생은 잠깐 보이다가 없어지는 안개니라.' 세상의 천년은 하늘에서 볼 때 하루에 지나지 않는다고 한다. '세상에서의 인간 수명(壽命)은 70이요 강건(康健)하면 80이라고 했다.' 실로 눈 깜박할 새에 인생은 태어났다가 사라진다. 한세대는 가고 다시 한세대가 온다.

나는 어려서 몸이 아프면 수양어머니인 이웃집 무당이 오셔서 굿을 해 주시고, 꽹가리 두드리고 경(經)읽는 소리를 참 많이 들어가면서 자랐다. 무당은 나보고 칠성(七星)님 자손(子孫)이라고 늘 말했다. 어느 정도 철이 들 정도로 자라서는 초파일(初八日) 같은 때 고향 예산읍 향천리에 있는 향천사(香泉寺)에 찾아가 불공(佛供)도 드리고 어려서는 한때 스님이 되려고 한 적도 있었다.

그 후 사업에 실패(失敗)하고 면목동으로 흘러가 아내로부터 전도를 받아 예수 믿고 약 2년 만에 집사직분을 받고 크리스천(Christian)이 되었지만 요즘 흔히 말하는 잡사(雜事)라고 표현할 정도로 성경책만 들고 주일날만 교회에 왔다 갔다 하는 그러한 말로만의 크리스천이었다.

사업이 잘될 때는 술독에 빠져 아예 교회에 나가지 않은 적도 많은 그런 사람이다. 성경책을 읽을라치면 왜 그리 잠이 쏟아지는지 수면제(睡眠劑)라고도 표현한 적이 있다. 읽어보려 하면 뜻이 심오(深奧)하니 이해할 길도 없고 잠이 쏟아져 성경책을 읽을 수가 없었다.

나이가 들어 믿을 만한 사람들에게 깜박 속아, 사기 당했다.

인간은 믿을 게 없고, 믿을 수 있는 건 오직 '하나님'이심을 알고 성경공부를 하겠다는 마음을 먹고 구약 신약 성경을 5회 정도를 읽었다. 졸리면 자고, 또 깨어 읽고, 또 읽다가 창세기 31장 30절 말씀 '이제 네가 네 아비 집을 사모하여 돌아가려는 것은 가하거니와 어찌 내 신을 도적질 하였느냐?'

나는 성구(聖句)를 읽다가 야곱이 자기 외삼촌 라반의 집에서 종살이를 마치고 아버지 이삭이 계신 고향으로 돌아갈 때, 외삼촌 라반이 쫓아와 신을 도적질하였으니 내어 놓으라는 말이 있는데, 이 신은 발에 신는 신발인줄 알고 '좋은 신발을 훔쳐 갔나보다'라고 나는 알고 읽었다.

그런데 존경하는 나의 스승님이신 증경총회장님 이병규 목사님이 지으신 강해서(講解書)를 찾아 그 구절에 이르러 보니 그 신은 '드라빔이라는 신(神), 우상(偶像)인데 그 지방에서 가정의 수호신으로 섬기는 것이다.'라는 것을 알았다. 강해서 없는 성경 말씀만 가지고 졸음에서 깨어나게 하는 명약(名藥)이 존경하는 스승님의 강해서다.

구약 39권 신약 27권 66권의 강해서를 구입하여 은혜 속에 성경공부에서 진리의 말씀을 배우고 있다. 이야말로 잠을 깨우게 하는 명약임을 알았다. 내가 최초로 닦은 도는 세상을 살아가는데 필요한 요즘말로 유치원=강해서(講解書)에서 배우는 것이었다. 고향의 시골에는 유치원이 있을 리 없다.

어렸을 적, 고향에 있을 때부터 군에 입대할 때까지 내가 세상에서 살아가는 도(道)를 배운 것은 밥을 먹기 위해 일을 한 것이다. 풀 깎기, 밭매기, 새끼 꼬기 등 주로 일하는 것들이었다. 인내는 쓰나 그 열매는 달다고도 했다. 내가 초등학교 시절 내 책상 앞에는 인내(忍耐), 노력(努力), 성공(成功)이라고 써 붙여 놓고 꽤 열심히 공부한 적이 있다. 그래서 한반에 70여명 정도 되었는데 우등상이 아닌 우량상(優良賞)을 탔으니 6등 안에는 들은 것 같다. 대학 때는 철이 들어 열공해서 더욱 좋은 성적을 받고 졸업했다.

그 짧은 문교부 혜택으로 이 험난한 세상을 비뚤어진 길로 가지 않고 희망을 잃지 않고 최선을 다하며 현재를 살아가고 있다. 그래서 나는 인내(忍耐)를 좌우명(座右銘)으로 삼고 산다. 첫째도, 둘째도, 셋째도 인내, 참고, 참고, 또 참는 것이다.

2. 천당(天堂)과 지옥(地獄)

3000년 전, 구약성서의 솔로몬왕은 인생말년에 젊은이들과 장로들의 학생들을 대상으로 지은 전도서에서 제1장 말씀에 "전도자가 이르되 헛되고 헛되며 헛되고 헛되니 모든 것이 헛되도다."라고 했다.

'헛되다'는 말씀이 1절 한절에서 5번이나 반복(反復)되고 있다. 5절 말씀에 '해는 지되 그 떴던 곳으로 빨리 돌아가고,' 11절 '이전 세대들이 기억됨이 없으니 장래 세대도 그 후 세대들과 함

께 기억됨이 없으리라.' 18절, '지혜가 많으면 번뇌도 많으니 지식을 더하는 자는 근심을 더 하느니라.'

2장 3~11절 말씀에 '내가 내 마음으로 깊이 생각하기를 내가 어떻게 하여야 내 마음을 지혜로 다스리면서 술로 내 육신을 즐겁게 할까 또 내가 어떻게 하여야 천하의 인생들이 그들의 인생을 살아가는 동안 어떤 것이 선한 것인지를 알아볼 때까지 내 어리석음을 꼭 붙잡아 둘까 하여 나의 사업을 크게 하였노라.'

'내가 나를 위하여 집들을 짓고 포도원을 일구며 여러 동산과 과원을 만들고 그 가운데 각종 과목을 심었으며 나를 위하여 수목을 기르는 삼림에 물을 주기 위하여 못들을 팠으며 남녀 노비(奴婢)들은 사기도 하였고 나를 위하여 집에서 종들을 낳기도 하였으며,'

'나보다 먼저 예루살렘에 있던 모든 자들보다 내가 소와 양떼의 소유를 더 많이 가졌으며 은금과 왕들이 소유한 보배와 여러 지방의 보배를 나를 위하여 쌓고 또 노래하는 남녀들과 인생들이 기뻐하는 처첩들을 많이 두었노라.'

'내가 이같이 창성하여 내 지혜도 내게 여전하도다. 무엇이든지 내 눈에 원하는 것을 내가 금(禁)하지 아니하며 무엇이든지 내 마음이 즐거워하는 것을 내가 막지 아니하였으니, 이는 나의 모든 수고를 내 마음이 기뻐하였음이라. 이것이 모두 나의 수고로 말미암아 얻은 몫이로다. 그 후에 내가 생각해 본즉 내 손으로 한 모든 일과 내가 수고한 것이 다 헛되어 바람을 잡는 것이며 해 아래에서 무익한 것이로다.'

솔로몬왕은 왕비가 60명이요 후궁이 80명이요 시녀가 무수하되, 5장 15~16절에 '그가 모태에서 벌거벗고 나왔은즉 그가 나온 데로 돌아가고 수고하여 얻은 것을 아무것도 자기 손에 가지고 가지 못하리니 이것도 큰 불행이라 어떻게 왔든지 그대로 가리니 바람을 잡는 수고가 그에게 무엇이 유익하랴.'

6장 7절 '사람의 수고는 다 자기의 입을 위함이나 그 식욕은 채울 수 없느니라.' 잘 먹기 위해 열심히 일해서 많은 돈을 벌어 맛있는 음식을 배터지게 먹고 싶어도 욕심을 채울 수 있을까? 과거에 로마제국의 어떤 황제는 맛있고 기름진 음식을 먹기 위해 맘껏 욕심을 부렸지만 정해진 양으로 더 먹을 수가 없으니 먹고는 토하고 먹고는 토했다는 글을 본 적이 있는데 과연 이것이 현명(賢明)한 처사(處事)인가?

식욕과 식탐일 뿐 미련한 처사로다. 그러면 결론(結論)으로 사람의 본분은 무엇인가? 권력이냐, 돈이냐, 명예냐, 잘 먹고 잘 살다 가는 게 사람의 본분(本分)이냐?

전도자의 말씀에 전도서 12장 4절~8절 말씀에 '길거리 문들이 닫혀 질 것이며 맷돌 소리가 적어질 것이며 새의 소리로 말미암아 일어날 것이며 음악 하는 여자들은 다 쇠하여질 것이며 또한 그런 자들은 높은 곳을 두려워할 것이며 음악 하는 여자들은 다 쇠하여질 것이며, 또한 그런 여자들은 높은 곳을 두려워 할 것이며 길에서는 놀랄 것이며 살구나무가 꽃이 필 것이며 메뚜기도 짐이 될 것이며, 정욕이 그치리니 이는 사람이 자기의 영원한 집으로 돌아가고 조문객들이 거리로 왕래하게 됨이니라.'

'은줄이 풀리고 금 그릇이 깨지고 항아리가 샘 곁에서 깨지고 바퀴가 우물위에서 깨지고 흙은 여전히 땅으로 돌아가고 영(靈)은 그것을 주신 하나님께로 돌아가기 전에 기억하라 전도다가 이르되 헛되고 헛되도다. 모든 것이 헛되도다.'

13~14절, '일의 결국을 다 들었으니 하나님을 경외(敬畏)하고 그의 명령들을 지킬지어다. 이것이 모든 사람의 본분이니라 하나님은 모든 행위와 모든 은밀(隱密)한 일을 선악 간에 심판하시리라. 그러므로 하나님을 경외하는 것밖에 남는 것이 없다.' 하나님 말씀을 순종(順從)하는 것이 사람의 본분이라는 것이다.

이것이 인생의 끝일지언정 성철스님께서 말씀하신 바 있는, 부산지역의 최고재벌(最高財閥) 노인 분 세상을 하직했겠죠? 그리고 음부(陰府)에서 고통스런 날을 보낼지도 모를 일입니다. 누가복음 16:19~24 말씀에 '부자와 나사로를 보면 한 부자가 있어 자색(紫色)옷과 베옷을 입고 날마다 호화로이 즐겼는데 나사로라 하는 한 거지는 헌데를 앓으며, 그 부자의 대문에 누워 부자의 상에서 떨어지는 것으로 배불리려 하매 심지어 개들이 와서 그 헌데를 핥더라.'

'이에 그 거지가 죽어 천사들에게 받들려 아브라함의 품에 들어가고 부자도 죽어 장사되매 저가 음부(陰府)에서 고통 중에 눈을 들어 멀리 아브라함과 그의 품에 있는 나사로를 보고 불러 가로되 아버지 아브라함이여 나를 긍휼히 여기사 나사로를 보내어 그 손가락 끝에 물을 찍어 내 혀를 서늘하게 하소서 내가 이 불꽃 가운데서 고민하나이다.'

이것은 비유가 아니고 사실(事實)을 들어 내세의 실상을 보여준 것이다. 하나님은 참으로 공평(公平)하시다. 이승에서 고통을 겪은 만큼 내세에서는 고통당한만큼 평화를 누리니 말이다. 이승에서 호의호식(好衣好食)하고 명예 권세 부를 향유한 부자는 내세에서는 화려한 이승의 안락함만큼 음부(陰府)에서 고통을 당하니 말이다.

사람은 누구나 돈을 많이 벌어 부자가 되면 호화(豪華)롭게 살고 즐기는 생활을 하기 쉽다. 이 부자도 잘 입고 잘 먹고 호화롭게 즐기는 생활(生活)을 했다. 이 부자가 믿음으로 하나님께 감사하는 생활이나 어려운 이웃을 위해 좋은 일을 하지 않고 오직 자기만을 위해 호화로운 생활을 하고, 사치(奢侈)와 연일 즐기고 방탕(放蕩)하는 것은 하나님 앞에 죄(罪)이다. 어느 분이 돈 많은 사람은 죄인이라고 하는 말이 내 마음에 와 닿은 적이 있다.

부자는 재물을 가지고 마음을 높이고 마음이 부요하고 자기만을 위해 재물을 사용하고, 호화로이 연일 잔치를 하며 향락주의로 살았다. 재물을 위해서 예수님을 영접치 못했다. 어느 믿음 좋은 대기업 회장님은 겸손하고 식탐 식욕을 멀리하고 못살았던 과거를 잊지 않고 예수님의 십자가를 같이 지고 따르려고 년 중, 한 달 정도는 금식을 행한다고 한다.

나와의 싸움이 가장 힘든 것인데, 도에 도통하신 분 들, 또 암(癌)과의 투쟁 등 힘든 싸움에서 승리하는 자는 항상 나와의 처절한 싸움에서 승리한 분들이었다. 인천이 고향인 코미디언 0모씨는 마음이 해이해지고 생업에 게으름을 피우는 것을 다스리기 위해, 과거에 코미디언 시절, 연중 1개월 이상 건축현장(建築現場)에 가서 등짐을 지고 노동을 하며 마음을 다스리며 절제하고 극기(克己)를 생활화 하다가, 요즘은 목사님이 되셔서 틈만 나면 기도를 생활화하시는데 차를 운전하는 중에도 기도를 한다고 한다.

이렇듯 쉼 없는 기도 생활을 한다는 그런 훌륭한 목사님, 많은 양떼를 거느린 훌륭한 목서님께 앞날의 축복을 빈다. 천국준비를 잘하시는 회장님, 목사님이라고 생각한다. 일반적으로 가난한자가 마음도 가난한 자리에 처하기 쉽고 물질이 풍부하면 마음도 풍부하여 사치와 방탕과 향락으로 기울어지기 쉽다고 본다.

부자 나라인 선진 국민의 신앙상태(信仰狀態)를 비교해 보면 알 수 있다. 세상에는 10만개 이상의 종교가 있고 100만이 넘는 신이 있다고 한다.(저널리스트 겸 사진작가인 가리 해리슨이 전 세계 여러 나라를 다니며 신자들에게 질문을 던져 알아 냄), 단 김일성 왕조(王朝)의 북한만이 김일성 3대만을 유일한 신으로 모시고 있는 나라다. 반면 심리학자(心理學者) 애드리언 화이트가 전 세계 8만 명을 설문 조사해 만든 '세계의 행복 지도'에서 가장 행복한 나라로 꼽힌 덴마크는 국민 중 무신론자의 비율이 세계에서 세 번째로 높다.

덴마크 국민의 43~80%가 특정한 신을 믿지 않는다. 이렇듯 부유한 선진 국민의 신앙상태와 그들보다 부요하지 못한 한국 국민의 신앙 상태를 비교해 보아도 잘 알 수 있다.

예수께서 마태복음 19장에서 "다시 너희에게 말하노니 낙타가 바늘귀로 들어가는 것이 부자가 하나님의 나라에 들어가는 것이 쉬우니라."고 하였다. 이 세상에는 다음과 같이 네 종류의 사람이 있다고 볼 수 있는데,

① 물질적으로 부요하고 ,마음도 부요한 자
② 물질적으로 가난하고, 마음도 가난한 자
③ 물질적으로 부유하나, 마음이 가난한 자
④ 물질적으로 가난하나, 마음이 부요한 자이다.

물질적으로 부요하든지 가난하든지 심령이 가난하면 복 있는 자이다.

위 네 종류 중 ②와 ③같은 자면 복 있는 자이다. 나사로는 죽어서 아브라함의 품에 들어갔고 부자는 죽어서 지옥으로 갔다. 이것을 보면 나사로는 예수님을 믿었고 부자는 믿지 않은 것이 분명하다. 로마서 4:16에 "아브라함은 그리스도를 믿는 자의 조상(祖上)"이라고 했다.

그러므로 그리스도를 믿는 자가 아니면 아브라함의 품에 들어갈 수가 없다. 그리스도를 믿지 않는 자는 누구나 자기의 죄값으로 지옥(地獄)에 가게 된다. (陰府)의 헬라 원어 하데스는 '게엔나나 구약의 히브리어 스올이나 같은 말이다.' 그 뜻은 '무덤이나 죽음의 상태, 사후에 죄인의 영혼이 가는 불붙는 형벌의 장소,' 즉 지옥(地獄) 등을 가리키는데 본문의 음부는 24절에 '불꽃 가운데'하고 했음으로 지옥을 가리키는 것이 분명하다.

나사로는 살았을 때 많은 고난을 받았으나, 죽은 후에는 생명

수가 강같이 흘러가는 낙원에 가서 소원대로 생수를 마시며 충만(充滿)한 기쁨과 만족을 얻게 되었다. 요한복음 7장에 "나를 믿는 자는 성경에 일컬음과 같이 그 배에서 생수의 강이 흘러나리라"고 했다.

나사로는 이 세상에 있는 동안 그리스도를 믿어 아브라함의 자손이 되어 마음속에 생수의 강이 흘러내렸고 사후에도 생명수 강이 흘러내리는 낙원에 가서 영원히 거(居)하게 되었다. 이것이 믿는 자의 사후 세계다. 부자는 죽은 후에 그 영이 지옥에 들어가서 불꽃 가운데서 고통을 당하게 되었다.

지옥은 구더기도 죽지 않는 곳이요, 물 한 방울도 없어 목이 타는 곳이요, 그 고통은 이루 말할 수 없이 큰 곳이다. 부자는 물 한 방울 없는 생명의 역사와 위로가 전혀 없는 지옥의 고통가운데서 눈을 들어보니 멀리 아브라함의 품속에서 나사로가 평안히 쉬고 있는 것을 보았다. 지옥에서 천국에 있는 성도(聖徒)를 볼 수 있게 되어있다.

그러나 지옥에서 천국에 갈수도 없고 천국에서 지옥으로 갈 수 없다. 부자가 지옥의 고통 가운데서 아브라함을 불러 말하기를 나사로를 보내어 '손가락 끝에 물 한 방울이라도 찍어서 자기 혀를 서늘하게 해달라'고 부탁했다. 이처럼 지옥에는 조그마한 위로나 생명의 빛이 없고, 흑암(黑暗)과 고통이 가득 차 있는 곳이다.

부자는 살았을 때에 세상에서 사치하고 방탕 하느라고 내세(來世)의 일을 준비하지 않았다. 그러나 나사로는 세상에서 많은 고난을 받으면서도 내세 준비를 위해 그리스도를 영접하고 믿음으로 살았기 때문에 천국에 가서 위로를 받았다. 혹 나사로가 믿음을 지키다가 쫓겨나서 고난 받는 생활을 했을지도 모른다. 누구나 심은 대로 거두는 법이다.

고난 중에 믿음을 지키기 때문에 당하는 고난이 있다. 이러한 고난을 받는 자는 상급이 크다. 애매하게 받는 고난도 있다. 우연히 가난하거나 몸에 병이 들어 고난당하는 자는 애매하게 고난 받는 자라고 할 수 있다. 애매(曖昧)하게 고난을 받는 자도 그 고난을 받는 중에 낮아져서 하나님께 부르짖는 생활을 하면 하나님을 만나게 되고 그리스도를 깨달아 새 생명을 얻는다.

나사로가 당하는 고난도 아마 그런 고난이었을 것이다. 천당과 지옥 사이에는 큰 구렁이 끼어 있어 서로 오고 가고 할 수 없다. 별과 별 사이가 공간으로 되어 있는 것과 같다. 그러므로 일단 천당에 간 사람은 지옥에 갈 수 없고 지옥에 간 사람도 도저히 천국에 갈 수 없다.

그러므로 세상에 있을 때에 믿고 내세를 준비하지 않으면 죽은 후에는 다시 기회가 없다. 이 부자가 자기는 이미 지옥에 왔으므로 다시 변경할 수 없는 것을 알고 세상에 살아 있는 자기의 다섯 형제(兄弟)는 자기가 있는 지옥에 오지 않게 하려고 나사로를 세상에 다시 보내 다섯 형제에게 전도하여 지옥에 오지 않도록 해 달라고 아브라함에게 아버지여 나사로를 내 아버지의 집에 보내소서! 하고 부탁하였다.

아브라함이 부자에게 답변(答辯)하기를 죽은 자가 다시 살아서 그들에게 갈 필요가 없고 모세와 선지자들에게 듣고 믿으면 될 것이라고 했다. 모세와 선지자들은 모세와 선지자들을 통해서 주신 구약성경(舊約聖經), 즉 하나님의 말씀을 가리킨다. 그러므로 복음 전도 받는 것을 가리킨다.

부자가 아버지 아브라함이여 만일 죽은 자에게서 저희에게 가는 자가 있으면 회개(悔改)할 것입니다. 그러니 죽은 나사로가 다시 세상에 나가서 전도하면 세상에 있는 형제들이 회개하고 믿을 줄로 알았다. 그러나 성경은 복음을 전하는 자의 말씀을 듣고, 믿지 아니하는 자는 죽은 자가 살아나서 내세의 일을 말해주어도 믿지 않는다고 했다.

그러므로 복음(福音)을 전하는 것은 죽은 자가 살아나서 말하는 것보다 더 힘이 있고 중요하며 그 말씀을 받는 자가 참으로 복 있는 자이다.

3. 전도(傳道)

20여 년 동안 나는 건물관리 용역 사업을 하면서 인연을 맺은 대기업체, 건설업체 그리고 많은 건물주 사장님이 계시다. 그 중 한 건물의 일부소유 건물주 사장님이 계셨는데 20여년을 변함없이 용역사업을 이어갈 수 있도록 은혜를 베풀어 주심으로 부모님처럼 생각하며 지낸 분이 오랫동안 중풍(中風)으로 고생하셨다.

연세가 80을 넘게 되시며 갑자기 쇠약(衰弱)해지시며 천국준비를 하시는지 주변정리를 하나하나 해 가시는 것이 눈에 보였다. 지난여름 점심때쯤에 업무상 저희 일을 도와주시려고 우리 사무실에 오셔서 좋은 음식을 대접해 드리려고 좀 근사한 곳에 가서 외식하자고 말씀드렸더니 우리에게 부담을 주시지 않으시려고 극구 중국집에 짜장면을 시켜 먹자고 하셔서 대접해 드렸는데 그 후 3개월을 더 사시다가 영원한 하늘나라에 가셨다.

이제 같이 식사(食事)는 영원히 못하게 되었다. 무신론자(無神論者)이셨는데 돌아가시기 1개월 전쯤에 모 병원 중환자실(重患者室)에 갑자기 입원하시게 되었다. 회사 일을 돕고 있는 아내와 같이 면회를 다녀와서 어른의 큰아드님께 돌아가실 것 같으니 외람(猥濫)되지만 예수님을 영접케 해 드리고 천국가게 해 드림이 어떻겠느냐고 조심(操心)스럽게 물어 보았다.

그랬더니 당신의 어머니께서 찬성하지 않을 것이라는 답변(答辯)이 돌아와 사전에 어머님께 연락을 취하고 다음날 면회 갈 예정이오니 어머님을 뵈올 수 있겠느냐고 여쭈었더니 작은 아드님 부부가 어머님을 모시고 있었기에 그 어머님께서 작은 아드님부부와 다음날 병원에 오셔서, 같이 면회하고 아벗님을 예수님을 영접(迎接)케 하고 천국 가시게 하여드림이 어떻겠느냐고 조심스럽게 여쭈어 보았더니, 가족의 뜻을 모아 의견이 허락(許諾)되면 연락(連絡)해 준다고 말씀하셔서 천만다행으로 알고 돌아와 답변을 기다리고 있었는데 2~3일쯤 후에 그렇게 해달라는 허락이 떨어져, 섬기는 교회의 목사님께 말씀드리고 그 다음날 면회 가기로 작은 아드님부부와 어머님께 알리고, 그 다음날 그 분 둘과 병원 중환자실에서 만나 그 목사님인도(引導)로 말씀도 못하시고 의식불명으로 산소 호흡기를 의지하고 숨만 어렵사리 쉬고 계신 건물주사장님께 목사님께서 말씀하시기를, 예수님께서 십자가(十字架)에 못 박히셔서 돌아가시기 직전, 십자가에 달린 행악자(行惡者)가 좌, 우편에 한명씩 있었는데 한명은 예수님을 비방하여 이르되,

'네가 그리스도가 아니냐? 너와 우리를 구원하라 하되,' '하나는 그 사람을 꾸짖어 이르되' 네가 동일한 정죄(定罪)를 받고서도 하나님을 두려워하지 아니하느냐? 우리는 우리가 행한 일에 상당한 보응(報應)을 받는 것이니 이에 당연하거니와 '이 사람이 행한 것은 옳지 않은 것이 없느니라.' 하고 이르되 '예수여 당신의 나라에 임하실 때에 나를 기억 하소서' 하니 '예수께서 이르시되 내가 진실로 네게 이르노니 오늘 네가 나와 함께 낙원에 있으리라 하시니라 하셨습니다.'

목사님께서 누워계신 건물주 사장님께 말씀하시기를 생전(生前)에 예수님을 믿지 아니하셨어도 지금이라도 예수님을 믿으신다면 입을 움직이시고(말씀은 못하시니까), 손발이라도 움직여 믿는다는 표시를 해 주십시오 하니, 그 어른이 입으로 말씀하시려고 입술을 움직이시고 발가락을 까딱이시고 손가락을 움직이시고 계시니, 목사님께서 말씀하시기를 '예수님을 영접하셨으니, 이제 아무 고통도 없는 하나님과 예수님이 계신 천국에 꼭 가시게

되었습니다. 아무런 걱정하지 마십시오.' 하며 팔과 다리를 주물러 주시는데 가족이 손을 대지 말라는 것이다. 이유는 환자분께서 귀찮아하신다는 것이다.

입원하신 후 그 어느 누구도 귀찮아하신다는 명분으로 환자분께 손도 댄 사람이 없었구나. 그 어른이 어떻게 생각하고 계실까 궁금했다. 목사님께서 주물러 드려야 혈액순환이 잘돼 붓기도 빠지고 환자가 편안해하실테니 걱정하지 마시라며 팔과 다리를 주물러 주시는데 나도 같이 정성을 다해 주물러 드리며 쾌차(快差)하시라며 눈물로 위로해 드리고...,

목사님께서 이제 예수님을 영접해 드렸으니 천국에서 천사가 내려와 모시러 올 것이라며 위로의 기도를 해드리고 작은 아드님부부와 사장님 사모님과 점심을 하게 되었는데, 목사님께서도 환자이신 사장님께서 우리 회사에 오셔서 부담주지 않으시려고 짜장면을 시킨 것과 같이 짜장면이 좋다고 시키시고 나도 역시 따라 짜장면을 같이 먹고 헤어진 후, 3일후에 소천(召天)을 하셨는데 사모님께서 나에게 참으로 고맙다는 말씀을 연거푸 하시는 것이다,

사모님께서 하시는 말씀에 환자께서 예수님 영접하시기 전에는 얼굴이 부어 있었고 상당히 괴로운 표정으로 누워 계셨는데 목사님이 세례(洗禮)주시고 예수님 영접해 드린 후로는 붓기가 빠지고, 얼굴이 편안해 지시고, 세례 받으신 3일 후에 편안(便安)히 잠자는 듯한 모습으로 고통 없이 숨을 거두셨다는 것이다.

아버지처럼 생각하던 분을 천국으로 인도했다는 것이 참으

로 다행(多幸)스럽고 마지막 가시는 길에 내가 효도했다는 생각이 들었다. 목사님께서 하시는 말씀이 환자가 일생동안 하나님을 믿지 않았지만 돌아가시기 직전에라도 세례를 받으시고 예수님을 영접하면 하늘의 천사(天使)가 같이 동행 하시고 천국으로 인도하셔서 근심, 걱정 없이 편안히 3일 만에 숨을 거두신 것이란다.

하나님을 믿지 않고 예수님을 영접하시기 전에는 저승사자(저승使者)가 지옥(地獄)으로 끌고 가려하니 안 따라가려고 몇 개월은 숨을 거두지 않았을 것이라고 말씀 하셨다.

미망인(未亡人)께서 하시는 말씀이 숨만 쉬시고 누워서 괴로워하는 모습으로 그것도 산소 호흡기(酸素呼吸器)에 의지해서 숨을 쉬시며 생명을 더 연장하면 무엇 하시느냐며, "그런 모습으로 오래 사실까봐 내심 걱정했는데 환한 얼굴로 돌아가셔서 틀림없이 천국에 가셨다고 굳게 믿고, 기쁘게 보내 드렸다."고 하시면서 나에게 수없이 고맙다고 말씀하셨다. 나는 아버지같이 모시던 그런 분을 돌아가시기 직전에라도 예수님께 인도할 수 있도록 지혜를 주신 하나님께 모든 영광(榮光)을 돌렸다.

그렇다. 일생을 사는 동안 예수님 잘 믿고 하나님 말씀을 따라 순종하고 천국을 미리 예비한다면 하늘 본향 천국은 내가 가는 마지막 길이 될 것이다. 목사님께서 하시는 말씀에 사람이 숨을 거두어도 귀는 대개 3일 동안은 열려 있어서, 숨을 거두시고 난 후에도 망자 앞에서 자손들이 다투거나 귀에 거슬리는 소리는 일체 안 하는 것이 망자에게 예의를 표시하는 것이라고 말씀하셨다.

숨은 거두셨어도 다 듣고 있으니, 좋은 소리만 하고 나쁜 소리는 일체 하지 말아야 된단다. 그래서 보통은 3일장을 치른다는 것을 그 때 알게 되었다. 예외 없이 3일장(3日葬)을 치르게 되셨고 돌아가신 3일 후 새벽에 목사님께서 먼 길도 마다하시고 시무(視務)하시는 경기도 이천에 있는 덕평 교회에서 오셔서 발인 예배(發靷禮拜)를 인도 하시고, 남한강 공원묘원에 가서 하관식(下棺式)도 기독교식으로, 목사님인도로 설교를 하시고 찬송가를 부르고 목사님 기도로 하관 예배를 인도하셔서 이승에서의 마지막 작별을 마치고 아버지같이 모시던 건물주 사장님을 천국에 보내 드렸다.

그 후 다시는 뵐 수 없다.

우리의 교훈 국가

이스라엘, 베네치아, 중국

··· 제9장 ···
우리의 교훈 국가
이스라엘, 베네치아, 중국

1. 이스라엘

이스라엘과 이집트의 전쟁으로 이집트 땅이었으나 1993년 이스라엘 라빈 총리와 팔레스타인 해방기구(PLO)가 잠정자치에 관해 원칙을 합의하면서, 가자 지구는 팔레스타인이 살고 있다. 팔레스타인이 거주하게 된 것이다.

동예루살렘 라말라, 베들레헴은, 서요르단강 지구로 1967년 이스라엘이 점령하였고, 1995년 12월 팔레스타인에 반환하고 철수하였으므로 이곳도 팔레스타인이 살고 있다.

예루살렘은 정치적 수도이고, 텔아비브는 이스라엘 제1의 도시다. 동(東)예루살렘에는 사적(史跡). 성적(聖跡)이 많으며, 통곡의 벽(유대교), 성묘(聖墓) 교회(그리스도교), 오마르 사원(이슬람교) 등이 특히 유명하다. 그리스도교와 이슬람교가 많으며, 순례자와 관광객을 위한 호텔. 레스토랑, 상점 등이 많고 서(西)예루살렘은 이스라엘의 정치. 문화의 중심지이며, 정부청사와 헤브라이대학. 국립박물관. 미술관 등이 있다. 또 금속. 담배. 플라스틱. 신발. 전기기구 공장 등이 있다.

텔아비브는 상가와 번화가의 중심을 이루는 시의 북부와 남부는 공업지대이며, 주종(主種)은 섬유, 약품, 식품, 가구 등이다. 주변의 도시화가 진척되어 라마트간, 베네베라크, 홀론 등 인접한 위성도시(衛星都市)와 시가지가 이어져 광대한 도시권을 형성하고, 철도 도로 교통의 중심지로 리다 공항이 있다.

텔아비브 대학. 박물관 미술관 등 문화시설이 많으며, 텔아비브항(港)과 야파 항(港)은 연안 어업 및 무역의 기지다.

이스라엘은 국토면적(20,770㎢)에 인구 780만 여명의 우리나라 강원도만한 땅 넓이를 가진 소국이다.

☕ … 첫째 이스라엘 역사

B.C 2093~2083 '아브람'이 고향인 메소포타미아 우르를 떠나, 팔레스타인 땅으로 이주하였다. 아브람이 99세때에 여호와께서 아브람에게 나타나서 '내가 내 언약을 나와 너 사이에 두어 나를 크게 번성하게 하리라'고 언약을 세우시고 '이제 후로는 아브람이라 하지 않고 아브라함이라 하리니 이는 내가 너를 여러

민족의 아버지가 되게 함이니라.'

아브라함이 100세 때, 그의 아내 사라가 이삭을 낳고 이삭은 야곱을 낳고 야곱이 열두 형제를 두어 열두 지파가 되고 그 후 예수님 시대에 열두 제자가 나온다. 열두 아들 중 열한번 째 아들 요셉이 이집트로 종으로 팔려가 이집트의 총리가 되고 이스라엘의 기근으로 굶어죽게 되자 야곱은 72인의 가족을 이끌고 이집트로 이주한다.

이집트의 왕이 바뀌어 이스라엘 민족은 이집트에서 종(從)으로 전락하고 박해를 받다가, B.C 1447~1438 모세의 인도로 이집트를 탈출하여 가나안 땅에 정착하고, 산악지대에서 생활했다. 이후 제 1차, 제 2차 성전(聖戰)시대 때에, B.C 333 알렉산더 대왕의 팔레스타인의 점령 및 제 1차 유대인의 반란이 일어나고, 예루살렘은 멸망하게 된다. 그 후 제 2차 유대 반란 등의 사건을 겪으며 현대의 이스라엘이 건설 되었다.

♨ ⋯ 둘째 현대 이스라엘의 건설

— 제6차 시온주의 총회에서 우간다가 제안을 결의한다. 제 7차 총회에서 우간다 제의 공식 부결로, 팔레스타인에 유대인의 이주계획 결의가 이뤄진다. 제8차 총회에서 팔레스타인 이주를 우선적으로 추진키로 결의하게 된다.

— 벨푸어 선언 (Bar four Declaration) : 1917. 11. 2. 벨푸어 외상은, 유대인들이 거주할 향토를 팔레스타인 지역에 건설하는 것을 지지하겠다고 약속하는 서한을 발송한다.

1919년 팔레스타인 지역으로 유대인의 대규모 이민 시작된다.

—▫ 유대인 대학살(Holocaust) : 2차 대전 기간 중 600만명(어린이, 여자 150만명)이 나치 독일 히틀러에 의하여 학살 되는 비극이 발생한다.

☕ ⋯ 셋째 현대 이스라엘의 독립

—▫ 1942. 4 바이츠만이 뉴욕에서 유대 지도자들과 빌트모어 계획을 수립하여 팔레스타인으로 향한 대규모의 유대인들에게 이민의 문을 개방한다.

—▫ 1947. 7 프랑스 출항하여 엑소더스호에 탑승한 이민자 4,500명이 하이파 항에서 상륙을 거부당한 후 끝까지 투쟁한다.

—▫ 1946. 12월 제 22차 시온주의 총회에서 영국이 제안한 모리슨–그래디 안이 거부된다.

—▫ 1947. 11.29. UN안보리는 33:13으로 팔레스타인 분할 독립안을 가결하게 되며, ~~ 1948. 8. 1. 영국군이 철수한다.

—▫ 독립전쟁을 하게 되며, 이 전쟁을 승리로 이끌며 독립하게 된다.

☕ ⋯ 넷째 팔레스타인의 역사

이 지역은 옛날에 가나안이라고 부른 곳이며, 성경말씀에는 블레셋이라고도 한다. 팔레스타인이라고 부른 것은 B.C 12세기에 팔레스타인(人)들에게 지배를 받게 된 뒤부터이다. B.C 11세기에 히브리인들이 이스라엘 왕국을 건설하여 솔로몬 왕 시대에는 찬란한 영화를 누렸으나, 솔로몬이 죽은 뒤 북이스라엘, 12지파 중 10지파의 대표격인 여로보암이 반란을 일으켜 북이스라엘을 차지하고, 솔로몬 왕의 아들인 르호보암 왕이 노 신하들의 왕의 아버지 솔로몬 왕이 '우리에게 메운 멍에를 가볍게 하라 하였거늘(지혜로운 조언)' 보다, '함께 자라난 소년'들이 왕께 아뢰어 이르되,

　이 백성들이 왕께 아뢰어 이르기를 '왕의 부친인 솔로몬이 우리의 멍에를 무겁게 하였으나 왕은 우리를 위하여 가볍게 하라 하였은즉' 왕은 대답하기를 내 새끼손가락이 내 아버지의 허리보다 굵으니, 내 아버지(솔로몬)께서 저희에게 무거운 멍에를 더욱 무겁게 할지라. '내아버지는 채찍으로 너희를 징계하였으나, 나는 전갈 채찍으로 너희를 징계하리라 하소서' 하고 아뢰는 젊고 교만한 신하들의 조언을 받아들여 남 유다로 분열되었습니다. 이러한 역사적 배경이 이스라엘의 멸망을 가져오고 2000여 년간 나라 없이 고통을 당했습니다. 지도자의 그릇된 판단이 한 민족의 불행을 가지고 왔음을 생각할 때, 지도자의 순간의 선택이 한 민족의 수 천년의 장래를 결정지음을 교훈으로 새겨야 될 일이다.

　강원도만한 땅의 이스라엘이 이집트를 이긴 것 같이 우리도 중국의 만리장성을 넘어가기 위해서는 이스라엘 민족처럼 하나로 뭉쳐 중국의 날아오는 핵폭탄을 막을 수 있는 실력을 길러야

한다. 우리는 원자폭탄 한 개 없다. 북한도 세계의 여론은 안중에도 없고 핵실험을 계속하고 있다.

우리는 원자폭탄 대신 과학을 발전시켜 원자폭탄이 날아올 때 넘어오지 못하게 방어하여 중국과 북한 상공에서 요격해 우리 땅에 날아오지 못하게 하고 중국과 북한 땅의 상공에서 터지게 할 수 있는 장치를 마련해야 우리가 산다.

전 세계는 알렉산드로스 대왕 군대의 통치를 받게 되었으며, BC 1세기에는 로마제국의 지배하에 들어갔다. 636년 이슬람교를 바탕으로 뭉쳐진 아랍인들이 로마를 격파한 이후 팔레스타인은 오스만투르크령 시대(1516~1917)를 포함, 이슬람교도들의 지배가 계속되었다. 다만 그 동안에도 12세기의 제 1차 십자군(十字軍)이 예루살렘 왕국을 건설하여 이곳을 통치하기도 했다. 이러한 역사적 과정으로 말미암아 팔레스타인에는 유대교. 그리스도교. 이슬람교의 성지(聖地)가 함께 있는 복잡한 종교적 '숙명(宿命)'을 안고 있다.

제1차 세계 대전 이후 팔레스타인은 영국의 위임 통치령이 되었으나 세계 대전 기간 중 팔레스타인 처리 문제를 두고 영국이 두 가지의 모순된 선언을 발표함으로써, 팔레스타인을 둘러싸고 아랍 유대인 사이에 심한 대립을 빚게 되었다.

① 분쟁의 역사
이스라엘과 팔레스타인 분쟁은 유태인들이 제2차 세계대전

이후 성서의 2000년 기록을 근거로 이 지역에 대한 권리를 주장하면서 이스라엘 국가를 건립한데서 비롯되었다. 팔레스타인 지역은 서기 135년경 이 곳에 거주하고 있던 유태인들이 로마에 의해 추방된 후 아랍인들에 통치되어 왔다. 아랍인들은 살센제국의 건설 이후, 동로마제국을 멸망시키고, 팔레스타인 지역을 장악하였으며 예루살렘을 성도(聖都)로 삼아 왔다. 그 후 이 지역은 십자군 원정이 있었을 때 기독교도들에 의해 일시적으로 점령당한 기간을 제외하고는 아랍 이슬람교들에 의해 지배되어 왔다.

이스라엘과 팔레스타인 분쟁은 이스라엘의 역사 속에서 원인과 시발점을 찾아볼 수 있는데 BC 13세기 이스라엘 민족은 모세와 여호수아의 지도하에 이집트로부터 탈출하여 약속의 땅인 가나안(현 팔레스타인 지역)으로 들어갔다.

이스라엘 민족이 가나안으로 들어간 비슷한 시기에 남부 해안 지역으로 해양민족인 팔리스틴 사람들이 이주하고 양 민족 간에 영토 분쟁이 시작되었다. 팔리스틴은 영어로 Phili -stine 이고 이 사람들이 현 팔레스타인(Palestine)이므로 바로 이 시점이 팔레스타인 분쟁의 시발점으로 볼 수 있겠다.

19세기 후반 유럽에서 반 유태인 운동이 전개되고, 그에 대응하여 유태인들이 '조국의 건설'을 목표로 민족주의 운동을 확산시켜 나가면서부터 팔레스타인 지역의 수난이 시작되었다.

유태인들은 1897년 8월 스위스의 바젤에서 개최된 제1차 시온주의자 회의에서 자신들의 조국을 팔레스타인 지역에 건설한

다는 이른바 '바젤 계획'을 채택하였는데 그들은 이 계획에서

- 유태인 농업, 공업, 노동자에 의한 팔레스타인 식민지화 촉진
- 각국의 법률에 따라 적절한 지역적 또는 국제적 기관에 의해 유태인 전체의 조직화와 결속 도모
- 유태인의 민족적 감정 및 의식 강화 육성
- 시온주의의 목적을 달성하기 위해 각국 정부의 동의를 얻을 수 있는 예비적 조치 강구 등을 결의하였고,

이로 인해 지금까지 이스라엘과 팔레스타인은 서로 적이 되어 싸우고 있는 것이다.

☕ ··· 다섯째 이스라엘의 경제와 과학

지금 전 세계에서 가장 강력한 경제는 이스라엘이다. 통화, 재정정책, 비즈니스 친화적인 산업 환경 모두 세계 최고이다. 지난해에 이어 올해도 글로벌 경제침체가 예고되는 세계 경제 상황에서 이 나라는 강원도만한 땅을 가진 소국이 이스라엘이다. 글로벌 금융위기 이후 세계 각국이 무성장 또는 마이너스 성장으로 곤두박질칠 때, 이스라엘은 거꾸로 빛을 발하는 세계 전체 평균 성장률이 마이너스 0.7%일 때, 이스라엘은 1인당 소득 3만 달러 이상 선진국 가운데 유일하게 플러스 성장(0.8%)했다. 2010년부터 이스라엘의 성장률은 4% 후반으로 치솟았다. 지난해에도 3.3% 성장률을 기록하며 선진국들을 압도했다.

실업률은 지난해 2분기(6.7%) 30년 만에 최저로 떨어졌고

'바이 이스라엘(Buy Israel)' 열기는 매년 신기록을 갈아치우며 폭발하고 있다. 2009년 44억 달러이던 외국인직접투자(FDI)는 2010년 52억 달러, 2011년에는 114억 달러로 급증했다. 지난해 상반기까지 이스라엘 증시의 최근 10년간 수익률은 노르웨이와 홍콩에 이어 24개 선진국 가운데 3위이며, 전쟁 등에 따른 국가 리스크 변동성을 제외하면 압도적인 세계 1위이다.

부동산 시장도 20년 만에 최대 호황을 구가한다. 예루살렘 동쪽 길로(Gilo) 지역에는 1000여 가구가 입주할 아파트가 건설 중이고 텔아비브 시내 전역에는 굴삭기 굉음 소리가 진동하고 있다. 주위는 이들이 두드리는 노트북, PC 자판 소리와 영어, 아랍어, 히브리어. 중국어 등의 언어가 뒤엉켜 더 요란했다.

이스라엘의 실리콘 밸리(silicon Valley)격인 '실리콘 와디 (wadi.히브리어로 계곡이라는 뜻)'인 이곳에는 지난해 애플. 씨티그룹. 바클레이스, '벤처기업 혁신센터'를 열었다. 벤처기업 관련 자금 조달 육성이 목적이다. 이스라엘 전역에 10여 곳 있는 실리콘 와디는 총수출의 40%(460억 달러. 2011년)를 맡으며 IT 등 하이테크 산업을 견인하고 있다. 이스라엘 경제의 활황세는 사방이 적(敵)으로 둘러 쌓여 있고, 총인구의 10%는 생산력이 전혀 없는 초 정통파 유대인들이며, 전 국토의 60%가 사막으로 뒤덮여 생필품의 해외 의존도가 절대적으로 높은 삼중고(三重苦)를 이겨내면서 불붙고 있다는 점에서 한층 값지다.

전문가들은 이스라엘 경제의 특징으로 안정된 거시 경제.금융 시장과 창의성이 충만한 인력, 창업국가로 불릴 만큼 뜨거운 창업 분위기를 꼽는다. 일례로 이스라엘의 벤처 기업 수는 인구 15명당 1개꼴로 세계 최고 수준이며, 이스라엘의 벤처 캐피털 투자액수(2010년 기준)는 미국의 2.5배, 유럽 전체의 30배, 인도의 350배이다.

여기에다 미국, 영국, 러시아 등 세계 각지에 흩어져 있는 디아스포라(Diaspora.유대인 공동체)를 상대로 적극적인 흡인 정책을 펴 연평균 4만 8000명씩 지금까지 309만 명의 해외 유대인들을 끌어들였다. 우리는 3공화국 때 박대통령께서 과학육성이라는 기치아래 전 세계에 흩어져 있는 유수 한국 과학자들을 불러들여 키워서 과학 한국의 앞날을 이뤄 선진국으로 가고자 하였으나 대통령의 급작스런 서거로 정권이 바뀌면서 과학 앞날의 뜻을 이루지 못했다.

지금이라도 이스라엘처럼 세계에 흩어져 있는 한국의 디아스포라(diaspora)들을 끌어 모아 좋은 대우를 해 주며 그 시절 이룩하지 못한 과학 한국의 앞날을 열어가야 하겠다. 이들은 현재 이스라엘 인구의 약 40%를 차지한다.

이들을 밑거름으로 과학 기술에 매진, 이스라엘의 GDP 대비 연구. 개발(R&D) 투자 비율(4.4%)은 세계 1위이다. 용광로처럼 달아오르고 있는 이스라엘 경제의 경쟁력과 성장 원천을 우리는 주시하지 않을 수가 없다.

☕ … 여섯째 이스라엘 금융정책

잠언 26장에 "빚지지 마라. 채주의 종이 된다."고 하였다. 명심하고 지켜야 할 진리의 하나님의 말씀이다. 이스라엘 국민은 비싼 자동차나 주택을 그다지 선호하지 않는다. 그래선지 가계 부채 비율이 세계 최저 수준인 GDP에 대비 약 50~60%(한국은 GDP의 100%)를 최근 7~8년간 유지하고 있다. 국민 1인당 소득 대비 저축률도 12%로 OECD회원국 중 4위이다.

그럼에도 이스라엘 GDP의 60%는 민간 소비에서 발생하고 있다. 빚을 내지 않으면서도 작지만 강한 내수 경제가 성장 동력이다.

🚐 ⋯ 그러면 우리는 어떤가?

2013년은 수입차 vs. 국산차 전쟁

– 중소형 시장도 접전. 경기도 평택시 포승읍 평택국제자동차부두(PIRT)에는 BMW. 아우디. 폴크스바겐 등 독일산 자동차가 대기할 땅이 모자를 정도로 야적장을 채우고 있다. 수입차는 작년에 국내시장에서 점유율 10%를 돌파했다고 한다.

이 기세대로라면 2013년에는 총 15만대, 점유율 11.5%까지 높아질 전망이라는데 중 · 소형 대중차가 시장폭발 주도하여 수입차 점유율(占有率)이 불과 5년 만에 두배로 성장하였는데, 우선 벤츠. BMW. 렉서스 같은 고급차 브랜드 중. 소형 대중차(배기량 2L 미만)가 주축인 폴크스바겐은 벤츠. BMW를 제치고 1위를 기록했단다.

현대. 기아차 "값 내려서라도…" 외국산 자동차 수입을 막아야 한다. 아니다. 이스라엘을 배워 값비싼 외국자동차보다는 국

제 9 장 우리의 교훈 국가

산 자동차를 타야 된다. 국민정신의 개조가 필요한 때다. 이스라엘과 대비되는 현황이다.

🚐 … 우리가 월급고통 겪는 고통이유

① 신용카드사용(남발)

② 비상금 사용(현금보유 없음)

③ 현금서비스사용(빚, 이자)

④ 얻어먹는 등 주위의 신세(빚)

☕ … 일곱째 **부동산 시장**

이스라엘은 세계 대다수 국가와 달리 최근 부동산 붐이 일고 있다. "1990년대 초부터 2007년까지 주택 가격이 거의 오르지 않다가 글로벌 금융위기 후 주택가격 상승(上昇)으로 부동산 호황이 찾아왔다." 이는 기준금리 인하 조치로 모기지 금리가 최근 2%대까지 하락한 영향이 크다.

실제 부동산 수요의 20~30 %만 공급되고 있는데, 이는 전 국토의 93%를 소유하고 있는 정부가 민간에 땅을 비싸게 소량만 팔고 있기 때문이다. 이스라엘 중앙은행의 시장개입 정책이 잘 반영되고 있는데 그 이유는 '미국 등 선진국보다 훨씬 건전한 시중은행들이 버팀목이 되고 있기 때문'이다. 이스라엘 최대 시중은행인 하포아림(Hapoalim. 자산 102조원)을 비롯한 5대 은행들의 해외 단기 자금 조달 비중은 10% 남짓하다.

예대율(은행 예금에 대한 대출 잔액 비율)도 약 80%(편집자 주: 100%

가 넘어가면 예금보다 대출(貸出)이 더 많아 건전성이 불량하다는 신호(한국 신용은행들은 95%수준)이다. 모기지를 갚지 못하면 재산을 모두 압류하는 엄격한 정책을 고수한다.

우리나라의 부동산 현황은 어떤가? 진단한다. 노무현 시대부터 부동산 정책의 잘못으로 폭등하더니 지금은 깡통주택이 됐다. 대출이자 받고 집을 사신 분들은 대출금이 집값을 앞서가는 부동산 폭락시대를 맞고 있다.

정부와 금융기관의 대책이 필요한 때다. 슬기롭게 잘 극복되기만을 바랄 뿐이다.

☕ ··· 여덟째 군대와 같은 비즈니스 훈련장(이스라엘의 성공 DNA)

노벨상 수상자를 10명 배출한 이스라엘은 인구 대비 세계 5위의 '두뇌 강국(强國)'이다. 여기에다 연구개발(R&D)에 '올인'하는 국가 정책과 후츠파(뻔뻔함, 오만함)로 압축되는 활발한 토론 문화가 겹쳐 창의성 넘치는 고급 인재가 풍부하다.

텔아비브에서 남쪽으로 22Km쯤 떨어져 있는 와이즈만 연구소 (Weizmann Instit ute of Science)는 이를 상징하는 현장이다. 이스라엘 초대 대통령인 하임 와이즈가 세운 이곳에는 젊은 과학자 1220명과 석. 박사 과정을 이수중인 학생 110명 등 2300여명이 연구에 몰입(沒入)하고 있다.

연구소 관계자는 "자체 특허권을 통한 연간 로열티 수입액만 100억 달러가 넘는다."고 했다. 이스라엘은 경제 활동인구 1만명당 과학자. 엔지니어 수는 140명으로 세계 1위이다.

♟ … 아홉째 독보적인 **틈새시장 발굴과 글로벌 진출**

　좁은 내수시장의 한계(限界)를 벗어나기 위해 틈새시장 발굴과 해외 진출에 열심인 점도 돋보인다. 고객이 스마트폰을 통해 주변에 이용 가능한 타깃(a target)을 골라, 장소. 시간을 선택해 이용토록 하는 '겟택시(Gettaxi)' 앱이 대표적이다.

　2010년 벤처기업인 '겟택시'가 출시한 이 앱은 운전기사에 대한 평가와 의견을 사용자와 공유하는 시스템을 구축, 바가지 요금을 최소화하자는 아이디어에서 출발했다. 미국. 영국.러시아에 진출해 100만 명이 넘는 사용자를 확보했다.

　네이트온. MSN 메신저의 원조인 '아이시큐(ICQ.컴퓨터로 사용자를 호출. 대화하는 프로그램)'도 틈새 돌파 상품이다. 1996년 ICQ를 개발한 '미라빌리스(Mirabilis)'는 창업 19개월 만에 4억 달러를 받고 '아메리칸온라인(AOL)'에 팔아 거액(巨額)을 챙겼다.

　2011년 니베이(eBay)가 2000만 달러(약 220억원)에 인수한 '기프트프로젝트'도 마찬가지다. '와이어드'지(誌)가 선정한 '텔아비브의 10대 벤처기업' 1위에 뽑힌 이 기업은 쇼핑 사이트의 '공동구매' 개념을 '선물구매'에 적용한 것으로 신기술을 적용해 창업한지 2년 만에 매각됐다.

　UBS의 지브 탈 애널리스트는 "닷새마다 벤처기업 한 개가 글로벌 기업에 팔려나갈 만큼 이스라엘 기업인들은 돈을 빨리 벌고 손도 빨리 턴다"고 했다. 2011년부터 지난해까지 다국적기업에 팔린 벤처 기업만 117개, 금액은 130억 달러(약 14조원)에 이른다. 2012년말 현재 미국 나스닥에 상장한 이스라엘 벤처기업

선택의 **갈림길**
⊗
⊚
⊗

286

수(53개)보다 더 많고 미국. 중국에 이어 세계 3위다.

☕ ··· **열째 가장 주력하는 분야는?**

"1991년부터 운영해 오고 있는 이스라엘 내 26개의 인큐베이터(創業保育 center) 시스템이다. 업종별로는 단기적으로 성과 낼 확률이 높은 벤처기업보다는 고위험업종(高危險 業種)으로 투자 후 10~15년 걸려 성과가 나오는 바이오테크, 물. 천연가스 같은 클린테크(clean tech). 생명공약 분야의 벤처기업들을 선별, R&D 예산과 사무실 등을 지원한다. 지금까지 2000여개 벤처기업을 창출했다."

☕ ··· **열한째 구체적인 기업 지원 방식은?**

"한 인큐베이터 센터에 최대 8가지 기업이 키워지는데 우리는 한 벤처기업 당 최대 50만 달러를 2년간 지원한다. 비율은 정부가 전체 지원 금액의 15%, 민간 벤처캐피털(venture capital)이 85%를 각각 지원한다."

🚌 ··· 한국도 인큐베이터(incubator) 시스템이 200여개 있지만 대학이 80% 정도를 운영해 자금수혈(資金輸血) 능력이 부족해 생존에 어려움을 겪고 있다.

"그래서 우린 철저(徹底)하게 자금력과 경영능력이 뛰어난 일반 대기업과 벤처 투자자들을 대상으로 최대 8년 단위로 계약해 이들에게 운영을 맡긴다. 운영하려는 기업과 투자자들이 많아 경쟁률만 매년 5대1 정도다. 매년 75~80개사가 창업 1년 만에 독립한다. 지금까지 키운 90%의 벤처기업들이 생존했다. 이 인큐베이터에는 리카싱 청쿵그룹 회장, 글로벌마케팅 기업인 글로벌 마케팅 기업인 닐슨등도 투자하고 있다."

🚌 … 고위험 사업에 투자하는데 손해가 크지 않나?

"정부는 해당 기업으로부터 매년 매출액의 3~3.5%씩 회수한다. 최근 20여 년간 투자 손실은 제로(zero)이다. 시장의 혁신과 성과에 비례해 지원하는데, 성과가 잘 나는 편이다." 핫손 수석과학관은 200여명의 직원을 둔 바이오 기업 프로탈릭스(Protalix)를 사례로 꼽았다.

이 회사는 세계 최초로 홍당무에서 생산된 원료로 남미에서 유행하는 유전병 치료제를 만들어 작년 5월 미국 식약청(FDA)의 신약 승인을 받았다. 현재 화이자(Pfizer)와 계약을 하고 약물 공급에 들어갔는데, 이스라엘 정부는 프로탈릭스의 출범부터 지금까지 18년 동안 지원해 결실을 보았다.

중소기업의 혁신과 성장을 유도하기 위해 가장 필요한 것은? "확고한 '중소 벤처(venture)기업 육성 의지와 마음가짐이다.' '왜 우리는 노키아 같은 대기업을 만들지 못하느냐'는 의견도 있지만 혁신적(革新的)인 중소기업 중심의 경제가 더 중요하다는 공감대가 크다."

2. 베네치아 공화국을 알자

🚍 … 베네치아공화국을 통해 개척정신을 배운다.

베네치아공화국은 1500년 전·갈대뿐인 늪 지대였다. 아무 쓸
모없는 그곳에 도시가 들어서게 된 것은 AD 452년 훈족 지도자
아틸라가 로마를 침공(侵攻)하는데서 시작되었다. 당시에 아틸
라의 군대가 지나가는 곳마다 시체가 쌓여갔다.

아틸라의 군대(軍隊)에 쫓긴 피난민들이 남쪽으로 남쪽으로
피난하다 더 갈 곳이 없어지자 갈대가 우거진 갯벌에 말뚝을 박
고 그 위에 집을 짓고 살게 되었다. 그렇게 시작된 베네치아에
17만의 인구가 몰려들어 도시를 이루게 되었다. 그들은 온갖 투
쟁(鬪爭)을 거치며 베네치아공화국으로 발전하였다.

그들이 처음으로 국가원수(國家元首)를 선출한 것은 697년이
다. 그 후로 1797년 나폴레옹 군대에 의해 멸망하기 까지 무려
1100년에 걸쳐 공화국을 이어갔다. 작은 나라라 하여 주위의 강
대국들이 무시하여 살아남은 것이 아니었다. 당시의 최대 강국
이었던 터키와만도 4번이나 전면전을 치를 정도로 피나는 투쟁
을 치르며 번영의 역사를 이루었다.

우리의 역사도 중국과 일본의 끊임없는 침략으로 삼국시대
때는 고구려와 백제가 당나라의 소정방군대와 신라의 김유신 장
군 연합군에 의해 차례로 멸망당해 고구려의 영토인 만주가 그
이후 중국으로 넘어가고 작금에 중국은 고구려가 자기나라의 변
방 국가였다고 동북공정(東北攻征)에 나서고 있고, 신라가 어처

구니없는 통일을 이뤄 천년 사직을 이어가다가 멸망하고,

왕건의 고려는 500년 사직을 지켜가면서 이민족(異民族)의 침입으로 하루도 편한 날이 없었으며, 몽고군의 누루하치로부터 삼전도의 굴욕과 함께 동생의 나라로 국권을 상실한 적도 있었으며 조선시대에도 중국과 일본의 끊임없는 침입으로 바람 잘날 없었고, 1592년 에는 임진왜란이 일어나 7년 전쟁 때에 우리민족은 수많은 고초를 당했고 급기야 한일합방(韓日合邦)이라는 36년간의 나라 잃은 슬픔을 맛보아야만 했던 그런 연약한 민족이다.

자원은 소금과 생선밖에 없는 인구 17만의 도시 국가 베네치아가 어떻게 천년이 넘는 세월동안 살아남아 번영을 이루었느냐? 그 비결(秘訣)은 무엇이었을까? 베네치아공화국 1100년의 비결 4가지를 알려주는 로마인이야기의 저자인 일본의 여류작가 시오노 나나미는 베네치아공화국 1100년의 비결을 4가지로 알려준다.

첫째, 불굴의 개척정신이다.
둘째, 17만 전 국민을 하나로 묶은 공동체 정신이다.
셋째, 사기업처럼 경영한 국가 경영이다.
넷째, 유연한 적응력이다.

첫 번째 불굴의 개척정신으로 바다위에 세워진 도시국가이기에 그들에게 주어진 자원(資源)이라고는 바다밖에 없었다. 이에 그들은 바닷길을 개척하여 생존하고 번영을 이루기로 하였다.

먼저 빠르고 튼튼한 배를 만들어 각 나라를 오가며 중개무역(仲介貿易)을 일으키기로 전략을 세웠다.

먼저 시작한 것이 최첨단 기술을 모아 무역선을 전조하는 일이었다. 그들은 각 나라의 선박(船舶)의 장점을 수렴하고 그 위에 독창적인 기술을 더하여 빠르고 튼튼한 겔리선을 건조하였다. 그리고 무역업으로 쌓여진 경제력을 바탕으로 삼아 문화를 발전시켰다.

한 나라가 발전하려면 기업이 일어나야 한다. 기업이 일어나려면 기업을 이끄는 기업가들의 기업가 정신이 왕성하여야 한다. 왕성(旺盛)한 기업가 정신이 경제발전과 국가 발전의 출발점이 된다. 그리고 기업가 정신의 핵심에 세 가지 정신이 있다.

첫째, 개척정신(開拓精神)이다.
둘째, 창조정신(創造情神)이다.
셋째, 공동체정신(共同體情神)이다.

고(故) 현대그룹 정주영(鄭周永)회장님께서 지으신 '나의 삶 나의 이상'에서 기업가의 정신인 무슨 일을 시작하든 '된다는 확신 90%'와 '반드시 되게 할 수 있다는 자신감 10%'외에 안될 수 있다는 불안은 단 1%도 갖지 않고 모든 일을 밀어붙여 이루신 그 불굴의 개척정신(開拓精神)...

1955년 5월 악몽의 고령 교(高靈 橋) 건설공사는 최악의 상황 속에 당초 계약 공기보다 2개월 늦게 완공시키고 계약금액 5

천 4백78만 환보다 많은 6천 5백 여 만원의 엄청난 적자를 보고
도 공사(工事)를 끝까지 마치고도 나는 생명이 있는 한 실패는
없다고 생각한다.

내가 살아있고 건강한 한 나한테 시련은 있을지언정 실패는
없다. 낙관하자. 긍정적으로 생각하자 또 정부에서 엄청난 적자
에도 기어이 공사를 마무리 지은 우리를 모른다고야 안 하겠지
이 고난이 반드시 전화위복(轉禍爲福)이 될 것이다. 그러나 고령
교 공사 결손 빚을 청산하는데 20년이 걸렸다고 한다.

시경(詩經)에서도 '불감포호 불감빙하(不敢暴虎 不敢馮河 : 맨
손으로 호랑이를 잡지 못하고 걸어서는 황하를 건널 수 없다고 했다) 고령 교
공사 시 막대한 적자의 뼈아픈 원인 중 하나인 장비부족 해결을
제일의 목표로 삼아 오늘날 현대가 있게 한 그 불굴의 기업가 정
신을 본받아야겠다.

그리고 길이 없다고 한탄(恨歎)하지 않고 길을 만들면서 차를
몰고 가셨다는 훌륭한 말씀을 되새기고, 우리는 끊임없는 독서
로 앞서 가신 선인들의 지혜와 용기와 불굴의 도전정신을 배워
야겠다.

베네치아 공화국은 최악의 조건에 출발하였지만, 창조정신을
발휘하여 첨단기술(尖端技術)로 선박을 건조하고 그 선박으로
바닷길을 개척하여 무역을 일으켰으며 더불어 잘 살자는 공동체
정신을 발휘(發揮)하여 번영하는 공동체를 건설할 수 있었다.

17만 인구가 한마음 한 뜻으로 뭉쳐 번영을 이루고 국난을 이

겨나가게 할 수 있었던 비결은 공동체 정신에 있었다. 매주 한 차례씩 모여 국가의 현안문제를 논의하고 함께 기도하였다. 그리고 대화와 토론을 통하여 합의된 내용을 상부에 문서로 보고하였다. 그렇게 모여진 보고를 취합하여 국가 정책으로 결정하였다.

그렇게 결정되어진 정책은 과감히 실천하였다. 이런 과정과 시스템이 공동체 구성(構成員)원들의 결속을 강하게 하였고, 안팎으로 다가오는 문제들에 대하여 대처하는 능력을 길러 주었다. 17만 국민들이 국사에 대한 정보의 공유와 세분화된 단위 조직에서 열린 토론을 통한 합의, 국가 대사에 대한 합심 기도 그리고 결정된 정책에 대한 과감한 실행 이런 요소들이 베네치아공화국을 강하게 하였고 안팎이 정세 변화에 대하여 유연하게 대처를 할 수 있게 하였다.

이런 조직은 마치 인체에 혈액(血液)이 온 몸을 제대로 순환하는 것과 같아서 건강한 공동체를 이루는 기본이 된다. 그리고 유사시에 강력한 힘을 발휘하게 한다. 베네치아공화국이 적은 인구로 강대국과 맞설 수 있는 힘은 이런 민주적이고, 공동체적인 조직의 속성에서 비롯되었다. 당면한 문제들에 대하여 열린 마음을 갖고 대화하고 토론(討論))하며 의견을 모은다.

그렇게 모아진 의견을 온 국민이 함께 실행해 나간다. 우리도 한마음 한 뜻으로 굳게 뭉쳐 공동체 정신을 가지고 적은 나라지만 베네치아공화국을 본받아 주변의 강대국들을 물리치고 영원한 반석위에 지어진 국가를 건설해 나가야 한다.

3. 중국을 알자

… 첫째 화교

– s.시그레이브 작, 보이지 않는 제국, 화교(華僑) 중국인 이야기에서

인류 역사상 최대의 잠재적(潛在的)인 소비력을 가지고 있는 중국 대륙이 움직이고 있었고, 서방세계는 뒤늦게나마 이 움직임을 감지했다. "이코노미스트(The Economist)의 편집인"은 1990년대의 경제 현황을 "영국의 산업혁명 이후 가장 거대하고 중요한 발전"이라고 논평(論評)했으며, 19세기 이후 지금까지 갈망해 오던 경제 부흥 중 가장 기쁜 뉴스로 받아들였다.

"한편 중국은 이미 미국, 일본의 뒤를 이어 세계 제3위의 경제대국이 되었다. 세계은행의 자료에 의하면, 2010년에는 중국이 수위를 차지할 것이라고 예상된다고 했다. 그리고 만약 일본이 지금의 경제발전(經濟發展)을 유지한다면 미국은 3위 자리로 밀려날 것이다." 라고 예측했다.

작금에 이르러 일본의 침체로 다행히 중국과 일본의 순위만 바뀌고 수위는 미국이 차지하고 있는 것은 다행이라고 생각한다. 1994년 말 현재 중국은 3년 연속 19%의 경제성장을 보였고, 더욱 놀라운 것은 세계 각국 화교들의 가장 큰 본거지인 광둥 성과 푸젠 성은 무려 2배% 가까운 경이로운 경제 발전을 이룩했다.

그러나 우리는 의외로 화교에 대해 알고 있는 것이 거의 없다. 사실 화교는 어느 한 국가에 속하지 않은, 세계적 규모의 인종세력(人種勢力)이라 할 수 있다. 중국의 화교는 5,500만 명에

지나지 않는다. 중국 인구의 약 4% 정도다. 그런데도 어떻게 이 5,500만 국외 추방 자 들이 인구 12억의 빈곤한 거인 중국 대륙을 현대화로 이끌고 갈 수 있을까? 비결은 바로, 그들이 그 수에 비해 엄청난 재력을 동원할 수 있다는데 있다.

아시아에 거주하고 있는 화교의 GNP는 4,500억 달러로, 이는 중국 GNP의 125%를 넘으며, 일본과 한국을 제외한 모든 환태평양 국가들의 GNP를 앞지른다. 화교들의 상호 단합된 조직력은 일본의 사무라이 기업군단이 발휘할 수 있는 능력보다 뛰어나다. 대만의 1인당 경화(硬貨) 보유고는 일본을 앞지르고 있고, 은행저축액은 3천억 달러를 넘어섰다. 하지만 이러한 대만도 화교제국 쪽에서 보면 아주 작은 한 귀퉁이에 지나지 않는다.

전체 화교 인구의 2배에 달하는 인구를 보유한 일본의 유동자금(流動資金) 보유는 1990년 현재 3조 달러이다. 일본은 정부의 치밀한 통제 하에 경제기적을 이룩한데 비해, 화교는 자신들에게 결코 관대하지 않은, 오히려 적대적이고 배타적인 외국땅에서 남모르게 이 같은 경제기적을 이룩했다.

우리는 두꺼운 얼굴, 검은 심장을 가진, 토사구팽을 서슴치 않았던 중국의 역사를 알기 위해 중국을 연구하고 배우고 달콤한 복수(復讐)와 차가운 외면을 했던 격동의 시대였던 전국시대에 활약했던 손빈이라는 인물에 대해서도 연구하고 그들의 역사를 배워서 세계를 호령하려 하고 있는 이웃에 둔 중국의 먹잇감이 되지 않기 위해 오늘의 중국에 대해 경계의 눈을 잠시라도 소홀히 해서는 안 되겠다.

♨ ··· 둘째 시진핑(習近平)의 등장

현재 중국은 국내 총생산(GDP)은 세계 2위이며 2020년이면 미국의 국력을 넘어설 것이라는 등 말이 많다. 1인당 국민소득은 4,000달러 수준으로 미국의 4만 9,000달러에 훨씬 못 미치며 세계 100대 유명 대학 가운데 50개가 미국에 있다. 국제사회에서도 미국은 영국 프랑스 등은 물론 한국 일본 등 수많은 동맹국이 있지만 중국은 그렇지 못하고 미국이 그렇게 쉽게 중국에게 따라잡힐 것 같지는 않다.

중국은 경제적으로 급성장(急成長)했지만 국민들의 부정부패에 대한 불만과 정치적 민주화에 대한 요구로 아직 불안정한 상태다. 북한에 대한 혈맹인 중국이 있는 한 한반도 통일은 힘들 것으로 보지만 러시아의 정보기관은 '2020년대 북한이 우리나라에 흡수통일 될 것'이란 보고서를 낼 정도라고는 하지만, 비관적으로 생각하면 우리의 작금의 실태가 북한에 흡수통일 되지 않으면 다행이라고 나는 생각한다.

그러나 한편으로는 전술한바와 같이 8번의 테러와 완악(頑惡)한 북한 공산당의 9번, 10번 째 테러(terror)를 자행하는 날 북한의 말로(末路)는 하나님의 섭리(攝理)로 2020년 안에 10번째의 완악한 재앙 후, 처음 난 것들이 다 죽는, 재앙(災殃)으로 북한 정권은 무너지고 하나님의 은혜로 대한민국에 의해 흡수통일되리라 굳게 믿어 의심치 않는 바이다.

필자가 몇 년 전에 잘 가는 어느 식당에서 김정일은 2년 내에 죽는다고 내가 호언장담(豪言壯談)한 일이 있었는데, 그 말을 한

1년 후 김정일은 죽었다. 그 후로 나는 그 식당에 가면 앞날을 예측하는 신통력(神通力) 있는 특별한 사람으로 인정받고 있다.

중국의 새 지도자 시진핑(習近平)의 아버지 시중쉰(習仲勳)은 중화인민공화국의 '건국 팔노(8노 : 8대 원로)' 중 한사람이다. 그는 문화혁명당시 고초를 겪었지만 1978년 복권돼 국무원 부총리까지 올라갔고, 2002년 사망할 때까지 북한의 든든한 후원자로 활동했다.

시중쉰은 펑더화이(彭德懷)가 1950년 항미원조군(抗美援朝軍) 사령관으로 6.25전쟁에 참전하기 전에 그의 핵심 참모로 활동했다. 두 사람의 친밀한 관계는 그 후에도 오랫동안 이어졌다. 1913년생으로 김일성보다 한 살 아래인 시중쉰은 '중.북(中.北) 동맹(同盟)' 의식을 가지고 있었다. 상당수 중국문제 전문가는 북한을 보는 시진핑의 시각이 아버지의 영향을 받았다고 지적한다.

시진핑이 2008년 3월 국가 부주석에 취임한 후 처음 방문한 국가도 북한이었다. 평전 '시진핑'을 쓴 홍순도씨는 "그의 아버지로부터 북한 의식을 고착시킨 교육을 받았을 가능성은 100%에 가깝다"며 "북한을 보는 그의 눈은 더 이상 설명이 필요하지 않다"고 했다.

시진핑은 이미 6.25전쟁과 관련한 잘못된 발언으로 우리 국민에게 각인돼 있다. 2010년 10월 25일 인민해방군의 6.25참전 60주년 기념식에서 "제국주의(帝國主義) 침략을 막기 위한 정의로운 전쟁"이라고 말해 논란을 일으켰다.

이런 이유로 시진핑이 유엔 안보리 제재를 무시하고 장거리로켓을 발사한 북한에 어떻게 대응할지를 주목하는 이가 많았다. 이번 체제가 시진핑 시대의 대북정책 방향을 보여주는 시금석(試金石)이 될 것이라는 관측이다. 유감스럽게도 시진핑은 '북한에 편향돼 있다'는 관측을 넘어서지 못하는 것 같다.

시진핑은 김정일 사망 1주기 추모를 명분으로 당 서열 5위인 류윈산(劉云山) 정치국 상무위원을 베이징 주재 북한 대사관에 보내 중.북 관계의 중요성을 강조했다 류윈산이 "중국의 새 중앙 영도 집단은 전통적인 중.조(中.朝) 친선을 매우 중시하고 있다. 노세대(老世代) 혁명가들이 마련하고 키워준 전통적인 북.중 친선은 확고부동(確固不動)하다"고 한 심상치 않은 발언(發言)을 예의 주시하여 봐야 한다.

① 시진핑 시대 중국의 경제 정책 방향의 예측

한국과 동남아에선 1인당 국민소득 3000달러를 넘기면서 정치민주화(政治民主化)바람이 일었다. 소득 5000달러를 넘은 중국도 언론에서부터 민주화 운동이 일어날 수밖에 없다고 보는 사람이 많다.

중국엔 '5마오(모.1마오는 0.01위안)당'이란 게 있다. 인터넷 댓글부대다. 친(親)정부여론을 조성하는 게 임무다. 댓글을 하나 달 때마다 5마오를 받는다고 한다. 10만명 가량 활동 중인 것으로 전해진다. 마오쩌둥은 일찍이 "총자루(武力)와 '붓자루(宣傳煽動)'는 정권의 양대 축"이라고 말했다. 공산당 조직 중 선전부는 예나 지금이나 최상위 부서로 꼽힌다. 인민일보 신화통신 등 11

개 매체는 정부 사이트에 주요 신문 조직으로 명기돼 있다.

다른 매체(媒體)들은 정부나 당이 지분을 갖는 법인의 통제를 받는다. 기자들은 공산당원이고, 매체는 공산당의 선전도구일 수밖에 없는 구조다. 중국의 기자들은 또 기사만 쓰지 않는다. 신화통신에는 내참(內參)기자들이 있다. 온갖 정보 중 기밀로 분류할 수 있는 것들을 매일 문서로 정리한다.

내참부혈은 4종류의 내참 중에서 가장 기밀스러운 것으로 정치국 상무위원 정도만 볼 수 있다. 해외 특파원 중 일부는 기관원이라는 게 정설이다. 물론 언론인들의 전혀 없는 것은 아니다. 특히 경제발달이 가속화 된 2000년 이후 공산당과 기자들 간 마찰이 심해졌다.

2005년엔 베이징의 일간지 신경보(新京報)기자들이 편집국장 해임에 항의 3일간 제작을 거부했다. 2009년엔 경제전문 주간지 재경(財經)의 편집장과 기자 60여명이 사표를 낸 일도 있다. 1998년 창간된 차이징은 부정부패에 대한 보도로 유명했다. 여자 편집장인 후수리가 경영진과 갈등으로 물러나자 60여명의 기자도 동반사퇴 했다.

반나체 운동가들의 언론자유 요구 또한 거세다. 지난달 지식인 71명은 인터넷 감시 등을 없애라고 공개 요구했다. 네티즌들은 정부의 단속을 피해 암구호를 사용하기도 한다. 황제가 집무를 보던 조정을 일컫는 텐차오(天朝)는 정부를, 진리부는 인터넷을 단속하는 선전부를 비꼬아 부르는 말이다.

광둥성 선전부장이 신년사를 고쳐 게재한 데 항의하던 '남방

주말(南方周末)' 기자들이 파업 이틀 만에 업무에 복귀했다고 한다. 남방주말은 중국에서 가장 비판적인 매체로 꼽힌다. 2009년 방중한 버락 오바마 미국 대통령은 인민일보가 아닌 남방주말과 인터뷰를 했을 정도다.

팔로어 3,100만 명을 가진 야오천 같은 연예인이 지지를 표명할 만큼 이 신문의 파업은 주목을 받았다. 공산당이 큰 파문을 일기 전에 서둘러 사태를 종결시켰지만 이번 사태가 던진 메시지는 무섭다. 경제 및 사회 발전과 병행(並行)해서 언론자유에 대해서 욕구가 커진다는 것을 보여줬다. '5마오당'을 '10마오당'으로 확대 개편해도 억눌리지 않을 욕구다.

"남방 주말사태는 중국 언론과 당국이 충돌하는 도화선이 될 것"이라고 했다. 요즘 중국은 여러모로 한국의 80년대를 연상시킨다.

"개혁, 개방"에 가속이 붙을 것이다. 중국은 이미 유가사상이 지배하는 시대로 진입했다. 중국 정치 시스템을 보면, 유가(儒家)에서 말하는 정형적인 '엘리트 통치' 시스템이다. 최고의 엘리트들이 고위 관료층에 집중돼 있다.

미국처럼 상원의원 하다가 대통령이 되는 것은 불가능하다. 엘리트들은 기층 단위에서부터 층층이 선발 과정을 거쳐 올라온다. 한 도시의 구(區) 단위를 책임지다가 부시장, 시장이 된다. 이어 가난한 성(省)의 성장을 맡았다가, 부유한 성의 성장으로 옮기는 식으로 계단을 밟아 최고 지도자 자리에 오른다.

중국 역대 왕조(王朝)는 개방할수록 강했다. 당나라 때는 장관급 이상 고위 인사 중에는 인도인, 이란인, 일본인, 심지어 태국인까지 있었다. 개방했을 때 중국은 세계 제일의 국가가 됐다. 이런 측면(側面)에서라도 중국의 개혁.개방은 계속될 것이다."

개방한다 해서 우리의 생산현장을 많이 옮겼다. 중국비즈니스는 결코 녹녹치 않다. 중국 쪽 정치. 경제체제가 폐쇄적이어서 각종 규제가 많은데다 한.중 국민 간 의식과 관념(觀念) 차이도 상당히 크기 때문이다.

중국 금융당국은 지난 2002년 4월부터 외국 은행의 지점장급 이상 직원이 중국에 부임(赴任)할 때 금융 지식을 묻는 사전 테스트를 거치게 했다. 필기시험은 물론이고 면접까지 본다. 한국 모 은행의 지점장급 간부는 상하이에 부임하기 위해 필기시험을 봤다가 2번 연속 낙방했다.

또 다른 한국 금융권 인사는 상하이에 근무하면서 중국 당국에 업무관련 보고를 충실(忠實)하게 하지 않았다가 징계를 받는 바람에 임기도 못 마친 채 짐을 싸야 했다. 우리로선 상당히 자존심 상하는 일들이지만 사실이고 현실이다.

개인 사업을 할 때도 중국 당국이나 중국직원과 각종 마찰이 생긴다. 상하이에 진출한 한 개인 사업자는 회사의 스팀 난방 파이프를 지상에 설치해 주고 있었는데 환경 당국이 지하 매설을 요구해 난감한 상황에 빠졌다. 매설 공사엔 50만 위안(약 9,000만원)이라는 거액이 들기 때문이다.

중국 직원을 해고하는 것도 힘들다. 한 한국회사는 고용했던 운전기사 근무 자세가 너무 부실해 해고하려 했다가 혼이 났다.

운전기사가 사무실 문을 발로 차고 들어와서는 떡하니 소파를 차지하고 앉아 담배를 피우고 컵을 던지며 행패를 부렸지만 제지할 방법이 없었다. 결국 노동 중재위까지 가는 소송 끝에 간신히 해고(解雇)는 했지만 회사가 받은 충격은 컸다.

한 한국인 사업가는 "중국인들 사이에 '한국 회사에선 생떼를 부려야 돈을 많이 받아낼 수 있다며, 회계사도 법으로 이길 수 없으니 조용히 말로 끝내라'고 권유하는 경우가 많다"고 토로했다. 중국인의 의식은 근무 중 사소한 부상에도 무리한 보상을 요구하는 경우가 빈번하다고 한다.

중국에 설립한 회사를 철수(撤收)하려면 절차를 모두 이행하는데 무려 3년이 걸리는데 중국 당국이 이 절차를 고의로 지연시키는 경우도 많다. 이 때문에 한국 사업가의 야반도주 중 '수긍이 가는' 야반도주(夜半逃走)도 적지 않다.

이와 반대로 한국인들에 대한 중국인들의 불만도 대단하다. 저장성(浙江省) 이우(義烏)와 거래하는 한국 상인들은 현지 중국 상인들에게 신용을 잃었다. 이우는 한국 사람이라면 샘플도 안 준다는 소문이 돌고 있다. 어느 한국 홈 쇼핑은 중국 제품 2000세트를 팔다가 판매가 잘 되자 5000세트를 추가 주문했다.

하지만 한국에서 물건이 소화가 다 안 돼 물건 대금을 결제하지 않아 중국인의 원성을 샀다. 이 일 뿐 아니라 중국내 한국인이 많이 거주하는 지역엔 유사사례가 적지 않다. 침구 공장이 많은 장쑤성 난퉁에도 중국 상인들은 한국 사람과 거래를 피한다는 얘기가 퍼져 있다. 신용을 경시하고 단기 실적에만 목숨을 매는 일부 한국 상인을 몹시 불신(不信)한다는 것이다.

통상 중국인은 일본인보다 한국인을 더 선호(選好)한다지만 상거래 과정의 신용도 평가는 반대다. 우리가 중국에서 비즈니스(business)를 하면서 한류바람에 뿌듯해 하기에 앞서 늘 자중해야 하는 중요한 이유다.

② 한국 기업들, 중국서 짐싸야 할 수도

시진핑(習進平)시대 중국의 변화가 한국기업에 미칠 영향은 크게 두 가지다.

첫째, 중국을 하청 생산 기지로 생각하고 중국에 진출한 기업은 5년 내에 철수 준비를 해야 할지도 모른다. 중국은 최저임금 조정을 위해 노동자(勞動者) 임금을 매년 20% 안팎으로 인상해 12차 5개년 계획(2011~2015년) 중 노동자 임금을 지금의 두 배 수준으로 올릴 계획이기 때문이다.

인건비가 두 배 수준으로 올라도 견딜 수 있을 정도 맷집이 있으면 몰라도 그렇지 못하면 견디기 힘들지 모른다.

둘째, 중국을 소비시장(消費市場)으로 생각하고 진출한 기업은 5년 내 중국인의 구매력이 두 배로 늘어나는 내수 호황의 물결을 탈 수 있다. 중국은 12차 5개년 계획에서 사상 최대 규모 내수 활성화 프로젝트를 준비 중이다. 임금 인상과 더불어 감세와 소득세 개편 등 세제(稅制)를 통해 중산층 소득 향상을 지원한다는 것, 이를 통해 연평균 15%씩 소비를 늘려 오는 2015년 전체 소비재 판매액 32조 위안(5760조원)을 달성해 현재보다 80%

씩 증가시킬 계획이다. 중국 소비시장을 겨냥해 진출한 기업에
는 희소식이지만, 문제는 '날로 치열해지는 경쟁에서 어떻게 살
아남을까'이다.

전 세계에서 유일하게 두 자리 수 성장을 하는 중국 시장으로
전 세계 소비재 기업들이 쏟아져 들어가고 있다. 중국인의 구매
력은 두 배 높아지지만, 경쟁은 네 배로 치열해 질 수 있다는 얘
기이다.

중국이 전자 자동차 조선 등 9개 산업을 '소수의 강한 기업'
중심으로 재편(再編)키로 했다는데 현재 140개가 넘는 자동차
회사를 10개 내외로 정리, 몇 개의 대표기업 중심으로 산업구조
를 확 바꾼다는 식이다. 경쟁력은 없으면서 정부의 보조금에 의
존하는 기업들은 가차 없이 도태시킨다고 한다.

산업지배력(産業支配力)을 가진 소수의 초대형 기업을 정부
가 만들겠다는 것이다. 이 계획에 따르면 내후년까지는 10개의
중국회사가 전체 철강 생산량의 60%를 책임지게 된다. 자동차
는 아예 90% 이상을 10개 남짓한 회사가 공급한다. 5개 정도의
회사를 중소업체 인수 주체로 지정, 대형 자동차 그룹의 모기업
으로 삼을 계획도 세웠다.

전자산업은 화웨이 같은 초대형 글로벌 기업 육성 계획을 마
련키로 했다. 조선, 시멘트 등의 분야에서도 통폐합을 단행한다.
이들 분야에서는 각각 10개 안팎의 회사를 만들어 이들이 국내
생산의 70%와 35%를 공급하도록 할 방침이다.

중국 정부가 자동차 조선 등 일부 업종을 사실상 독과점체제

로 전환(轉換)하면서까지 노리는 목표는 양(量)에서 질(質)로의 전환이다. 중국 정부는 그동안 기업에 대한 각종 유.무형의 지원을 아끼지 않아왔다. 압축적(壓縮的) 발전을 위한 전략이었지만 경제규모가 커진 지금은 부작용이 더 많아졌다고 판단한 것이다.

자동차 회사 4개 중 2개는 영업적자라는 중국 상무부 발표는 상당수 기업이 보조금 의존형 경영에 안주하고 있다는 것을 의미한다. 그러면서 공급 과잉(過剩)은 만성화됐다. 물론 대형화의 주체가 대부분 관료화 된 국영기업이어서 효과를 기대하기 어렵다는 지적도 있다. 그러나 중국은 작년에 세계에서 가장 많은 600억 달러를 해외 기업인수에 사용했다. 규모의 확대로 글로벌 시장에서 영향력이 커진 골리앗 기업들이 수혈 받게 분명하다.

애플처럼 글로벌 지배력을 가진 초거대(招巨大) 기업이 나올 가능성을 배제할 수는 없다. 미국 포천이 선정한 세계 500대 기업에서 중국 회사는 지난해 73개로 전년보다 12개가 늘었다. 14개에서 13개로 줄어든 한국과는 반대다.

정부가 소수의 거대기업을 집중 육성해 세계 초일류 회사로 만들겠다는 중국이 달려가는 모습이 훤히 보이는 이때 우리는 이에 어떻게 대응해야 할 것인가를 마련하지 않으면 중국에 먹힌다는 것을 충분이 인식하지 않으면 안 된다.

중국은 2012년 4월을 기점(起點)으로 일본경제를 추월했다. 1991~3년에는 3년 연속 19%의 경제 성장률을 보였다. 더욱 놀라운 것은 세계 각국 화교들의 가장 큰 본거지인 광둥 성과 푸젠 성은 무려 200%에 가까운 경이로운 발전을 기록했다.

중국을 포함(包含)해 태평양을 둘러싼 주변 국가들이 이러한 경제부흥을 이루고 있는 것은 끈질긴 생명력과 강력한 경제력을 갖춘 화교(華僑)들이 있었으며, 오늘도 그들의 힘이 각국 경제발전에 막대한 추진력을 제공하고 있다.

세계 경제가 침체(沈滯)에 빠져있는 만큼 미국에서는 그나마 온기가 남아있는 동아시아에 관심을 가질 수밖에 없고 동남아 3개국(태국, 미얀마, 캄보디아) 순방은 재선 이후 아시아 회귀 전략을 더욱 적극적으로 추진할 것이라는 점을 암시한다.

중국에서는 상당한 부담일 것이다. 동아시아 국가들이 미국과 가까워질수록 중국이 외부와 교역하는 생명선인 서태평양 항로가 위험해질 수 있기 때문인데, 사실 미국을 비롯한 서방은 중국에 대한 지정학적 포위망(包圍網)을 대부분 완성한 상황이다. 중국은 국경을 맞대고 있는 14개국(한국, 러시아, 태국, 베트남, 캄보디아, 미얀마, 인도, 등)과 관계가 좋지 않아 미국은 언제든 중국접경지대(中國接境地帶)에 전진기지를 설치할 수 있게 됐다.

지난 30년간 중국은 지도자 교체에 따른 노선의 소폭 수정이 있었지만 강력한 공산당 독재 아래 수출화로 성장해 왔다. 이 같은 모델(model)을 지속하는 것 자체가 불가능해지고 있고, 국영기업이 전체 기업 수익의 50% 이상을 차지하는 공공부문 주도의 경제는 경제력이 떨어지고 있다.

관료(官僚)들의 부패에서 볼 수 있듯 지도층부터 도덕적으로 피폐(疲弊)해지면서 정신적 기반이 흔들리고 있다.

제10장
우리의 나아갈 길

··· 제10장 ···
우리의 나아갈 길

1. 무역대국(貿易大國) 대한민국

무역대국(貿易大國)이 된 우리나라는, 1964년 수출(輸出) 1억 달러 달성을 기해 제정된 기념일이 무역의 날인데 반세기(半世紀)가 지난 작금의 무역(수출+수입) 규모는 경이적(驚異的)인 발전에 힘입어 1조 달러로 무역의 세계 8강 규모의 기적을 이룬 우리 대한민국 정말 자랑스럽다. 이런 기적이 과연 어디서 일어난 것일까?

이 경이적인 현상을 불행하게도 지식인들부터가 자국을 낮추어 본다. 국내에서는 제대로 평가를 받지 못하고 심지어 경제학 교수(敎授)들조차 무역의존도가 높은 것이 우리나라의 경제의 문제라고 가르치고 있단다. 우리는 절대 잘못 가르치는 교육을 받아들이면 안 된다. 우리는 절대적 자원빈국(資源貧國)이다. 우리는 수출만이 살 길이다.

21세기 판 쇄국론자(鎖國論者)들은 개방하면 국내 산업은 다 죽고 말 것이라고 주장한다. 참으로 심각한 지성의 포기다. 이런 환경 속에서 무역 8강을 이룬 게 신기하기만 하다. 신(神)의 도움 없이는 이 역시 불가능하다고 나는 생각한다. 한국은 원유가 한 방울도 나지 않는다.

연간 원유수입(原油輸入)은 1,000억 달러, 원화로 110조원에 달한다. 하지만 한국은 수입한 원유를 정제해 만든 휘발유 경유를 내다파는 석유 수출국이다. 석유 제품은 올 들어 11월까지 517억 달러를 수출한 1위 품목이다. 석유화학 제품도 420억 달러(세계5위)나 수출했다. 기름 한 방울 안 나도 석유 수출 대국이 될 수 있다는 역발상(逆發想)이 일구어낸 결과다.

한국은 자랑스러운 석유를 수출하는 나라다.

세계3위 원유 수출국인 베네수엘라에서는 원유를 '악마의 배설물(devil's excrement)'이라고 부른다. 오일 머니(oil dollar)로 쉽게 번 탓에 근로 의지도 없으며, 기술개발 의지도 없고, 하나님 말씀 잠언 6장에 "게으른 자여! 가난이 네게 강도같이 오며, 궁핍(窮乏)이 네게 군사같이 올 것이다."

하나님말씀대로 게을러 근로의지도 없고 대다수 국민은 궁핍을 면치 못하고 있다. 베네수엘라 뿐만도 아니다. 대부분 자원부국(資源富國)은 알고 보면 후진국인 경우가 대부분이며 우리같은 자원빈국은 무역으로 기적 같은 경제성장을 이뤘다. 그리고 선진국 문을 노크하고 있다.

자원은 소수의 귀족에게 집중되고 국민들은 무지하고 가난한 이중구조로 되고 만다. 그게 자원의 저주니, 네덜란드병(病)이니 하는 소리를 듣는다. 자원빈국인 것이 오히려 축복이다. 무역의 존도가 높다고? 다시는 그런 몰지각한 말을 하는 대한민국 국민은 대한민국 사람이길 포기할 사람이다.

전 세계는 한국인에게 전 세계를 무역거래운동을 할 수 있게 운동장(ground)으로 만들었다. 어떤 사람들은 한국이 무역의존도가 너무 높은 것이 문제라고 말한다. 세계경제 침체나 환율 급변동(急變動)같은 외풍(外風)에 쉽게 휘둘린다는 것이다. 그렇다고 호랑이가 굴에 있는데 잡기 위해 안 들어갈 수가 없다. 죽기를 각오하고 잡으러 들어가야 한다. 실은 무역의존도가 2011년 110.3%로 주요20개국(G20) 가운데 가장 높은 것은 사실이다. 무역액(수출+수입)이 국내 총생산(GDP)보다 10.3%나 더 많았다.

그래서...? 이 역시 단견(短見)이자 오해(誤解)다. 한국은 세계에 많은 무역상대국을 통해 올 들어 235개국에 상품을 수출했다. 유엔회원국(193개국)은 물론 코카콜라 진출국(220여 개국)보다 많은 무역 상대국과 거래하고 있다.

수출선(輸出船)과 품목에서 한국(韓國)보다 완벽한 포트폴리오(portfolio)는 없다. 축구에 비유하면 한국수출은 그라운드를 가장 넓게 쓰는 기술축구다. 무역의존도란 단어는 자학(自虐)일

뿐이다.

그러나 피 터지는 무역전쟁은 날로 가열되어 우리나라가 세계수출 시장에서 점유율(占有率) 1위를 차지한 품목이 2010년 71개에서 2011년 61개로 1년 사이 10개나 줄어들었다. 2010년 세계 1위를 기록했던 26개 품목이 경쟁국 제품에 밀려 1위 자리를 내준 반면 새로 1위에 올라선 품목은 16개에 그쳤다. 이렇듯 어려운 입장에 처해 있다.

정상(頂上)에서 밀려난 26개 품목 중 12개는 중국에 1위 자리를 내줬다. 그 중에는 액정장치(液晶裝置), 철강제품과 석유화학제품 등 몇 년 동안 세계 1위 자리를 지켜 왔던 수출 효자 품목들이 포함돼 있다. 중국에 1위를 빼앗겼던 품목도 2009년 2개, 2010년 7개에서 2011년 12개로 계속 늘어가고 있다. 한국 수출산업에 빨간 불이 켜졌다.

수출 1위 품목 조사는 유엔이 정한 품목분류 체계(HS 코드)를 기준으로 했다. 이 때문에 반도체, 선박, TV 등 일반적으로 생각하는 품목 분류와는 다르다. 예를 들어 선박은 탱커(890120), 특수선(890590) 등으로 나뉜다. 우리나라는 2009년까지 품목수가 늘다가 이후 감소세로 돌아섰다.

우리나라는 2011년 액정디바이스 등 26개 품목이 중국 등 경쟁국에 추월당해 1위에서 탈락했다. 프초펜(프로필렌), 평판 압연제품 등 16개는 1위에 올랐다. 메모리 반도체, 탱커(선박), 세탁기 등 45개 품목은 다행히 1위를 유지했다. 세계 2위 품목은 15개 증가한 124개로 조사됐다. 1위는 줄고 2위가 는 것은 매서운 중국의 추격으로 인해서다. 경계대상 1호는 역시 중국이다.

수출 1위 품목을 국가별로 보면 중국이 1,431개로 가장 많고 독일 777개, 미국 589개, 이탈리아 230개, 일본 229개 순이다. 한국은 수출규모 세계 7위 무역대국이지만 1위 품목 보유 순위는 15위다. 품질(品質)과 가격에서 세계 최고 경쟁력을 갖춘 수출 상품이 상대적으로 적은 것이다.

세계 최대 수출 대국인 중국에 시장을 계속 빼앗기고 있고, 경쟁력 있는 상품도 다양하지 못한 것이 수출한국의 가장 큰 약점으로 대두되고 있다.

한국 경제가 균형 있게 발전하려면 내수(內需)를 키워야 하지만 그렇다고 수출을 소홀히 하면 우리 경제가 경기 침체에서 헤어나기 어렵다. 정부는 투기성 외화자금 유입 억제를 비롯해 수출 기업들의 환율 리스크를 줄일 수 있는 대책을 서둘러 마련해야 한다.

정부는 물론 기업들 스스로 세계 1위 품목을 더 늘리고 경쟁력(競爭力)을 키울 수 있도록 적극적으로 기술을 개발하고 시장을 개척하는 노력을 기울여야 한다.

시장을 개방하고 문을 활짝 연 산업일수록 경쟁력이 높다. 그러나 한쪽에서는 개방하므로 국내 산업이 붕괴한다는 19세기 식쇄국주의가 여전히 득세하고 있다. 한. 미 자유 무역협정(FTA)을 폐기(廢棄)해야 한다는 공약까지 버젓이 나온다. 하지만 한국 산업은 문을 연 분야일수록 경쟁력이 높다는 것을 알아야 한다.

거듭 말하지만 수출만이 살 길이다.

일제 코끼리 밥솥이 있었기에 우리의 쿠쿠 밥솥이 컸고, 소니가 있었기에 삼성, LG가 성장할 수 있었다. 시장을 닫아 놓았던 의료 법률 등 서비스 분야는 취약했지만, 팝송을 막지 않았기에 K팝 열풍이 가능했고, 스크린쿼터(screen quota)를 대폭 축소한 결과는 올해 관객 1억 명을 돌파했다.

한국은 미국, EU, 인도, 아세안 등 45개국, 26억 명의 시장과 FTA를 맺었다. 2003년 2월 칠레와의 협정 이후 10년만에 FTA 선진국이 됐다. FTA는 무역 2조 달러로 가는 고속도로가 될 것이다. 이제는 협상 대상국이 한국의 산업경쟁력(産業競爭力)을 겁낸다.

6.25참전국 중 개도국(터키, 필리핀, 태국, 에디오피아, 콜롬비아) 국제사회 對 한국 원조액은 127.8억 달러였다. 은혜를 갚는 민족이 돼야 하며, 우리는 빚지지 말고 재정 건전성을 탄탄하게 유지하고, 저 출산, 고령화의 급속한 진전에 따른 복지를 우리 능력에 걸맞게 적정수준에서 관리하여 서민생활을 안정시키고 삶의 질을 높이는 복지를 꾸준히 확충시켜, 일하는 복지, 맞춤형 복지의 원칙을 흔들리지 않게 관리하여야 한다.

그리고 지출을 통제하고 적정하게 성장을 유지 시키며 전략적 재원배분을 통해 교육, R&D등 미래성장 잠재력을 확충하고 투자를 강화하고, 효율을 강화시키며 대기업과 중소기업간 서로 상생기반(相生基盤)의 생태를 구축하고 대기업의 공정거래를 준수하게 하고, 중소기업은 경쟁력을 높이기 위하여 노력하여야 한다.

지금까지의 발 빠른 추격자(fast follower) 전략에서는 대기업의 이익과 중소벤처의 이익은 상호 배타적인 측면이 강했지만, 이제는 대기업의 성장이 국가의 기본발전 전략이라는 전제 아래 각종 금융지원, 국책연구비 지원, 저환율 정책등을 지원했다. 그 결과 대한민국은 한강의 기적이라는 세계적으로 놀라운 경제적 성과를 이룩했다.

그 이면에는 각종 사회 통합 지표가 경제협력 개발기구(OECD)최하위권이라는 통계가 숨겨져 있었다. 연간 300조원을 넘는 사회 갈등 비용을 안고 선진국 진입은 불가능하다. 임직원의 임금을 짜게 주는 기업은 지속 발전이 불가능하듯 이젠 분배가 따르지 않는 성장은 한계에 도달할 것이다.

중소기업의 혁신은 공정거래가 촉진되고 그 결과는 다시 대기업의 경쟁력으로 선순환(先循環)된다. 이제 최초개척자(1st mover) 전략은 쥐어짜는 과거의 효율 경제에서 상생하는 창조경제로 진화(進化)하는 혁신의 정착에 달려있다고 할 수 있다. 유럽에서 2006년 오슬로 선언 이후 초.중.고와 평생기업을 통해 기업가 정신 교육을 필수 과목으로 채택해야 하는 이유가 여기에 있다.

진보나 보수 모두가 협력해서 제2의 한강의 기적을 만들지 못한다면 고령화 사회 진입 후에는 복지 부담이 커짐으로 더 이상 일류국가 진입 기회는 없어질 것이다. 양극화를 넘어 순환하는 태극(太極)으로 가서 대통합 대단결을 이뤄 밝은 나라를 후손에 물려주어야 한다.

'FTA 효과로 대기업은 물론 중소기업도 강해졌다. 올해 전통
적인 효자 품목인 선박과 무선통신기의 수출은 지난해보다 각각
20%이상 줄었지만 석유제품과 자동차가 선전하면서 충격(衝擊)
을 완화했다. 그다음 중소기업이 포진한 자동차 부품과 기계 부
문이 약진해 중소기업의 역할이 커졌다는 평가다.

2. 산업화(産業化) 민주화(民主化) 둘 다 소중하다.

민중의 입장에선 똑같이 중요한 것, 민주화가 산업화를 촉진
(促進)하고, 산업화가 민주화를 촉진한 면이 있다. '사무실 중심
운동' '노동운동이 아닌 노동조합운동은 문제'다. "정치부패, 관
료부패, 민간 부패도 심각하다." 대학생들은 '내가 원하는 일자
리가 없지, 일자리가 없다고 말하지 말고 정확히 말하라.'

듣기에 달콤한 것, 이른바 '힐링(healing)'이라며 남 탓으로
돌리고 위로하는 것은 결과적으로 이롭지 않다. "우리 사회의
문제는 근본적인 것과 기본적인 것, 현실적인 것을 혼동하기 때
문"이며 근본(根本)이란, 인간과 자연의 관계, 기본(基本)은 인
간과 인간의 관계다.

"세상은 결코 선(善)과 악(惡)"으로 단칼에 나뉘지 않는다.
"나와 너, 세상과 지구"가 모두 병들었는데, 이기적(利己的)으

로 나 혼자만 살겠다고? '작은 욕심' 부리지 말고, 큰 대국적인 욕심을 부리자. 현재 한국사회는 '아프다'. 여와 야. 빈(貧)과 부(富). 지역대립(地域對立). 이념(左와 右). 남북(南北)으로 갈라짐과 갈등도 심각하다. 하지만 아플 때는 "주변을 성찰(省察)할 수 있는 기회"다.

우리는 과거 IMF 금융위기 시(時), 금 모으기 등으로 경제위기를 단결하여 잘 극복한 경험이 있다. 단결까지는 몰라도 화합은 해야 하지 않을까? 한국선비 사상은 단군신화의 홍익인간(弘益人間)에 뿌리를 두고 만민공생(萬民共生)으로 가야 한다고 생각한다.

발등에 떨어진 문제만 보지 말고 10년, 20년, 100년까지 미래를 조망할 수 있는 그런 사람, 갈매기가 높이 날수록 아래에 있는 것을 더욱 많이 볼 수 있는 것처럼 미래를 조망(眺望)할 수 있어야 한다. '씨도 안 뿌렸는데 열매를 거둘 수는 없다.' 멀리 보고 천리 길도 한걸음부터 시작한다는 자세로 한 걸음 한 걸음 나아갈 때, 네 시작은 미약하였으나, '네 나중은 심히 창대하리라(욥기8장)'처럼 목적지를 향해 욕심 부리지 말고 천천히 서두르지 않고 묵묵히 나아가는 자세가 젊은이들에게 특히 필요하다. 오늘날 사회갈등을 극복하는 길도 좌우갈등을 지양(止揚)한, 시대변화에 맞게 다듬어 나가는 자세가 절실히 필요한 때라고 강조하는 바이다.

극우나 극좌보다는 "중도(中道)"야말로 우리가 따라야 할 표준적인 정서라고 볼 때 기회주의(機會主義)가 아닌 회색주의(灰

色主義)로 양극단(兩極端)을 극복하겠다는 공자가 말한 중용(中庸)의 필요성을 느낄 그러한 때라고 본다. 훌륭한 인격을 가진 선배님이 말씀하셨다.

이제 극보수(極保守) 시대는 끝났단다. 우에서 약간 좌 쪽으로 기운, 아니면 좌에서 우쪽으로 약간 기운 듯한 혁신정당, 어떻든 미래의 주도세력은 중도(中道左派)란다. 혁신세력이 앞으로 집권 할 것이라고 한다. 그런 사람을 발굴 중이란다.

박정희 대통령을 친일이라고 하는, 민족문제연구소의 날조문서 등 김대중은 일본 천황에게 충성을 맹세한 친일파라는 민족중흥의 블로그(blog) 내용, 모두 국익에 도움이 되지 않는다. 두 분 모두 애국자이시고 대통령을 지내신 훌륭하신 분이다.

이명박 대통령의 4대강 사업으로 태국에서는 수십조의 사업을 따내려하는데 감사원은 부실이라며 나라를 망치는 망발을 하고 있다. 이것도 과연 국익에 도움이 되는가? 전교조나 한국교총이나 이념으로 편 가르기를 하려고 하는데 이것도 국익에 도움이 되지 않는다. 중도의 위(位)를 고수하자.

우리는 북한과의 대치국면에 있고 일본과 중국의 강대국사이에 껴있는 샌드위치요, 법을 집행함에 피고인편이 ~%라는데 이것도 안 된다. 나만 옳다는 것은 말이 안 된다. 뜻이 다르다는 것은 틀림이 아니라, 또 다른 다양한 다른 생각임을 인정해야 한다.

어차피 상대방을 굴복시키는 것이 불가능하면 공존(共存)의 길을 모색하는 것이 필연적인 대안이 될 것이다. 경쟁의 궁극적인 종착점은 공생(公生)이다. 우리 몸에 공생하는 수십조의 유산균(乳酸菌)들은 경쟁을 넘어 공생(共生)으로 진화한 대표적인 예라고 할 수 있다. 이를 경쟁과 협력의 합성어인 코피티션(copetition)이라는 용어로 표현하기도 한다.

보수와 진보를 가르는 성장과 분배라는 개념은 이제 상호 배타적인 경쟁관계를 넘어 공생관계로 진화해야 한다는 의미다. 성장이 없는 분배는 국가 부도의 길이고 분배가 없는 성장은 존재의 의미가 없다. 어디서고 상극(相剋)의 경쟁구도는 안 된다. 상생협력으로 뭉쳐야 우리가 산다.

이스라엘이 수십 배가 큰 대국 이집트를 굴복 시키듯, 우리도 중국이라는 거함과 일본을 격침시키기 위해서는 하나로 뭉쳐야 산다. 일찍이 이승만 대통령은 뭉치면 살고 헤어지면 죽는다는 유명한 말씀을 남겼다. 뭉쳐야 산다. 상극의 대립이 선순환을 통해 상생의 태극으로 발현해 생명이 탄생한다는 것이 태극기에 담겨있는 철학이다.

미국의 대선 후보경선에서 승리한 버락 오바마가 힐러리 클린턴을 국무장관에 기용하듯이 경쟁자를 껴안을 수 있는 그런 아량으로 경쟁을 넘어 협력이 필요한 때이다. 음의 기운이 있는 돌에도 양이 있고, 양의 돌에도 음이 있다. 순환은 진보와 보수를 넘나드는 경계인들의 존재로 촉진된다.

모든 현상은 빛과 그림자가 공존한다. 동서대결구도가 동서화합, 남북이 상생 협력의 시대를 열어야할 텐데 쉽지 않다. 하나님의 말씀 신명기 17장에 '-그들이 네게 보이는 판결(判決)을 어겨 좌로나 우로나 치우치지 말 것이니라.'하고 좌(左)로나 우

(右)로나 치우치지 말고 우리는 일치단결하여, 통일 조국을 반석 위에 올려놓아야 할 책무를 갖고 살아가야 할 것이다.

3. 제2의 새마을 운동

4월 22일은 새마을의 날이다. 1998년 3월 8일 법률(法律) 10448호로 국가기념일로 공포되었다. 새마을 정신인 자조(自助), 자립(自立), 협동(協同)의 기치아래 우리는 제2의 새마을 운동으로 한 번 더 민족혼(民族魂)을 불러 넣어 선진 통일조국의 앞날을 앞당기자.

🚌 ⋯ **새마을 노래**   박정희 작사, 작곡(씩씩하면서도 명랑하게)

🎼 1절

새벽종이 울렸네 새 아침이 밝았네
너도 나도 일어–나 새마을을 가꾸–세

🎼 2절

초가집도 없애고 마을길도 넓히고
푸른 동산 만들–어 알뜰살뜰 다듬–세

🎼 3절

서로서로 도와서 땀흘려서 일하고
소득증대 힘써-서 부자마을 만드-세

🎼 4절

우리모두 굳세게 싸우면서 일하고
일하면서 싸워-서 새 조국을 만드-세

🎼 후렴

살기좋은 내 마을 우리 힘으로 만드세

　　새마을 운동은 1970년 4월 22일 한해 대책을 숙의하기 위하여 소집된 지방장관회의에서 대통령 박정희는 수재민 복구 대책과 아울러 넓은 의미의 농촌재건 운동(農村再建運動)에 착수하기 위하여 自助. 自立. 協同精神을 바탕으로 한, 마을 가꾸기 사업을 제창하고 이것을 새마을 가꾸기 운동이라 부르기 시작한데서 시작되었다.

　　새마을 운동은 대통령의 절대적인 후원과 우수한 남녀 새마을 지도자, 그리고 정부(公務員과 政府支援)라는 3자의 연합이 핵(核)을 이루면서 추진된 국민운동이었다. 1998년 김대중 정부에서 새마을 운동 조직 육성법이 만들어져 새마을 운동의 가치가 국제적으로 계속 관심을 지속하게 했다.

오늘날 유엔 산하(傘下) 아프리카 기구를 통하여 아프리카 각국으로 하여금 새마을 운동을 배우도록 유엔 차원에서 권장되고 있다. 당시 필자가 17세쯤 때에 우리가 사는 농촌에는 전기불도 없었으며 등잔불이 있었는데, 석유를 면소재지에서 드럼통으로 사다가 병에 담아, 동네사람에게 팔 때, 호스에 입을 대고 빨아서 병에 담을 때 입으로 들어가면서, 병에 나눠 담아 우리는 팔고 남는 석유로 등잔불을 밝혔고,

그 등잔불 밑에서 동네사람과 우리 집 사랑방에서 밤 12시까지 손으로 비벼 새끼를 꼬아 어버지는 가마니를 짜서 팔으셨고, 늦가을 타작을 마치고 볏짚으로 이엉을 엮어 초가 지붕을 2년에 한번 씩 안채와 헛간채를 번갈아 지붕을 덮고 바람에 날리지 않도록 새끼로 매었다.

그 초가지붕이 새마을 운동을 통해 함석지붕으로 바뀌었고 보릿고개 때는 영락없이 장리(長利)쌀을 꾸어 끼니를 잇고 가을에 한 가마니를 꾸어먹었으면 한 가마에 반가마를 이자를 얹어주고 갚았다. 초등학교를 졸업 후 중학교도 가지 못했고 현금 소득이란 가끔 품을 팔아 일당 몇 푼 받는 게 유일한 현금 소득이었다.

등잔불도 새마을 운동이 한창이던 70년대 초 전기가 들어와 암흑의 밤이 빛의 밤으로 바뀌었고 전기가 들어오기 전에는 워낙은 깜깜하여 이웃집에 마실(마을의 충청도 사투리, 이웃집에 놀러 가는 것)을 갔다가 올라치면 양초도 살 돈이 없어 소나무 가지가 말라 송진이 굳어 만들어진 관솔이라는 걸 따서 불을 밝히고 밤에 이

동을 하였다.

참으로 암담(暗澹)한 가난이 새마을 운동과 함께 걷혀갔다. 농한기 때는 산사태가 난 산골짜기에 사방사업에 일을 하러가서 하루 종일 50여 미터 아래에서 지게에 뗏장을 지고 산골짜기에 지고 가는 작업을 하여 밀가루를 하루 한포씩 받는데 감독자는 일명 십장(什長)이라 했는데, 그는 입으로만 우리 일꾼에게 일을 시키고 밀가루는 우리보다 엄청 많이 탄다는 말에 힘들게 일하고 고작 밀가루 한 포대?

불만도 있었지만 한 달쯤 일해 30포대를 쌓아두고 국수를 눌러 먹고 수제비를 해 먹으며 배를 곯지 않고 살게 해준 새마을 운동이 고마웠다. 한 달 동안 일을 하러갔는데 처음 5일 정도는 밤에 잠을 잘 때 허벅지며 장단지에 쥐가 나서 단잠에서 깨어 몸이 뒤틀릴 때의 그 고통은 겪어 보지 않은 사람은 잘 모른다.

깨어서 한참을 주물러 풀리면 다시 잠을 청하고 또 쥐가 나서 깨고 반복하는 괴로움을 5일정도 겪으면 장단지에 알이 뱄던 것이 서서히 풀어져 20여일은 고통이 덜 했다. 통일벼로 벼의 품종이 개발되어 한마지기에서 쌀 두 가마를 수확하던 논에서 4~5가마로 늘어 식량부족에서 벗어났는데 현금은 모르고 자급자족(自給自足)으로 먹고사는 데만 빠듯하게 1974년 6월 25일 군에 입대할 때까지 농촌에서 살았다.

1977년 4월 19일 전역했으니, 당시 군복무기간은 33개월 20일이었는데 대통령 선거 때마다 젊은이들의 표를 의식해 공산당 이북과 대치상태(對峙狀態)도 아랑곳 않고 대권을 잡겠다는 욕심으로 가득 차 나라가 망하는 것도 망각하고 작금에 이르러 21개월로 복무기간을 줄여놓고, 그것도 모자라 어느 대권 주자는 대통령에 당선만 되면 능사(能事)인지 나라 망하는 것은 생각지도 않고 3개월을 더 줄여 18개월로 줄인다니 기가 찰 노릇이다. 이 나이에도 이 나라에 6.25와 같은 북괴 도발전쟁이 일어난다면 나는 전선으로 향할 것이다. 이 나라를 지키다가 기꺼이 이 목숨을 나라에 바칠 것이다.

새마을 운동은 초기에는 단순한 농가의 소득 배가운동이었지만 이 운동을 통하여 많은 성과를 거두게 되자 도시. 직장. 공장에까지 확산되어 근면. 자조. 협동을 생활화하는 의식개혁운동(意識改革運動)으로 발전되었다.

이러한 운동을 통하여 경제적으로 자립하여 선진국 대열에 꼭 진입해야 한다는 의지를 국민들에게 강하게 심어준 정부 주도하의 국민적 근대국민운동(近代國民運動)이었다. 새마을 운동은 대통령 박정희의 철저한 조국 근대화 정신의 소산이며 새마을 운동은 1970년대의 경이적인 경제 발전을 받쳐 준 정신적인 힘이 되었으며, 1950년대 1인당 국민소득 60여 달러인 세계 최빈국(最貧國)에서 현재 국민소득 2만 3천 달러, 무역 1조 달러, G20 의장국이 되었으며, 원조를 받던 암담한 나라에서 원조를 주는 나라로 극적으로 변모하게 한 것은 새마을 운동인데, 요즘 말로 치면 대통합운동(大統合運動)이 아닌가!

전 국민을 하나로 묶은 대통합, 다시 이 땅에 그런 대통합운동이 일어나야 할 때다. 한나라의 지도자가 어떤 사고방식을 가지고 계획하고 그 계획을 힘 있게 몰아붙여 결실을 맺느냐가 국운을 결정한다. 또 하나의 기적을 낳게 한 것은 지속적으로 추진한 경제개발 5개년계획의 힘이라고 본다. 오죽하면 1955년 한국을 돕기 위해 파견된 유엔한국재건 위원회(UNKRA)의 인도 대표는 '쓰레기통에서 과연 장미가 피겠는가?'라는 말로 당시 절망적인 한국 상황을 표현하였을까? 당시에는 맞는 말이었다고 생각한다.

정부는 1962년 1월 13일 제1차 경제개발 5개년 계획을 수립하고 총 일곱 차례의 경제개발 5개년 계획을 지속적으로 추진해 나아갔다. 2.3차 계획(1967~1976)에서는 '자립경제 확립'을 기초로 수출 촉진을 위한 중화학공업 육성, 사회 간접자본 확충을 본격 추진하고, 4차 계획(1977~1981)에서는 성장정책을 지속함과 동시에 소득분배 등 사회개발에 눈을 돌렸고 5차 계획(1982~1986)붙는 명칭을 '경제사회발전 5개년계획'으로 바꾸고 국민복지증진, 경제안정 등 경제발전과 사회발전의 조화를 도모했다.

6차 계획(1987~1991)에서는 시장경제질서 확립 및 정부기능 재정립을 통해 시장중심경제발전체제로 전환을 모색하였고 7차 계획(1992~1996)에서는 세계화를 적극 추진하고 정보기술 및 지식 집약 산업으로 산업구조 전환 추진, 이러한 일곱 차례의 경제개발계획(經濟開發計劃)을 통해 우리경제는 비약적으로 발전을 거듭했다. 1962년에 비해 1인당 국민소득은 260배 증가하였고, 수출은 만 배 이상 늘어나는 등 영국은 200년, 미국은 150년에 걸쳤던 성장을 우리는 채 50년도 안돼서 빨리빨리 정신과 하나님을 믿는 성도들의 기도(祈禱), 불교도(佛敎徒)들의 기도로 조기 달성하는 쾌거(快擧)를 거뒀다.

물론 그 과정에서 민간의 자생력(自生力) 약화, 산업간, 지역 간 불균형, 대외(對外) 의존형(依存型) 경제 구조 등의 구조적 문제점들이 누적되기도 했다. 변변한 지하자원 하나 없고 6.25 전쟁으로 황폐된 국토위에서 가난하고 빈곤한 절대 절명의 위기에서 탈출하기 위해서는 정부 주도의 성장 지향적, 수출주도형 경제개발전략 채택은 불가피한 선택이었다고 말할 수 있다.

실제로 우리나라는 경제개발 전략과 5개년 계획은 IMF등 국제기구와 골드만삭스 등 주요 IB들에 의해 높이 평가되고 있으며, 최근 KSP사업을 통해서 개도국의 경제발전 교과서로 부활하고 있고 최빈국에서 탈출해 선진국 대열을 넘보는 한국의 발전 경험은 개도국에는 고기 잡는 법을 가르치는 귀중한 학습서가 될 것이다.

미(美)LAND연구소의 윌리엄 오버홀트(William H. Over-holt)박사는 1989년 출판한 〈Rise of China(中國의 浮上)〉에서 덩샤오핑(登小平)이 새마을 운동으로 대표되는 "박정희 경제개발을 그대로 모방"하여 중국의 개혁의 모델로 삼았다고 썼다.

등소평이 1992년 이른바 '남방순행강화(南方巡行强化)'에서 "등소평은 한국을 따라붙어야 한다. 한국의 박정희 모델을 그대로 모방하고 있다"고 말했다. 오늘날 중국인들이 '메이드 인 코리아(made in korea)'가 명품으로, 한류(韓流)가 중국에서 인기가 형성된 것은 그때 이미 결정 된 것이다.

중국의 덩샤오핑은 박정희를 '교사'로 삼고 문화혁명이라는 잔혹한 이념 투쟁의 광풍을 잠재우고, 1978년부터 '검은 고양이든 흰 고양이든 쥐만 잘 잡는 고양이가 최고(黑猫白猫論)라는 실용주의'로 당시 12억 중국인을 하나로 뭉치게 했다.

당시엔 중공(大躍進運動) 북한(千里馬運動)등은 다 실패한 운동이다. 잘살아 보려는 기치아래 발버둥 쳤지만 성공적인 것은 우리나라의 새마을 운동 뿐이다. 그래서 중국의 지도자 중에서 조금이나마 눈이 뜨인 최고지도자인 등소평은 우리나라의 새마을 운동을 염두에 두고 잘살아 보려고 발버둥 쳤다는 것이다.

중국은 그 당시에는 우리나라와 경제적으로는 엄청난 차이가 있었다. 그렇지만 하면 된다며 우리나라의 박정희식 새마을 운동과 경제개발 5개년계획을 그대로 본 따 벤치마킹(bench marking)하여 세계 경제 2의 강국으로 부상했다.

이렇듯 새마을 운동을 벤치마킹한 중국은 세계 중심국가로 서서히 부상하더니 글로벌 질서의 축을 미국, 유럽 등 선진국 중심에서 중국을 포함(包含)한 신흥국들이 이동시키고 있다. 러시아 푸틴 대통령은 새마을 운동을 연구해서 변형적으로 자국에 이용했을 뿐 아니라,

"아프리카에서도 한국의 새마을 운동을 해 보는 것이 어떨까요?"라면서 권장(勸獎)하기도 했다. 그런가 하면 심지어는 김정일까지 자국에 가장 필요한 것이 박정희 전 대통령의 새마을 운동이라고 여러 차례 언급한 적이 있다.

새마을 운동은 세계로 뻗어가 현재 103개국 사람들이 새마을

연수에 참가했고 73개국이 새마을 운동을 수입해 갔다. 새마을 운동의 깃발은 캄보디아, 네팔 등 동남아시아와 탄자니아, 우간다, 콩고 등 아프리카 대륙에서도 지금 펄럭이고 있다.

전 세계적으로 새마을운동은 확대되어 개발도상 국가들의 모델운동이 되어있는 새마을 운동은 선진국인 미국에서도 Village Movement라는 이름으로 나타나고 있다. 2001년 부터 보스턴의 Bacon Hill Village에서 시작된, 빌리지 무브먼트(movement : 마을 운동) 은, 코리아의 새마을 운동과 같은 마을 공동체의 운동이다.

이렇듯 세계적으로 인정받고 의식을 개혁시키고 있는 자랑스런 우리의 새마을 운동을 지속적으로 계승 발전 시켜 나가자.

4. 고령화(高齡化)에 대비하자

하나님의 말씀, 창세기 1장에서 "생육(生育)하고 번성(繁盛)하며 땅에 충만 하라, 땅을 정복하라, 바다의 물고기와 하늘의 새와 땅에 움직이는 모든 생물들을 다스리라"고 하셨다. 우리나라의 인구가 2012년 6월 23일 오후 7시를 기점으로 5,000만명을 돌파했다. 그러나 우리나라 인구는, 인구증가 감소와 국제이동화(國際移動化) 추세가 계속될 경우 우리나라의 인구는 2030년 5,216만 명을 정점(頂點)으로 2045년부터는 5,000만명 이하로 감소할 것이라 한다. 인구문제가 심각하다. 생육하고 번성하라는 하나님의 말씀이 진리이고 교훈이다.

이렇듯 우리나라의 생산인구는 줄어들고 고령화로 인해 산업 현장(産業現場)이 나날이 불안해 지고 있으며, 노동력을 외국 인력에 많이 의존하고 있다. 고령화(高齡化)를 방지하는 문제에 대해 알아보자. 생산적인 인력은 일을 하고 돈을 버는 등 경제활동이 가능하다고 간주되는 15~64세 인구를 말한다고 볼 때, 생산 가능인구(lobor force population) 중에서 일을 하고 있거나 구직활동(求職活動)을 하는 인구를 경제활동 인구라고 하는데, 통계청 자료에 따르면 2012년 한국의 전체 인구 중에서 생산 가능 인구(生産可能人口)는 72.8%이고, 65세 이상 고령인구는 11.1%, 0~15세 유소년인구(幼少年人口)는 16.1%의 비중을 각각 차지하고 있다.

2050년에는 생산 가능인구가 52.7%로 줄고 고령인구(高齡人口)는 37.4%, 유소년 인구는 9.9%를 차지할 것으로 전망(展望)되고 있다.

1950년대에 태어난 나의 시절에는 형제, 자매가 6명이었으니, 평균은 5.2명의 형제, 자매와 함께 자랐다. 경제개발이 본격화 된 시대에 청소년기를 보냈다. 초, 중, 고교시절 콩나물 교실에 시달렸고 밥을 굶은 보리 고개도 경험했고, 쌀이 부족해 혼, 분식 장려운동(獎勵運動)도 많이 경험했다.

이세대의 우리들은 1971~1981년 사이 대학에 입학했고 대부분이 암울했던 유신시대(維新時代) 대학시절을 보낸 '유신 세대다' 1970년대 후반~1980년대에 사회에 진출해 88올림픽을 보았고, 평균 1.9명의 자녀를 출산했고 나도 예외는 아니어서 아들 형제를 두었다.

통계청에 따르면 절반(64.2%) 이상이 경제적 형편 등을 이유로 원하는 단계의 학교 교육을 받지 못했지만, 자녀에게는 정규 교육 외에도 사교육(私敎育)을 시킨 '사교육 붐 세대'이기도 하다고 말한다.

이들의 90% 이상이 자녀에게 대학등록금과 결혼자금을 지원했으며, IMF이후 청년 실업이 늘어 50대의 자녀는 대학을 다니는 기간이 4년을 넘어서거나 졸업하고도 취업을 하지 못하는 경우가 많다.

50대는 자녀의 실업기간동안 경제적 지원을 해야 하는 부담까지 안게 됐다. 산업화 세대의 막내 세대이자 '첫 직장이 평생직장'이라는 공식이 깨진 것을 지켜봤다. 이들이 기업에서 과장, 차장 등 중간 관리자 역할(役割)을 했던 1997년 IMF외환위기가 터졌다.

해고와 구조조정이라는 단어를 처음 사용했고 '사오정, 오륙도' 등의 신조어도 생겼다. 내 막내 동생은 대기업에서 만 49세에 명퇴(强制退職)를 당하고 공인중개사 자격을 늦게 취득 후 인천광역시에서 부동산 중개업을 하고 있다.

🚌 … 중국의 인구 정책을 보고

중국정부는 인구증가를 막기 위해 1979년부터 도시에서 '한 가정 한자녀' 정책을 시행했다. 이후 태어난 아이들은 집안의 사

선택의
갈림길
⊗ ⊗
⊗ ⊗
⊗

랑을 독차지하며 응석받이로 자랐다. 그 세대를 중국 언론에선 '소황제(小皇帝)'라 불렀다.

한자녀 정책 이전인 1975년과 1978년에 태어난 사람 중 외동은 27%에 불과했지만, 정책 시행 이후인 1980년과 1983년에 태어난 사람들은 91%가 외동이었다. 소 황제그룹은 경쟁을 싫어한다. "한자녀 정책"이 위험 회피 세대를 낳아 기업가 정신을 방해할 가능성이 있다. '소 황제들은 위험회피 경향이 강해 경제에 악영향을 끼칠 위험이 있다.'고 한다.

우리도 뒤늦게나마 자녀를 많이 낳아 생육하고 번성하라는 하나님의 말씀에 부합한 정책을 펴고 있지만, 생산가능한 우리나라의 커플들에게 좀 더 계획적이고도 현실성 있는 아낌없는 적극적인 지원으로, 줄어드는 인구문제를 해결하고 고령화에 대비하여야 하겠다.

5. 도전적인 기업가 정신의 발휘

창의와 혁신에는 리스크(危險)가 따른다. 모든 사람이 그런 능력을 갖고 있는 것도 아니다. 하루아침에 이뤄지기가 쉽지 않다. 갈수록 창의(創意)와 혁신(革新)이 중요해지고 있다. 문제는 역시 경제 혁신이다. 경제민주화와 복지국가라는 두 가지 구호가 선거 전을 지배해 왔다.

기업을 부수고 시장을 없애면서 성장도 하고 일자리도 만들 겠다는 궤변이 쏟아졌다. 한국개발 연구원(KDI) 분석에 따르면 경제 성장률은, 김영삼 정부가 속했던 1991~2000년 기간에는 6.3%였던 것이 김대중 정부와 노무현 정부를 거친 2001~2010 년엔 4.1%로 낮아졌고, 지금은 3.8% 정도로 떨어졌다 한다.

급기야 2031~2040년엔 1.9%까지 떨어질 것이라고 한다. 저출산, 고령화(高齡化)에 경제까지 장기 저성장 추세가 고착화하고 있다는 얘기다. 미국 일본 중국이 모두 저성장 탈출에 고심하고 있다. 나부터 살고 보자는 경제 전쟁이 벌어질 판이다. 이런 상황에서 기업을 쪼개고 투자를 막는 경제민주화로 어떻게 성장하고 일자리를 만들겠다는 것인가? 생산성에서 유리(遊離)된 복지도 결과는 마찬가지다.

사법개혁, 정치검찰(政治檢察) 논란, 경찰과의 수사권 갈등, 엄격한 법치를 세우는 것이 법조개혁의 노선임은 두말할 나위가 없다. 모두가 제자리로 돌아가는 정립의 시대여야 한다. 공직사회의 동요를 차단하는 것도 급선무다. 정치쇄신의 시작은 정당개혁이다.

흔들림 없는 신념과 함께 여야 정당들이 자신의 기득권을 내려놓고 국민 속으로 파고 들어가는 개혁을 할 수 있도록 '변화와 개혁의 리더십(readership)'을 발휘(發揮)하여야 한다. 정당이 변해야 정치(政治)가 변하고, 정치가 변해야 사회가 변한다.

과거 우리나라의 산업전사(産業戰士)들은 살인적인 막장 속 더위를 이겨내며 땀에 젖은 팬티를 하루 5번 이상 빨아 입어야 했으며 장화 속에 땀이 흘러내려 고인 물을 열 번 넘게 쏟아내야 했다. 갑자기 무너져 내리는 암반더미, 막장에 자욱한 석탄가루와 돌가루가 생명을 위협했다.

1960년대 독일로 갔던 광부들은 서양인 체격에 맞춘 착암기가 힘에 부쳐 울면서 석탄을 캤다. 월 1400~1600마르크(당시 28~32만원)를 받아 방값과 밥값을 빼고 800마르크 안팎을 가족에게 보냈다. 어쩌다 쉬는 날 주변 식당에서 감자를 깎아 번 푼돈까지 꼬박꼬박 송금했다.

1970년대 중동 건설 근로자들은 섭씨 40도를 오르내리는 사막 모래 바람 속에서 보통 새벽부터 자정까지 일했다. 공사기간을 단축하려 철야(徹夜)도 마다하지 않았다. 어차피 고생하는 마당에 잠을 줄여야 한다는 분위기였다.

한 밤까지 환하게 불 밝힌 작업현장을 둘러본 발주처에선 "성실한 코리안(Korean)들에겐 공사(工事)를 더 주자"라는 말이 돌았다. 그 무렵 우리 중동 근로자는 한 해 17만 명을 넘어선 적도 있었다. 요즘도 해외 산업현장에선 사투가 벌어지고 있다. 기반시설이 제대로 갖춰지지 않은 오지가 많아 오히려 더 위험하다.

지난 5월 이라크 바그다드 인근 10만가구 주택 건설공사를 따낸 한화건설 수주 팀에는 늘 총으로 무장한 경호원이 따라 붙었다. 차로 움직일 때마다 장갑차가 맨 앞에서 상황을 살피며 경계했을 정도다. 최근 주목 받는 아프리카나 남미 진출 지역도 대부분 척박(瘠薄)한 것들이라 사고가 빈발한다. 휴대 전화가 안 터지는 건 물론 구조헬기조차 접근할 수 없는 곳도 적지 않다.

나이지리아 남부 바옐사 주 브라스 섬의 현대중공업 플랜트 건설 현장에서 한국인 4명이 납치되는 사건이 또 일어났다. 범인(犯人)들의 신원이나 납치 목적을 알 수 없어 가족과 회사 관계자(關係者)들의 애를 태우고 있다고 한다. 나이지리아에선 지난 4월에도 근로자 한명이 피랍됐다.

1주일 만에 풀려나는 등 한국인 납치 사건만 2006년 이후 5차례나 된다. 지난 6월엔 페루 남부 산악지대 수력발전소 현장 부근 헬기 사고로 수자원 전문가 8명이 목숨을 잃었다. 우리는 세계에서 무역상대국(貿易相對國)이 가장 많은 나라다. 올해 우리 상품을 수출한 나라가 235개국이나 된다.

들도 보도 못한 생소한 나라, 위험천만한 지역에서 산업 전사들이 밤낮 없이 땀 흘리고 있다는 의미이다. 알려지지 않은 사건 사고도 많을 것이다. 이러한 악조건 속에서 우리의 선진들은 도전적인 기업가 정신을 발휘하여 1인당 GNP 20000불 시대를 열어 가게 했다. 앞으로도 도전적인 기업가 정신을 발휘하여 이제 선진국 진입이다.

6. 세계경제 이끌 8대 트렌드(trend)

글로벌 컨설팅(consulting) 기업(企業)인 베인 앤 컴퍼니 (Bain & Company)는 '그레이트 에잇(The Great Eihgt)' 보고

서에서 "2020년까지 8대 메가트렌드(mega trend)가 세계경제 (世界經濟)를 지배할 것"이라고 했다. 이 8개 트렌드 가운데 6개 를 정리하면,

☕ ··· 첫째 **소프트 이노베이션 전성시대**

선진 경제권(經濟圈)을 중심으로 이미 존재하는 제품이나 서비스(service)의 수준(水準)을 높인 '소프트 이노베이션(soft innovation)'이 맹위를 떨친다. '같은 제품에 품질은 더 좋은 (same but nicer)', 즉 프리미엄 지향 전략이 키워드이다. 소 프트 이노베이션이 세계경제에 가져올 부가가치는 5조 달러(약 5,400조원)로 추산(推算)된다.

'소프트 이노베이션'은 아이패드나 트위터(twitter)처럼 전통 적인 의미의 '딱딱한(hard)' 혁신(革新)이나 저비용, 저가(低價) 를 무기로 '시장 뺏기'에 열중하는 대량 생산 방식과 모두 다르 다. 낮은 수준의 제품이라도 차별화와 고급화를 통해 소비자의 마음을 사로잡는 게 특징이다.

커피(coffee)가 대표적이다. 세계 커피 시장규모(市場規模) 는 최근 10년간 1350억 달러로 성장했는데, 이 중 80%는 스타 벅스(STARBUCKS)같은 프리미엄(premium) 제품의 등장 덕택 이다. 단순(單純)커피 수요증가(需要增加)에 따른 성장은 20% 남짓했다. '소프트 이노베이션'은 주택이나 식품.의류.소비재.레 저.엔터테인먼트.의료 등에서 주류가 될 것이다.

기업은 가격은 비싸도 취향(趣向)을 중시하는 소비자들의 '상

제10장 **우리의 나아갈 길**

향 구매(trading-up)' 성향을 감안해 '소프트이노베이션'에 힘 써야 한다.

♟ … 둘째 글로벌 인프라 투자 시장

선진국의 도로, 철도 등 주요 사회간접자본(社會間接資本)은 대부분 50년 이상 노후화해 교체시기를 맞고 있다. 북미와 유럽 각국은 부족한 정부 재정으로 말미암아 대대적인 투자를 하기 힘들다.

개발도상국(開發途上國)도 급속한 도시화, 산업화로 사회 간접자본 투자를 계속 늘려야 하는 상황이다. 선진국과 개도국 을 모두 합할 경우 인프라 분야에서만 2020년까지 1조 달러(약 1080조원) 시장창출(市場創出)이 예상된다.

OECD 국가들이 인프라(infra) 부분에 투입할 정부 예산은 수요에 비해 훨씬 빈약하다. 이로 인해 민간 기업의 참여가 커 질 것이며, 이미 세계 곳곳에 민자(民資)에 의한 유료 인프라 시 설이 속출하고 있다. 건설 등 인프라 관련 기업들은 이런 흐름을 잘 활용하면 성장의 선순환(先循環)을 유지할 수 있다.

♟ … 셋째 물, 식량, 에너지, 광물가치 부상

기초 자원(primary inputs) 확보(確保) 경쟁이 가열된다. 광 물은 2020년까지 전반적인 가격상승이 예상되며 일부 자원은 품귀 현상도 벌어질 것이다. 구리와 알루미늄, 백금이 가장 부족 할 것으로 예상되는 3대 광물이다.

물 부족은 일부 아시아 신흥국(新興國)에서 이미 심각한 문제이다. 에너지와 식량 수요도 계속 늘어날 전망이다. 이런 기초 자원은 자체 수요 이외에 다른 용도로도 광범위하게 사용되면서 부족현상이 심화될 전망이다. 예컨대 옥수수는 에탄올(ethanol)을 만드는데도 쓰이며, 물은 농업용이나 셰일가스(shale gas)같은 에너지(energy) 생산에도 활발하게 사용되고 있다.

이 기초자원(基礎資源)을 더 많이 공급하려는 움직임이 활발해질 것이며 생산성 향상도 기대된다. 이 분야에서만 부가가치 3조 달러(약3,240조원)가 생길 전망이다.

☕ … 넷째 **나노기술 매개(媒介)로 2차 정보화 혁명**

향후(向後) 10년간 만개(滿開)할 기반 기술은 나노 기술이다. IT가 1차 정보화 혁명을 이끌었다면, '2차 정보화 혁명은 나노(nano, 10억분의1, 미소(微小)의 뜻) 기술을 통해 가속화할 것이다.' 나노 기술은 산업화 시대의 증기기관이나 전기 기술에 비유된다. 나노기술은 질병치료, 컴퓨터 연산능력(演算能力) 확대, 신소재 개발 등 다양한 분야에 응용되고, 에너지 생산과 저장 기술과 같은 기술 성장을 뒷받침한다.

DNA 조작으로 만든 4나노미터 크기의 로봇, 클립만한 크기의 발전기, 인쇄 가능한 태양전지 등 향후 주목할 만한 제품 제조에 응용돼 사회 전반의 견인차가 될 것이다. 나노 기술을 중심으로 인공지능, 로보틱스(robotics), 유전공학, 소셜미디어(social media : ⟨IT⟩통신서비스) 등도 꽃피울 것이다.

세계경제는 나노 기술로 적어도 1조 달러(약 1,080조원) 정도는 성장할 것이다. 기업은 나노 관련 기술의 활용에 관심을 쏟을 필요가 있다.

☕ ··· 다섯째 **군비 경쟁 가열, 군수 산업 호황**

2010년 국방비 지출 규모로 세계2위인 중국의 군비 확충은 일본, 인도 등 주변국의 군사력 강화 경쟁을 부추기고 있다. 군비 경쟁 가열로 아시아, 태평양 지역의 위기와 군사적 충돌 가능성이 앞으로도 높아진다. 중동, 아프리카에서는 테러, 무장단체 등이 등장하는 비정규전이 늘고 있다. 이런 상황에서 고성능 무기를 제작하는 기업이나 국가는 호기(好機)를 맞을 수 있다.

2020년까지 세계 방위산업은 1조 달러 정도 더 성장할 것이다. 이 가운데 절반은 아시아, 태평양 지역에 몰린다. 이 지역 국방비는 2010년 대비 165%정도 급증해 북미(30%)와 유럽(28%)을 압도할 것이다. 선진국은 성장의 한계와 금융위기 후유증 등으로 국방비 지출 증액에 한계를 노출할 것이다.

☕ ··· 여섯째 **첨단 의료서비스, 건강 산업 팽창**

노령인구의 증가와 비만, 당뇨 등 만성 질환이 급증하면서 국가와 개인의 건강관리 비용 지출이 모두 늘어난다. 소비재 성격의 건강관리가 지속적으로 확산되며 의료, 건강 부문 신제품 개발과 혁신이 한층 촉진된다. 효율성 증가, 1인당 비용 절감, 환자 성과 개선과 직결되는 의료제품이나 서비스는 더 높은 프리미엄 가격을 유지할 것이다.

세계적으로 팽창(膨脹)한 부유층은 질병관리를 위한 의료비용과 첨단 의료 서비스에 더 많은 고액의 의료비 지출을 늘릴 것이다. 특히 미국의 의료비 지출 증가가 큰 비중을 차지할 것이다. 건강 관련 제품은 선택적 수요에서 필수적 수요로 바뀌어 간다. 건강관련산업(健康關聯産業)이 올해부터 2020년까지 추가로 창출할 부가가치(附加價値)는 4조 달러(약 4320조원)에 달한다.

7. 일본의 교훈을 잊지 말자.

일본의 미즈시마 히로오(水島廣雄) 전 소고그룹회장은 일본 유통업계의 '신화'였다. 그는 1960년대 말부터 20여 년간 공격적인 차입경영(借入經營)으로 요코하마의 작은 헌옷 가게를 일본 최대 백화점 기업으로 키워낸 사람이다. 그의 노하우는 지방자치단체(地方自治團體)의 재개발 정보 등을 빠르게 알아내 주변 땅을 사들이고 백화점을 짓는 것.

백화점을 지으면 땅값은 천정부지로 올랐다. 이걸 담보로 또 다른 백화점을 냈다. 사이타마 현에 30번째 점포 가와구치소고를 지을 때까지 이런 사업 방식을 이어갔다. 그는 '소고연금술사'라는 별명(別名)을 얻었다. 하지만 1990년대 초 부동산 거품이 꺼지고 땅값이 떨어지자 그의 차입 경영은 위기를 맞았다.

새 백화점의 채산성이 맞지 않았고 적자(赤子)가 늘었다. 주식회사 소고 등 소고그룹 계열 22개사는 2000년 당시로선 사상 최대였던 1조 8,700억 엔의 부채를 떠안고 결국 파산했다. 미즈시마 전 회장도 개인 파산을 신청했다. 소고 백화점은 이후 경영권이 넘어가 주식회사 소고세이부가 됐다.

나도 과거에 한때 건설회사의 사장에서 순식간에 신용불량자가 되어 10여년을 신용불량자(信用不良者)로 살아본 적이 있고, 집이 경매에 넘어가고 부채 속으로 빠진 게 불과 눈 깜짝할 사이에 닥쳐 온 적이 있었다. 빚은 순식간에 모든 경제를 도산의 위기에 몰아넣는다.

일본 경제가 불황(不況)의 늪에 들어가는 과정에서 '빚'은 핵심 고리 역할을 했다. 거품이 형성되면서 기업들은 같은 부동산을 갖고도 담보가치 상승으로 더 많은 돈을 빌릴 수 있었다. 힘들게 영업해 돈을 벌기보다 부동산 투지로 쉽게 돈을 버는 '단맛'을 본 일본 기업들은 은행에서 더 많은 돈을 빌렸다. 그러다가 거품이 꺼지자 담보로 맡긴 부동산 가격이 폭락(暴落)했고, 빚 독촉(督促)에 몰렸다.

기업들은 돈만 벌면 빚을 갚아야 한다. 투자는 엄두도 못냈다. 그 바람에 경기는 더 고꾸라졌다. 이렇게 부채를 줄이다가 초래한 경기 불황을 일본에선 '대차대조표 불황(貸借對照表不況)'이라고 부른다. 지금 한국도 형태는 다르지만 빚더미에 깔려 있기는 마찬가지이다.

1,000조원에 달하는 가계부채(家計負債)는 국내 소비 부진의

큰 원인이기도 하다. 일본이 기업 발(發) '대차대조표 불황'을 겪었다면, 한국은 '가계부 불황'이 시작될 조짐이다. 빚지면 망한다. 채주의 종이 된다.

일본에선 거품기에 은행들끼리 기업에 대한 대출 경쟁이 붙었다. 장기신용은행과 일본 산업은행은 소고백화점의 국내외 투자에 주가 더 많은 돈을 빌려주느냐를 놓고 기 싸움을 벌였다. 거품이 형성(形成)되는 동안엔 괜찮았다. 하지만 거품이 꺼지자 은행들은 기업에 '담보가 부족하니 빚을 갚으라.'고 요구했다. 꼭 은행의 요구가 있어서만도 아니었다.

보유 자산의 가격하락은 기업의 재무제표를 심각하게 악화시켰다. 대차대조표의 대변(자산)과 차변(자본. 부채)의 합은 같아야 한다. 자본금을 늘리는 데는 한계가 있기 때문에 일본 기업들은 부채를 줄일 수밖에 없었다. 기업투자는 줄고, 부실기업은 늘었다. 고용이 불안해진 개인들은 허리띠를 졸라매며 소비도 줄였다.

일본 가계도 빚에 쪼들리기는 마찬가지였다. 1986년부터 4년간 일본 부채는 연평균 12.2%씩 증가했다. 국내총생산(GDP) 대비 가계부채 비중은 68.9%에서 84.1%에서 84.1%까지 높아졌다. 소비(消費)를 줄일 수밖에 없는 형편이었다.

기업과 개인이 모두 '축소 지향적(縮小 指向的)' 경제행동에 나서자 1980년대 4% 수준이던 일본 경제의 잠재 성장률은 1990년대 2~3%로 떨어졌다. 거품 붕괴(崩壞)로 1990년대 실제 성장률은 연평균 1.4%에 그쳤다.

일본장기 불황의 아킬레스건(Achilles tendon)이 '기업 빛'의

문제다. 한국의 가계 부채는 금융위기 이후 급증해 작년 2분기 (4~6월) 기준 1,000조원을 넘은 1,121조원에 이른다. 가히 천문학적인 숫자다. GDP의 89%나 된다. 거품 붕괴기의 일본보다 더 높다. 가계의 빚을 갚을 능력(能力)은 갈수록 떨어지고 있다.

한국은행(韓國銀行)이 지난 3일 발표한 '금융기관 대출형태 서베이(survey)'에 따르면 가계(家計)의 신용위험지수는 34로 신용카드 사태가 발생한 2003년 2.3분기 이후 가장 높았다. 2008년 금융위기 때 25에서 9포인트나 높아진 것이다.

가계 부채는 소비를 옥죄어 경기 악화를 부채질 한다. 수입은 늘지 않는데 빚 갚는데 더 많은 돈을 쓰고 나면 소비할 수 있는 돈은 줄어들게 마련이다. 이른바 '부채 발 소비침체'가 한국에 눈앞에 닥친 셈이다. "2008년 금융위기 후 경제성장률은 연평균 3.8%였지만 민간소비 증가율은 2.2%머물렀다", "일본의 민간소비 증가율이 1980년대 1.5%, 2000년대 0.9%로 급격히 둔화(鈍化)했던 것을 닮아가고 있다"고 한다. 일본과 한국의 '빚' 문제를 동일선상에 놓고 보기는 어렵다고 지적하는 사람들도 있다. 가계부채가 상대적으로 안전하고, 국가 부채 수준도 높지 않기 때문이다.

한국의 가계부채 규모가 커지긴 했지만 주택담보 인정비율(LTV)은 대부분 60% 밑이고, 총부채 상환비율(DTI)도 60% 이하여서 충격흡수(衝擊吸收) 여력이 있다. 금융위원회와 금융연구원은 작년 10월말 주택 가격이 평균 20% 추가 하락하는 사태를 가정하더라도 은행 등 제1금융권에는 큰 문제가 없다고 하지만 앞으로 집값 하락이 계속 이어질 경우 깡통주택이 될 확률이 크다. 그게 문제다.

국가 부채 수준에도 차이가 있다고 한다. 일본은 불황기 진작을 위해 '제로(0) 금리' 정책을 시행하며 대규모 국채를 발행하고 각종 도시재생사업 등에 돈을 쏟아 부었다. 조세 부담률은 낮게 유지하면서 높은 복지 수준을 유지한 것도 고령화와 결합(結合)해 국가 부채를 크게 불렸다.

"일본 정부는 경기 안정을 위해 1990년대 이후 국내총생산(GDP)의 6%가 넘는 재정적자를 감내(堪耐)했다"며 "그 결과 2011년 일본의 GDP 대비 정부부채 비율이 205.3%에 달했다"고 말했다. 재정적자를 메우려고 화폐를 마구 찍어내다가 1달러가 300조 짐바브웨달러에 이르는 하이퍼인플레이션(hyperinplation)을 경험했던 짐바브웨의 GDP대비 정부부채비율(2011년 150.9 %)보다 훨씬 높다.

재정적자(財政赤字)가 심각(深刻)한 미국의 정부부채 비율(102.2%)과 비교해도 두 배 수준이다. 반면 한국의 국가 부채는 아직 양호한 편이다. 기획재정부가 지난해 발표한 재정 통계에 따르면 한국의 국가 부채는 비영리 공공기관의 빚을 포함할 경우 468조 6000억 원으로 GDP의 37.9%다. 경제협력개발기구(OECD) 기준(基準)으로는 420조원 수준이다. GDP대비 34.6%다. OECD평균(102.9%)보다 훨씬 낮다.

그렇다고 안심할건 아니다. 한국의 국가 부채 통계엔 LH(韓國土地住宅公社)의 부채 130조원을 포함한 '시장 형 공기업'의 부채 등이 빠져 있다. "고령화가 진행되면서 복지 부담이 폭증할 경우 한국도 일본의 전철을 밟을 수 있다." "우리가 세계 몇 위로 성장했다는 '정신적인 거품'에 도취해 있을 게 아니라, 어떻게 하면 일본처럼 되지 않을까를 철저히 연구하고 대책을 세워야 한다."

8. 명품 시장

컨설팅 회사인 '맥킨지'에 다르면 한국의 명품시장은 2006년 이후 매년 12%씩 고속 성장해 연간 45억 달러(약 4조 8,000억원) 규모에 이른다. 가계 소득에서 명품 소비가 차지하는 비중이 5%로 일본의 4%보다 높다.

세계 유명 의류, 가방, 장신구(裝身具), 보석 브랜드들이 신제품을 개발하면 제일 먼저 한국 시장부터 공략하는 게 이제 판매의 정석이 됐다. 한 대에 169만원 하는 노르웨이이산(産) 최고급 유모차도 전 세계 판매대수의 13%가 한국에서 팔렸다.

일본이 20년 장기 불황에 빠지기 직전 모습과 요즘 한국은 닮은꼴이다. 1985년까지만 해도 일본 내 수입 외제차 대수는 모두 51만대에 불과했다. 그게 1990년 한해에만 22만대나 팔려나갔다. 루이뷔통(Louis Vuitton)은 전체 매상의 50%를 일본에서 올렸고 세계 다이몬드의 20%가 일본으로 팔려 나갔다.

일본인 수집가(蒐集家)들은 뉴욕 크리스티와 소더비경매장에서 고흐와 르누아르의 작품을 집중적으로 사들이며 경매 최고가 기록을 70%나 올려놓았다. 1960년대 350 개였던 골프장이 1990년대 2000개로 늘었고 골프장 회원권은 최고 5억 엔까지 치솟았다. 골프장 클럽하우스도 서양 대부호(大富豪)의 저택처럼 으리으리하게 지었다.

최상류층에서 시작한 호화, 사치 풍조가 한때 일본의 미덕으로 일컬어지던 중산층 국민의 검박(儉朴)한 생활 태도까지 흔들어 놓았다. 그리고 얼마 후 일본 경제 사상 최장기 불황이 닥쳐왔다. 부동산 값이 가라앉고 과소비(過消費) 버블(bubble)이 함께 꺼졌다. 골프장은 1000개가 도산했다. 도산한 골프장을 인수할 사람이 없어 지자체에 공짜로 넘겨주는 일까지 벌어졌다. 우리는 호화, 사치풍조가 일본경제 사상 최장기 불황으로 몰고 간 교훈을 삼아 근검절약(勤儉節約)하는 생활과 절제로 일본의 전철을 밟지 않도록 해야 한다.

글을 마치며

우리는 아직 1인당 GNP 23,000불이다. 30,000불 시대까지는 얼마 남지 않았다. 미국의 GNP는 49,000달러란다. 그러므로 아직 미국의 절반도 안 된다. 샴페인을 터뜨리기에는 아직 이르다. 30,000불 시대까지 참았다가 터뜨리자.

호화(豪華), 사치(奢侈), 안일(安逸)의 풍조 속에서 자랐던 젊은이는 도전 정신(挑戰精神)을 잃어버렸다. 지난 10년 사이 해외 유학을 떠난 대학생은 52% 줄었고, 신입사원 2명 중 1명은 해외 근무를 거부한다고 한다.

급속히 고령화되는 한국이 "경제성장 엔진이 꺼진 일본의 길을 가고 있다."고 지적한 미국 외교 전문지 포린 폴리시의 경고가 예사말처럼 들리지 않는다.

최근 미국은 글로벌 금융위기(金融危機)를 거치면서 개인 저축률이 0%대에서 4%로 상승하고 있는 중이다. 국민소득 2

만 달러였을 당시 미국의 저축률은 16.8%, 영국은 16.1%, 독일 23.3%였다고 한다. 한국이 오히려 문제다. 이미 총 저축률이 30.4%(지난해 3분기) 기준 30년 만에 최저치로 떨어져 있는 마당이다.

더욱이 개인 저축률은 4.3%(2011년 기준) 까지 하락했다. 총저축에서 차지하는 비중도 13.5%밖에 되지 않는다. 30년 전 40%를 웃돌던 당시와는 금석지감이 들 정도다. 저축률은 OECD, 국가 중 가장 빠르게 하락하면서 최하위 권으로 떨어진지 이미 오래다.

더구나 지난해 전국가구의 평균 소득은 전년대비 1.5% 증가하는데 그친 반면에 부채는 5.1%나 늘어났다. 가계부채가 늘고 소득은 제자리걸음이고 저축은 떨어진다. 절제와 고통이 따르는 저축은 외면(外面)하고 카드 소비를 결코 겁내지 않는다. 저축은 개인이든 국가든 장래의 밑거름이다.

저축 아닌 소비가 미덕처럼 인식되는 사회는 미래는 없다. 청년층에서 저축의식이 더 낮다는 것이 실로 걱정이다. 지금이라도 우리는 저축을 생활화하고 근검절약(勤儉節約)하며 40000불 시대까지 다시 한 번 허리띠를 졸라매고 제2의 새마을 운동정신으로 선진국을 향해 가는 길을 앞당겨야 한다.

그리고 적화야욕(赤化野慾)을 이룩하려고 호시탐탐 노리고 있는 북한 공산당의 침략을 허용하지 않도록, 우리는 첫째 안보(安保)를 튼튼히 하고, 둘째는 지속적인 경제성장(經濟成長)을 이룩해 나가며, 셋째는 안보와 경제력을 바탕으로 안정을 이루어, 국민 모두가 소외되지 않고 부를 나누며 다 함께 잘 사는 국민복지국가(國民福祉國家)를 이루어 나가기 위해 세 가지 우선순위(優先順位)를 정하고,

전 국민이 혼연일체(渾然一體)가 되어 장구(長久)한 역사를 써 가는데, 남녀노소(男女老少), 전 국민이 합심하여 어떠한 이민족(異民族)의 침략이 있어도, 사전에 분쇄하여 영원불변(永遠不變), 무너지지 않는 우리 조국 대한민국 삼천리금수강산(三千里錦繡江山)을 만들어가는 역사의 떳떳한 주인이 되자!

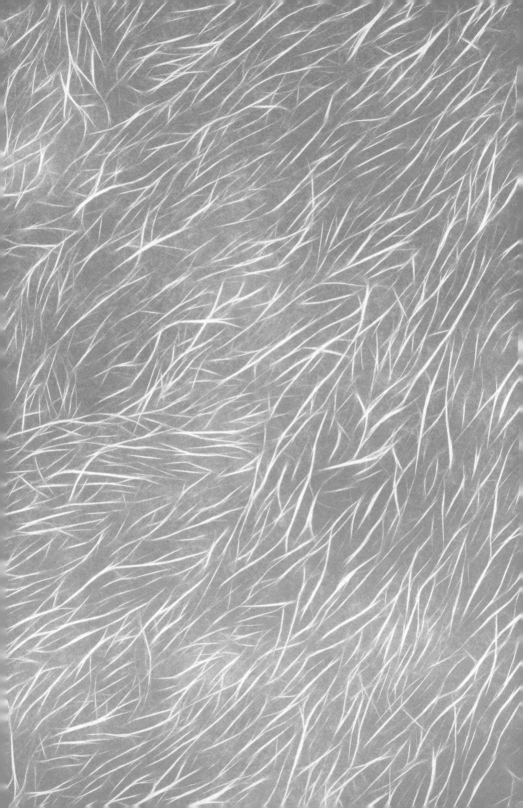

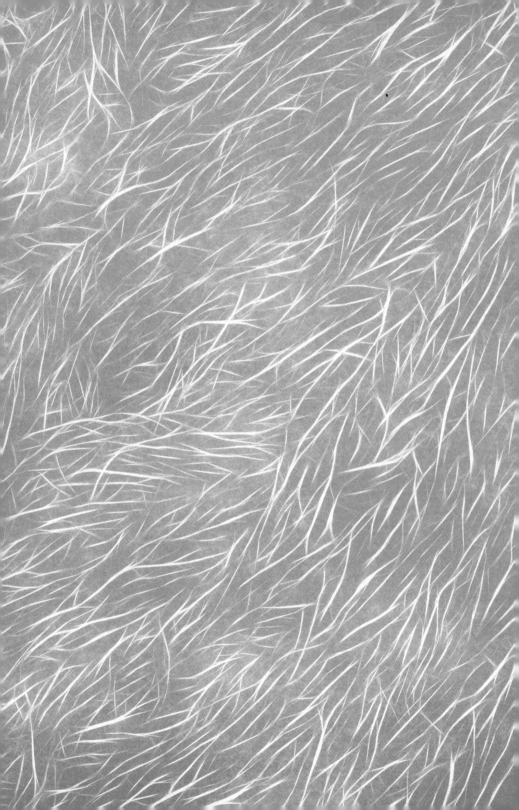

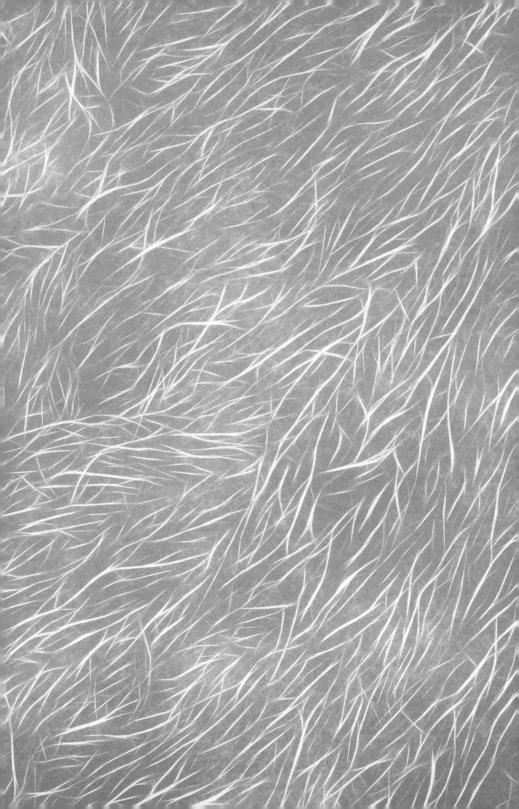

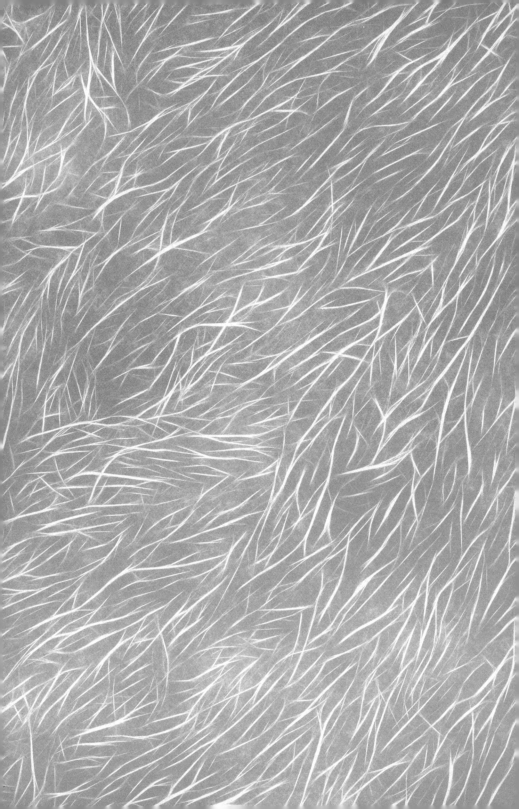